COLEÇÃO
ABERTURA
CULTURAL

Copyright © 2011 by Roger Scruton
Copyright da edição brasileira © 2015 É Realizações
Título original: Thinkers of the New Left

Editor
Edson Manoel de Oliveira Filho

Produção editorial, capa e projeto gráfico
É Realizações Editora

Preparação de texto
Nina Schipper

Revisão
Renata Gonçalves

Reservados todos os direitos desta obra. Proibida toda e qualquer reprodução desta edição por qualquer meio ou forma, seja ela eletrônica ou mecânica, fotocópia, gravação ou qualquer outro meio de reprodução, sem permissão expressa do editor.

CIP-BRASIL. CATALOGAÇÃO NA PUBLICAÇÃO
SINDICATO NACIONAL DOS EDITORES DE LIVROS, RJ

S441p

    Scruton, Roger, 1944-
    Pensadores da Nova Esquerda / Roger Scruton ; tradução Felipe Garrafiel Pimentel. - 1. ed. - São Paulo : E Realizações, 2014.
    336 p. ; 23 cm.   (Abertura Cultural)

    Tradução de: Thinkers of the New Left
    Inclui índice
    ISBN 978-85-8033-174-5

    1. Direita e esquerda (Ciência política). 2. Comunismo. 3. Sociologismo. I. Título. II. Série.

14-16625   CDD: 320.5
                                                                                     CDU: 321

06/10/2014   07/10/2014

É Realizações Editora, Livraria e Distribuidora Eireli
Rua França Pinto, 498 · São Paulo SP · 04016-002
Telefone: (5511) 5572 5363
atendimento@erealizacoes.com.br · www.erealizacoes.com.br

Este livro foi reimpresso pela Gráfica Assahi em janeiro de 2022. Os tipos são da família Sabon Light Std e Frutiger Light. O papel do miolo é o Pólen Soft 80 g, e o da capa, cartão Supremo AA 250 g.

PENSADORES DA NOVA ESQUERDA

Roger Scruton

APRESENTAÇÃO À EDIÇÃO BRASILEIRA DE **RODRIGO GURGEL**
TRADUÇÃO DE **FELIPE GARRAFIEL PIMENTEL**

5ª impressão

É Realizações
Editora

Sumário

Apresentação à Edição Brasileira: Subsídios à Desconfiança
  Rodrigo Gurgel 7

Prefácio 11

Capítulo 1: O Que É Esquerda? 13

Capítulo 2: E. P. Thompson 25

Capítulo 3: Ronald Dworkin 39

Capítulo 4: Michel Foucault 55

Capítulo 5: R. D. Laing 75

Capítulo 6: Raymond Williams 87

Capítulo 7: Rudolf Bahro 105

Capítulo 8: Antonio Gramsci 119

Capítulo 9: Louis Althusser 135

Capítulo 10: Immanuel Wallerstein 155

Capítulo 11: Jürgen Habermas 173

Capítulo 12: Perry Anderson 193

Capítulo 13: György Lukács 215

Capítulo 14: J. K. Galbraith 241

Capítulo 15: Jean-Paul Sartre 261

Capítulo 16: O Que É Direita? 287

Dados Biográficos e Bibliográficos 315
Índice Onomástico 331

Apresentação à Edição Brasileira
SUBSÍDIOS À DESCONFIANÇA –
POR *RODRIGO GURGEL*[1]

Roger Scruton é um desses raros intelectuais que, ao longo de suas vidas, dedicam-se a imenso leque de estudos, sem jamais descuidar do rigor e do entusiasmo. Ainda que tenha concentrado sua carreira acadêmica na área da Estética – especificamente arquitetura e música –,[2] em setenta anos de vida escreveu mais de quatro dezenas de livros: Kant, Spinoza, a importância do pessimismo (e o perigo das falsas esperanças), o desejo sexual, vinhos, as instituições inglesas, o desenvolvimento e o declínio do Ocidente, ambientalismo, filosofia política – tudo desperta seu interesse, incluindo criação literária (ele produziu obras de ficção) e composição de peças musicais (para duas delas, escreveu também os libretos).

Essa instigante bibliografia – da qual temos, em língua portuguesa, raras traduções – não é fruto, entretanto, apenas do trabalho

---

[1] Ensaísta e crítico literário do jornal Rascunho desde 2006, Rodrigo Gurgel é autor de *Esquecidos & Superestimados* e *Muita retórica - Pouca literatura (de Alencar a Graça Aranha)*, publicados pela Vide Editorial, e colaborador da Folha de S. Paulo. Jurado do Prêmio Jabuti de 2009 a 2012, Gurgel ganhou notoriedade em 2004, quando foi escolhido como um dos dez vencedores do Concurso de Contos "Caderno 2", do jornal O Estado de S. Paulo, dedicado aos 450 anos da cidade de São Paulo. [N. E.]

[2] A respeito destes assuntos, já publicamos *Beleza*. Trad. Hugo Langone. São Paulo, É Realizações, 2013; e *Coração Devotado à Morte*. Trad. Pedro Sette-Câmara. São Paulo, É Realizações, 2010. [N. E.]

restrito ao magistério e às bibliotecas. Scruton foi, entre as décadas de 1970 e 1980, fervoroso ativista da luta pela liberdade nos países da Europa Oriental, então sob o jugo comunista. E esteve à frente, por 18 anos, de uma das principais publicações conservadoras, a *The Salisbury Review*,[3] trabalho que lhe valeu processos e perseguições.

No que se refere a este *Pensadores da Nova Esquerda*, trata-se de um conjunto de ensaios a respeito de figuras veneradas dentro e fora do mundo acadêmico. Não há exagero no que afirmo: não falo da ausência do necessário distanciamento crítico, mas de real idolatria.

Publicado em 1986 – três anos antes da Queda do Muro de Berlim, da Revolução de Veludo, na antiga República Socialista Tchecoslovaca, e dos movimentos, pacíficos ou não, que se espalharam pelos países do bloco soviético –, este livro é um ataque contundente aos teóricos marxistas cujas especulações referendam ditaduras (o caso cubano é paradigmático) e regimes, como o da Venezuela chavista, que usam eleições aparentemente democráticas para assegurar a perpetuação do despotismo.

De fato, passados quase trinta anos, *Pensadores da Nova Esquerda* continua atual. Quando Scruton cita os estudantes que, entre os anos 1960 e 1970, "educados inapropriadamente, fragilizados por sua ignorância da história e da cultura de seus ancestrais, estavam ávidos por doutrinação", é como se falasse da realidade brasileira, em que as promessas de construção imediata de um paraíso terreno continuam seduzindo a juventude.

Capítulo a capítulo, repetem-se, diante do leitor, os lugares-comuns do pensamento marxista: o "autoengano do intelectual animado pelo sentimento de sua própria pureza moral"; a ideia foucaultiana de que "cada *episteme* é a serva de algum poder ascendente, e teve, como sua função principal, a criação de uma 'verdade' que serve ao interesse do poder"; o "processo hagiográfico permanente,

---

[3] http://www.salisburyreview.com/.

no qual os pensadores de segundo escalão (tais como o próprio Lênin) são apresentados como protótipos de inteligência e sabedoria, cujas palavras são oráculos e cujos feitos são também revelações" (e a consequente conclusão de que esse "intelectual crítico" tem o "direito de legislar" sobre nós, homens que "meramente prejulgamos"); a "fé cega" do radical que luta para "distanciar-se do mundo contaminado que o circunda em busca do puro, mas incognoscível, reino da emancipação humana"; a eterna tentativa da esquerda de, por considerar os "parâmetros constitucionais muito irrelevantes", construir um "novo tipo de ordem social, não mediada por instituições", prática que, Scruton lembra, caracterizou o fascismo italiano – e foi recuperada entre nós pelo governo Dilma Rousseff e seu Decreto 8.243.

Ao analisar, no capítulo dedicado a György Lukács, como as discussões sobre "reificação" nas páginas da New Left Review[4] nada adicionaram à retórica do socialismo, "senão pseudoteoria", Scruton sintetiza o trabalho dos intelectuais que analisa: "um moroso farejar do intelecto ao redor de um santuário inatingível". Em sua obstinada luta para negar a realidade, um "farejar", acrescento, verdadeiramente diabólico.

Os deliciosos trechos irônicos – que Scruton chama, com seu humor britânico, de "equívocos dos seus padrões de polidez literária" – completam este livro elaborado na contramão do discurso hoje dominante.

Por essas e outras razões – o leitor inteligente as descobrirá –, *Pensadores da Nova Esquerda* pode desempenhar, no Brasil, a função de um manual de primeiros socorros, útil para o jovem cuja desconfiança cresce quanto mais os nomes aqui analisados são repetidos com irrefletida euforia por seus professores.

São Paulo, outubro de 2014.

---

[4] Porta-voz do marxismo na Grã-Bretanha: http://newleftreview.org/.

Prefácio

Os capítulos a seguir foram publicados originalmente como ensaios independentes na *The Salisbury Review*. Eu os corrigi quando necessário, e a eles adicionei uma introdução, uma conclusão e um capítulo (nº 5), cujo texto fora publicado na *The Cambridge Review*. Espero que este livro seja útil àqueles que, como eu, acharam os escritos da Nova Esquerda ao mesmo tempo desafiadores e irritantes, e que desejam saber que diferença fizeram no meio intelectual.

Tirei grande proveito dos debates com David J. Levy, Zdeněk Vašiček, R. A. D. Grant e Václav Bělohradský, e da divergência ardorosa de Andrea Christofidou, que também forneceu uma inestimável contribuição bibliográfica. Dedico o resultado deste trabalho aos amigos que, por viverem em lugares do mundo onde a esquerda ancestral triunfou, não puderam ser nomeados.

Londres
Páscoa de 1985
R. S.

Capítulo 1 | O Que É Esquerda?¹

Nenhum pensador político na conjuntura da Europa e da América modernas pode ignorar as mudanças impostas à nossa vida intelectual pelos escritores e ativistas da esquerda. Nosso entendimento dos homens e da sociedade parece ter sido transformado não uma vez ou duas, mas uma centena de vezes, pela análise determinística da história e pelas instituições fundadas em nome da política socialista. Nenhum escritor pode tapar inteiramente seus ouvidos aos argumentos e às exortações que lhe são propalados dos "postos de comando" da economia intelectual e moral e, embora agora seja evidente que aqueles postos foram capitulados sem qualquer disputa e continuam inadequadamente reivindicados, nem sempre se reconhece a importância de recuperá-los.

A ascensão da política de esquerda durante o século XX foi anunciada por uma mudança no consenso de um pequeno grupo de intelectuais. O novo consenso era decididamente encorajar os membros da nova geração que tivessem o ímpeto e a convicção de devotarem-se à busca do poder. No longo prazo, tais mudanças de opinião importam, e importaram desastrosamente. Mais uma vez, é necessário, creio, demonstrar o tamanho da fraude perpetrada em nome da "correção

---

¹ No original, em inglês, "*What is Left?*" contém um jogo de palavras que se perde na tradução: "O que sobra?", ou, ainda, "O que se deixa?". (N. T.)

teórica" e da "superioridade moral" do socialismo. Neste livro, tomo algumas das principais figuras recentes da esquerda intelectual da Inglaterra, dos Estados Unidos e do continente europeu a fim de examinar o título de sabedoria que alegam ter ou que outros lhes atribuem. Não há dúvida de que, não fosse a estatura intelectual de escritores como Hill e Williams na Inglaterra, Galbraith e Dworkin nos Estados Unidos, Habermas e Foucault no continente europeu, a esquerda não desfrutaria de toda a sua atual credibilidade. Além disso, parece-me que muito do que é interessante e verdadeiro nesses escritores pode ser desvinculado da ideologia que lhes proporcionou o apelo em voga.

O uso moderno do termo "esquerda" deriva da Assembleia dos Estados Gerais de 1789, quando, na França, a nobreza sentou-se à direita do rei, e o Terceiro Estado, à sua esquerda. Poderia ter sido o contrário. Na verdade, *era* o contrário para todo mundo, menos para o rei. Contudo, os termos "esquerda" e "direita" permanecem conosco e são agora aplicados a facções e opiniões em toda ordem política. O quadro resultante – das opiniões políticas difundidas numa única dimensão – só faz sentido localmente, e apenas nas circunstâncias de um governo de oposição.[2] Além do mais, mesmo quando esse quadro captura os contornos do processo político, dificilmente consegue fazer justiça às teorias que influenciam esse processo e que formam o clima de opinião no qual floresce. Por que, então, usar a palavra "esquerda" para descrever os escritores estudados neste livro? Por que usar um simples termo para abarcar anarquistas como Foucault, marxistas dogmáticos como Althusser, liberais como Dworkin e céticos satíricos como Galbraith?

A razão é simples. Muitos daqueles que discuto aqui estiveram associados com o movimento que se autodenominou Nova Esquerda.

---

[2] Ver Petr Fidelius (pseudônimo), "Right versus Left: The Limits of Intransigency". *The Salisbury Review*, vol. 3, n. 1, out., 1984, p. 28-30. (Este artigo, enviado da Tchecoslováquia, é uma resposta aos capítulos sobre Bahro e Gramsci incluídos no presente volume.)

Outros fazem parte do vasto campo de opinião a partir do qual a Nova Esquerda ergueu seu hostil e intransponível promontório. Todos contribuíram, nos anos 1960 e 1970, para a formação de um consenso de oposição. Sob a influência desse consenso, deixou de ser respeitável defender os costumes, as instituições e a política dos Estados ocidentais, e muitos intelectuais voltaram a aceitar a teoria e a prática do comunismo.

Não se poderia pensar, contudo, que a Nova Esquerda representa uma divergência inadvertida. Pelo contrário, é simplesmente a mais recente explosão de uma força proeminente na política desde 1789. O intelectual de esquerda é tipicamente um jacobino. Acredita que o mundo é deficiente em sabedoria e justiça, e que a falha reside não na natureza humana, mas nos sistemas de poder estabelecidos. Ele se opõe ao poder estabelecido, como o defensor da "justiça social" que retificará a antiga queixa dos oprimidos.

O intelectual da Nova Esquerda é também um "libertário". Ele deseja justiça social para as massas e também emancipação para si mesmo. A opressão que rege o mundo, acredita ele, atua externa e internamente. Ela ata a massa da humanidade em cadeias de exploração e ao mesmo tempo gera uma consciência peculiar, uma escravidão interna, que aleija e deforma a alma das pessoas. O tom de voz característico da Nova Esquerda deriva de uma síntese emocional. O novo intelectual advoga a velha ideia de justiça, mas acredita que justiça envolve sua própria emancipação de todo sistema, toda "estrutura", toda restrição interna.

A importância moral desta síntese é óbvia. Ao unir o clamor contemporâneo por "libertação" à antiga causa da "justiça social", a Nova Esquerda defende os interesses da humanidade, mesmo quando se inclina de forma contundente em direção à libertação e ao engrandecimento do *self*. E "justiça social" é um objetivo tão irresistivelmente importante, e sem dúvida tão superior aos "interesses estabelecidos" que se opõem a ela, que redime toda ação feita em seu nome. Sem nenhum pudor, o defensor da justiça social regozija-se com o ardor do combate, e no caso de aliar-se a fanáticos, pode até se tranquilizar, assumindo que se trata de um modo antigo de virtude.

Ao examinar os movimentos da esquerda, é importante lembrar esse potencial purificador na busca da "justiça social". Muitos socialistas são tão céticos quanto nós em relação aos impulsos utópicos; ao mesmo tempo, tendo-se unido sob uma bandeira moralizadora, eles inevitavelmente se encontram galvanizados, inspirados e mesmo governados pelos mais fervorosos membros de sua seita. Pois a política de esquerda é política com um *objetivo*: seu lugar dentro de tal aliança é julgado em função de até onde se está preparado a ir em nome da "justiça social". Conservadorismo – ou, no mínimo, conservadorismo na tradição inglesa – é uma política de costume, compromisso e firme indecisão. Para o conservador, a associação política poderia ser vista do mesmo modo que a amizade: ela não tem um propósito primordial, mas muda a cada dia, de acordo com a imprevisível lógica do curso das coisas entre os homens. Extremistas dentro da aliança conservadora, então, são isolados, excêntricos e mesmo perigosos. Longe de serem parceiros comprometidos de forma mais profunda num empreendimento comum, eles estão separados por seu total despropósito daqueles que buscam seguir.

Não deveríamos nos surpreender, portanto, que os movimentos de esquerda, embora constituídos por sensatos baixos escalões, sejam tão frequentemente liderados por fanáticos. Em 1794, Robespierre prometeu "estabelecer na terra o império da sabedoria, justiça e virtude" e seus sucessores rivalizaram com ele na pompa e no anticlímax de suas reivindicações. Rosa Luxemburgo disse a seus inimigos que "[...] amanhã a revolução ascenderá ecoando a toda altura e, para sua consternação, anunciará ao som de todas as trombetas: Eu era, eu sou, eu serei"; seu camarada e companheiro de armas Karl Liebknecht prosseguiu: "Estamos lutando pelos portões do paraíso". Tal grandiloquente sentimento persiste nos escritos de Marcuse e Fromm, mas está ausente nos pensadores que discutirei adiante, ou presente apenas silenciosamente, reluzindo aqui e ali na prosa circunspecta de Habermas, Williams e Anderson, como a visão de uma fagulha distante. A busca da "justiça social" não é menos intransigente, e o sentimento da inimizade não é menos real. Mas a atmosfera nublou. O exército da esquerda recuou à sua montanha, de onde lança às brumas da política moderna insultos obscuros e encantos misteriosos. O fanatismo toma, assim, uma nova forma. Ele não busca conduzir as massas, mas conjurar mistérios que secretamente alcançarão o objetivo comum e, então, fazer a liderança desnecessária.

Os escritores que investigo aqui têm plena certeza da natureza deste objetivo, e para muitos deles "justiça social" requer "socialismo". Se eles não explicam com seriedade o que entendem por socialismo, dificilmente tal defeito é novo. Marx – que forneceu a teoria perfeita da opressão – dispensou todas as tentativas existentes de descrever as instituições do governo socialista como "utópicas". No lugar delas, ele estava satisfeito com um "socialismo científico" que prometesse o "comunismo completo" como seu resultado lógico. A "inevitabilidade histórica" desta condição aliviava Marx da necessidade intelectual de descrevê-la. Tudo que sabemos é que, sob o comunismo, os homens serão iguais, prósperos e livres. É um recurso singular da mentalidade de esquerda que tais pronunciamentos bastem para acalmar sua curiosidade sobre os propósitos últimos do homem. E não é somente um argumento intelectual que sugere que liberdade e "igualdade" não podem ser compatíveis. A história humana atesta o fato, e nenhuma história o fez de forma mais reveladora que a história do socialismo marxista.

Os escritos da Nova Esquerda mostram, portanto, uma preocupação ansiosa e defensiva com a história. A história da esquerda tem uma "agenda oculta": ela deseja mostrar que a história está inclinada em uma direção socialista. As "forças de reação" são frequentemente vitoriosas, mas só porque o socialismo as "mobilizou" em prol de si mesmas. Mais ainda, o socialismo, apesar de seus defeitos, certamente triunfará e então suas promessas se cumprirão. As aparentes crueldades e colapsos nada mais são que distúrbios locais que, não fossem as "forças de reação", não teriam ocorrido. Mesmo agora, os intelectuais de esquerda dizem-nos que a opressão comunista é causada não pelo comunismo, mas pelo "cerco capitalista". Nem tantos foram tão longe quanto Chomsky – que parece capaz, de tempos em tempos, de negar tudo, talvez mesmo os massacres de Pol Pot[3] –, mas não há um simples pensador da esquerda, até onde consigo enxergar, que esteja disposto a responsabilizar-se pelas crueldades perpetradas em nome de seu ideal, embora todos sejam inflexíveis em afirmar que as crueldades de todo o *ancien régime* devem ser imputadas àqueles que o defenderiam.

A história da esquerda é a expressão da mentalidade em apuros, e somente quando reconhecemos isso podemos perceber sua estrutura essencial como um mito. Ela toma o autoengano heroico de uma Beatrice Webb a viajar no sombrio mundo do comunismo e vê nada senão luz.[4] Mas intelectuais menos talentosos podem, ainda, apropriar-se do passado e remodelá-lo de acordo com a necessidade da doutrina. O "clima de traição" dispersou-se; mas permanece o anseio por um propósito de redenção mundial, aquele que estabelecerá finalmente o império da justiça social.[5] Aqueles que tentam chamar a atenção para

---

[3] Ver Noam Chomsky, *Towards a New Cold War*. London, 1982; e Noam Chomsky e Edward S. Herman, *The Political Economy of Human Rights*. New York, 1983. A compreensão da história recente por Chomsky é exposta sem piedade por Stephen Morris em "Chomsky on US Foreign Policy". *Harvard International Review*, dez.-jan., 1981, p. 3-31.

[4] Ver o notório livro de Sidney e Beatrice Webb, *Soviet Communism, a New Civilization?* London, 1935.

[5] O surpreendente episódio na história moderna no qual intelectuais se reuniram em torno da causa do socialismo internacional e intencionalmente ficaram cegos diante das atrocidades cometidas em seu nome foi documentado com competência por David Caute, em *The Fellow Travellers*. London, 1973. Ver também R. H. S. Crossman (org.), *The God that Failed: Six Studies in Communism*, de Arthur Koestler et al. London, 1950.

fatos inquietantes, ou que dizem que "justiça social" pode ser intrinsecamente indesejável, são ignorados ou demonizados, e tudo o que aconteceu nas décadas recentes de forma a mudar as mentes dos homens não comprometidos deixou a mentalidade socialista impassível.

A assimetria moral – a expropriação pela esquerda de toda a bagagem da virtude humana – então acompanha uma assimetria lógica, ou seja, uma suposição de que o ônus da prova recai sempre no outro lado. Nem é possível esse ônus ser aliviado. Considere as teorias de Marx. De sua primeira enunciação despertaram as mais animadas controvérsias, e é improvável que elas pudessem permanecer intactas. Na verdade, parece-me que tudo das teorias de Marx foi refutado: a teoria da história por Maitland, Weber e Sombart;[6] a teoria do valor por Böhm-Bawerk, Mises, Sraffa e muitos mais;[7] a teoria da falsa consciência, alienação e luta de classe por uma ampla gama de pensadores, de Mallock e Sombart a Popper, Hayek e Aron.[8] Nem todos aqueles críticos poderiam ser colocados na "direita" do

---

[6] F. W. Maitland, *The Constitutional History of England*. London, 1908; W. Sombart, *Der Moderne Kapitalismus*. Berlin, 1902, 1916, 1927, e *Socialism and the Social Movement*. Trad. M. Epstein. London, 1909; Max Weber, *Economy and Society*. Trad. E. Fischoff et al. Guenther Roth and Claus Wittich (orgs.), vol. 1. New York, 1968.

[7] Eugen von Böhm-Bawerk, *Karl Marx and the Close of his System*. Clifton, NJ, 1949; Ludwig von Mises, *Socialism*. 2. ed. New Haven, 1953; P. Sraffa, *The Production of Commodities by Means of Commodities*. Cambridge, 1960. A última obra não apresenta críticas explícitas a Marx e direciona muito de seu poder contra o marginalismo. Por essa razão, os economistas marxistas sentiram-se capazes de discuti-la, acreditando que ela não apresentava ameaça às suas concepções ideológicas. Na realidade, por meio da obra de Sraffa, algumas das concepções fundamentais da teoria do valor-trabalho foram amplamente questionadas pela Nova Esquerda, mais notavelmente por Ian Steedman, em *Marx after Sraffa*. London, 1977.

[8] W. H. Mallock, *A Critical Examination of Socialism*. London, 1909; W. Sombart, op. cit.; Karl Popper, *The Open Society and its Enemies*. 5. ed. London, 1966; F. A. Hayek, *The Road to Serfdom*. London, 1945; Raymond Aron, *Main Currents of Sociological Thought*, vol. 1. Trad. Richard Howard e Helen Weaver. London, 1968.

espectro político, nem são eles todos hostis ao ideal de "justiça social". Ainda que nenhum deles, até onde sei, tenha recebido da Nova Esquerda uma resposta mais persuasiva do que uma zombaria. Isto não é porque a Nova Esquerda considera o marxismo clássico um defunto e a discussão continuada de seus princípios inútil. Pelo contrário, as afirmações centrais marxistas são recorrentes nas obras dos autores que aqui investigo. E como regra, elas não são nem refinadas nem qualificadas, mas inexpressivamente assumidas como as premissas incontroversas da análise social.

O crítico da doutrina de esquerda é então compelido a refletir sobre sua própria posição. Se os escritos de Weber, Sombart, Mallock, Hayek, Böhm-Bawerk, Mises e Popper não tiveram *nenhum impacto* nos pontos fundamentais da crença de esquerda, como pode *ele* esperar causar algum impacto? E como é que ele responderá à pressuposição de que carrega o ônus da prova, quando pensadores com tal poder e seriedade foram incapazes de aliviar esse ônus ou mesmo de *atrair a atenção* daqueles que eles deveriam persuadir?

O mínimo que pode ser dito é que não estamos negociando com um sistema de crenças sustentadas racionalmente. Como tento mostrar, as proposições importantes do pensamento de esquerda são precisamente aquelas que não podem ser questionadas. O marxismo-leninismo, por exemplo, reivindica que suas crenças fundamentais têm o estatuto de ciência, ainda que seja claro para qualquer observador neutro que essas crenças foram colocadas *além* das ciências, num reino de absoluta autoridade, que jamais poderá ser acessado pelos não iniciados. Marxistas referem-se a esta santificada esfera de elocução oficial não como uma crença ou teoria, mas como práxis: a doutrina torna-se *inseparável* da ação revolucionária. Práxis é o equivalente marxista da fé. Existe somente quando o véu da ignorância ("falsa consciência") é arrancado, num gesto final de compromisso radical.

Cientistas políticos frequentemente tomam emprestado um termo de Marx a fim de descrever este fenômeno peculiarmente moderno, de uma doutrina que, enquanto exige *status* científico, recusa-se a comparecer diante da corte da evidência científica. Tal doutrina, eles dizem, é "ideologia", e a moderna literatura está repleta de teorias de ideologia – teorias que se esforçam em explicar o desejo humano por crenças que sejam ao mesmo tempo científicas e inquestionáveis. Boa parte desta literatura é iluminadora. A descrição que Raymond Aron faz do marxismo como uma "religião secular", a teoria do gnosticismo de Voegelin como o pecado original intelectual (uma teoria construída de forma um pouco diferente por Alain Besançon), o diagnóstico de Norman Cohn da tendência milenarista da política marxista e a crítica de Oakeshott da política de objetivos[9] – todas essas ideias devem persuadir-nos do caráter essencialmente desviante de muito da doutrina marxista.

Contudo, a ideologia é não mais que o subproduto do marxismo, o instrumento com o qual ele é traduzido na ação, congregando multidões para sua implacável causa. Os terríveis *Schwärmerei* que mudaram a paisagem política do nosso planeta são um fenômeno que devemos tentar entender. Mas um movimento de massa é distinto das ideias que o inspiram; e ideias que são *recebidas* como ideologia podem, ainda, ser sustentadas por argumentos fundamentados – como é o caso com o marxismo clássico. Portanto, preocupei-me menos com a ideologia de cada escritor e mais com o caminho intelectual seguido por ele. É compreensível que nada do que afirmo possa ter qualquer impacto naqueles que adotaram esta ideologia. Mas, concentrando-me em argumentos e ideias, é possível que eu consiga falar àqueles que ainda podem ser convertidos.

---

[9] Raymond Aron, *L'Opium des Intellectuels*. Paris, 1955; *L'Avenir des Religions Séculières*. Paris, 1944; Eric Voegelin, *The New Science of Politics*. Chicago, 1952, e *Science, Politics and Gnosticism*. Chicago, 1968; Alain Besançon, *The Intellectual Origins of Leninism*. Trad. S. Matthews. Oxford, 1981, cap. 1; Norman Cohn, *The Pursuit of the Millenium*. London, 1957; Michael Oakeshott, *Rationalism in Politics*. London, 1962.

Poucos dos pensadores que estudo neste livro nadam nestas "correntes centrais" do marxismo tão lucidamente cartografadas por Kolakowski.[10] Muitos deles eram desconhecidos antes da revolução universitária dos anos 1960, e todos deveriam ser compreendidos à luz daquela revolução, para a qual forneceram proveitoso combustível intelectual. As condições que prevaleceram em 1968 contribuíram com um novo terreno para o sentimento revolucionário. Universidades foram tomadas por uma geração que atingiu a maturidade sem a experiência da guerra, e cujos antepassados tinham, em sua maioria, recebido pouca educação. Eles obtiveram este novo privilégio em circunstâncias de afluência e expansão, quando os últimos vestígios das tradicionais privações estavam sendo destruídos e desintegrados. Nada é mais marcante do que o entusiasmo com o qual este novo público recebeu os pensadores mais medíocres, tediosos e ignorantes, desde que estes tocassem algum acorde de afinidade radical. O comentador do futuro, olhando de volta às obras negligenciadas de Habermas, Williams e Althusser, achará difícil crer que estes pesados parágrafos uma vez capturaram corações e mentes de milhares e formaram a leitura básica dos cursos universitários de Humanidades e Ciências Sociais por todo o território da diáspora europeia. Desde que esse comentador tenha paciência, descobrirá as razões para o apelo de tais escritores em uma geração alimentada pela promessa da "justiça social". Os alunos dos anos 1960 e 1970, oriundos das mais diferentes classes sociais, educados inapropriadamente, fragilizados por sua ignorância da história e da cultura de seus ancestrais, estavam ávidos por doutrinação. E a doutrina tinha de conformar-se às duas necessidades que os agitavam: ela tinha que prometer, em um só e mesmo gesto, a liberação individual e a justiça social para as massas.

---

[10] Leszek Kolakowski, *Main Currents of Marxism*. Trad. P. S. Falla. Oxford, 1978, 3 vols.

A mensagem da Nova Esquerda era simples. Todo poder no mundo é opressor e todo poder é usurpado. Extirpemos este poder e teremos justiça e libertação juntas. A nova geração não estava disposta a perguntar a questão fundamental: como a justiça social (entendida segundo um paradigma igualitário) pode ser conciliada com a libertação? Desejou somente a garantia da autoridade que validaria seu parricídio, e recebeu tal garantia das encantações elegíacas da esquerda. Os novos pensadores desviaram sua atenção da difícil tarefa de descrever o futuro socialista e focaram na fácil diversão da destruição. Tornaram a fúria respeitável, e o bla-bla-blá a marca do sucesso acadêmico. Com a rápida expansão das universidades e politécnicas, além do recrutamento em massa de professores desta superexplorada e subnutrida geração, o *status* da Nova Esquerda foi assegurado. Repentinamente, instituições de ensino inteiras estavam nas mãos de pessoas que haviam identificado as recompensas da vida intelectual por meio de fantasias de ação coletiva, e que viram a principal utilidade da teoria na sua capacidade de sufocar as questões que forneceriam um impedimento robusto à práxis. Para tais pessoas, a Nova Esquerda era o paradigma do esforço intelectual de sucesso.

Os escritores que analiso neste livro foram escolhidos menos por seus méritos intrínsecos que por sua capacidade representativa. Alguns deles são broncos e abjetos; outros são inteligentes; pelo menos um é uma espécie de gênio. A influência deles de nenhum modo corresponde a seu mérito intelectual, e quem quer que deseje familiarizar-se com a paisagem intelectual dos anos 1960 e 1970 deve necessariamente vagar por vastas áreas de território infértil e percorrer escassos e desérticos oásis. Tomei alguns atalhos, algumas vezes limitando-me a uma única obra, ou a uma pequena seleção de obras, dos autores escolhidos. No entanto, as ideias e os argumentos que discuto parecem-me ilustrar os caminhos centrais do pensamento da Nova Esquerda. Espero apenas que este livro poupe o leitor de algo da tortura mental que experimentei enquanto o escrevia, e que estes capítulos possam servir como um mapa deste inóspito terreno, no qual os riscos estão claramente definidos, e os poucos lugares agradáveis são remotos.

Alguns pensadores omitidos certamente poderiam ter sido incluídos. Em particular, o leitor perceberá a ausência de Marcuse e Chomsky, escritores que, em seus diferentes modos, exerceram tanta influência sobre a geração do Vietnã quanto qualquer outro que investigo nestas páginas. Não peço desculpas por isto, apenas gostaria de assinalar que Marcuse já foi efetivamente discutido,[11] e que o pensamento político de Chomsky é muito desprovido de teoria para os meus propósitos – trata-se, na verdade, de pouco mais que uma pose, embora uma pose à qual muitos aderiram furiosamente. Se estes dois pensadores são lembrados como os principais representantes da rebelião juvenil, é porque exibem tão copiosa e efetivamente a mentira da qual tal rebelião emergiu. Chomsky manipulou fatos, deliberadamente escondeu tudo o que é terrível no comunismo e tudo o que merece crédito no país em que escolheu morar. Marcuse, que já teve motivo ainda maior de gratidão em relação a América, não manipulou fatos, senão a linguagem, descrevendo como "tolerância repressiva" a virtuosa recusa para pôr fim às suas mentiras. Mas o clima de opinião mudou, e poucas pessoas estão dispostas a prestar atenção em pensadores cuja linguagem exibe sua indiferença à verdade de forma tão flagrante. Aquilo que é interessante em seus argumentos eu investigarei, portanto, através da obra de alguns outros expoentes.

---

[11] Alasdair MacIntyre, *Herbert Marcuse*. London, Fontana Modern Masters Series, 1972; Eliseo Vivas, *Contra Marcuse*. New York, 1971; e David J. Levy, *Realism*. Manchester, 1981, cap. 6.

Capítulo 2 | E. P. Thompson

O pensamento de esquerda é vigoroso, rico e multifacetado. Enraíza-se em lugares surpreendentes e áridos: na crítica literária, na historiografia, na sociologia, e até, às vezes, nas ciências naturais. Tem seus cismas e ortodoxias, suas igrejas, seus não conformismos e seus *odium theologicum*. Esta fertilidade explica seu apelo. O pensamento socialista forma um *medium* através do qual interesses díspares podem ser unidos num mesmo movimento e no qual as ambições mais solipsistas podem alinhar-se a uma causa comum. Ademais, não importam a intriga e a disputa que podem macular esta ou aquela controvérsia dentro do movimento; há um pressuposto subjacente de que os intentos do socialismo são moralmente irrepreensíveis. Todos os que aderem à causa socialista são absolvidos por conta de seu propósito, e, enquanto for possível, de um ponto de vista externo, abominar o socialismo precisamente por seu poder de canalizar boas intenções em uma corrente de desordem, mergulhar nessa corrente é deixar-se levar por uma percepção de generosidade, justiça e magnanimidade dos próprios objetivos.

Poucos pensadores manifestaram este sentimento com mais força ou com efeitos mais retóricos que E. P. Thompson, o historiador social inglês que, tendo se declarado marxista e comunista durante os anos 1950, retirou-se do Partido Comunista em 1956, subsequentemente à invasão soviética da Hungria, e que agora se engaja na campanha pela criação de uma Europa neutra e livre da energia nuclear. Thompson considera, talvez corretamente, que tenha sido tratado de forma injusta pelos mais recentes movimentos da Nova Esquerda, e notavelmente por ter sido, sob a liderança de Perry Anderson, deposto do conselho editorial da *New Left Review*[1] em 1964. No entanto, ele permanece um dos membros mais respeitados e respeitáveis da *intelligentsia* de esquerda britânica, com um dom para textos claros e imaginativos que lhe permitem projetar sua influência para além do tradicional espaço da ideologia da Nova Esquerda. Suas obras buscam inspiração em Marx e, também, na tradição inglesa da crítica social, à qual seus dois heróis, William Blake e William Morris, de modos distintos, pertencem.[2] Em retrospecto, Thompson pode ser visto como um historiador social nos moldes do Socialismo Fabiano, uma ramificação de Tawney e Cole, e não como o marxista radical que seus discípulos alegam que ele seja.

Como os historiadores que emprestaram sua influência para o movimento trabalhista, Thompson estudou a natureza social e o potencial político das classes baixas inglesas, e tem procurado defender sua causa ao escrever sua história. *A Formação da Classe Operária Inglesa*, publicado pela primeira vez em 1963, é um clássico incontestável da história social, no qual a vívida imaginação e o enérgico academicismo combinam-se em uma visão de grande poder emocional. Se Thompson adquiriu reputação de sábio, não é por conta

---

[1] Os contratempos de Thompson com Anderson se deram com tal paixão que seria surpreendente que as questões envolvidas tivessem sido realmente tão factuais e científicas quanto os dois autores declararam. Thompson lançou sua defesa sob o título "The Peculiarities of the English" em *The Socialist Register* (organizado por John Savile e Ralph Miliband. London, 1965; reeditado em *The Poverty of Theory and other Essays*. London, 1978). A primeira réplica de Anderson é intitulada "Socialism and pseudo-Empiricism". *New Left Review*, jan-fev., 1966. Para mais detalhes, ver capítulo 11.

[2] Ver especialmente a hagiografia de Morris, escrita por Thompson: *William Morris, Romantic to Revolutionary*. Edição revista. London, 1977.

dos ensaios teóricos nos quais defendeu sua posição política, mas por conta dessa obra brilhante e ambígua. Pois é uma característica marcante do público leitor inglês estar sempre pronto para tratar um historiador – por pouco apto que este seja para a teoria – como um homem de ideias. Não poderia nos surpreender que o *establishment* trabalhista tenha ganhado respeitabilidade intelectual em parte através da obra de seus historiadores. Nem deveríamos nos surpreender com a busca do novo "torysmo"[3] por credenciais similares. A troca de benefícios entre historiadores e políticos é comum na política inglesa; Shakespeare ilustra isso em suas peças históricas, nas quais cada nova dinastia reinante nomeia escribas para reescrever a história em seu favor. O resultado é lido e respeitado, e mesmo quando é usado como um veículo para as perspectivas políticas mais ingênuas (como em Christopher Hill ou, no outro lado, Hugh, agora Lorde, Thomas), será tratado por seus leitores com a deferência que, no continente, é concedida somente às ideias abstratas.

Na obra de Thompson, embora as ideias sejam provenientes de um único *corpus*, elas não são, de modo algum, escassas. Além disso, Thompson tem uma disposição acentuada para criticar ideias – mesmo as recebidas da história da esquerda –, confrontando-as com os fatos que podem refutá-las. É o que faz com o clássico conceito marxista de classe. Para Marx, uma classe é definida por uma posição nas relações de produção, por uma função econômica que une todos aqueles que a desempenham e os diferencia daqueles que não a cumprem. Em tal visão, a classe trabalhadora inglesa deveria ter existido desde o tempo da primeira produção capitalista na Inglaterra medieval. Thompson afirma que, ao contrário, nada então existiu que pudesse ser utilmente comparado à "classe trabalhadora" do século XIX. Em outras partes de seu trabalho, ele critica aqueles historiadores marxistas que, ansiosos para dar credibilidade à história colegial do *Manifesto Comunista*,

---

[3] Referente ao Partido Tory britânico. (N. T.)

tentam persuadir-nos de que a condição da França antes da Revolução ("burguesa") era a de uma economia feudal. Todas estas ideias, Thompson acredita, mostram uma fixação em categorias simples à revelia da complexidade dos fenômenos históricos.

É difícil discordar. No entanto, Thompson parece persuadido de que a teoria marxista da luta de classes é iluminadora, e que ela pode ser aplicada de forma modificada à história da Inglaterra. Ele sustenta que nenhuma simples ideia "materialista" de classe é adequada: "Classe é definida pelos homens à medida que viveram sua própria história, e, no fim, isto é sua única definição". Classe deve ser considerada não no estilo marxista antiquado, mas, antes, como um fenômeno emergente, que vem à luz através da percepção de interesses comuns e da formação de uma "consciência de classe" comum (nos termos do velho hegelianismo: a classe para-si é a realização da classe em-si). Como vários socialistas reconheceram, nenhuma outra concepção se presta à teoria da "luta de classes". Roberto Michels expressou isso de forma sucinta:

> Não é a simples *existência* das condições opressivas, mas o reconhecimento *destas condições pelos oprimidos*, que, no curso da história, constitui o primeiro fator das lutas de classes.[4]

Como veremos, esta óbvia verdade tampouco é desprovida de devastadoras consequências para as teorias da Nova Esquerda.

A classe trabalhadora inglesa, Thompson sustenta, foi o produto de várias coisas, não meramente das condições econômicas da manufatura industrial, mas também da religião não conformista que ofereceu a todas as pessoas a linguagem com a qual expressar suas novas reivindicações, do movimento da reforma parlamentar, das associações dentro das manufaturas urbanas, de milhares de outras particularidades que ajudaram a forjar uma identidade e uma resolução que articularia as necessidades e reivindicações da força de trabalho

---

[4] Roberto Michels, *Political Parties*. Trad. E. e C. Paul. London, 1915, p. 248.

industrial. Esta ideia de classe, como entidade formada pela interação entre circunstâncias "materiais" e a consciência de seres sociais, é certamente mais persuasiva que a oferecida por Marx. Na aplicação de Thompson, ela apresenta uma imagem da classe trabalhadora da qual nenhum conservador precisaria discordar: a classe trabalhadora está profundamente implicada nos costumes sociais estabelecidos, nas instituições políticas, nas pré-concepções religiosas e nos valores morais, tudo que se une a ela na tradição nacional da qual surge.

É difícil, contudo, usar tal ideia para defender a análise marxista da sociedade, de acordo com a qual o proletariado emerge como uma força nova e internacional, sem laços locais e sem interesse na preservação da ordem política que a rodeia e domina. A interpretação "revisionista" de Thompson da história inglesa permite-nos ver como muitas de nossas tradições políticas mostraram-se capazes de acomodar situações alteradas e de dar expressão institucional para injustiças que são assim conciliadas e superadas. Uma classe trabalhadora formada por meio de valores não conformistas, ansiosa por representação no Parlamento, que conscientemente se identifica através das conexões históricas com os parlamentares do século XVII e através das obras de Bunyan, mal pode ser descrita como a protagonista implacável da "luta de classes" marxista, o agente da revolução, o inimigo declarado de toda ordem estabelecida e de todas as instituições que outorgam legitimidade aos poderes existentes. Mas Thompson insiste que sua interpretação atribui à classe trabalhadora o papel histórico que o pensamento da esquerda sempre lhe reservou. Ele escreve:

> Tais homens encontraram o utilitarismo nas suas vidas cotidianas, e eles buscavam revertê-lo, não cegamente, mas com inteligência e paixão moral. Eles lutaram não contra a máquina, mas contra as intrínsecas relações exploratórias e opressivas do capitalismo industrial.[5]

---

[5] E. P. Thompson, *The Making of the English Working Class*. London, 1963 [edição da Penguin, 1968], p. 915.

Os homens em questão eram os componentes da classe trabalhadora inglesa, como Thompson a descreve. Mas note a peculiar irresolução desta (concludente) observação. Contra o que *estavam* eles lutando? Utilitarismo (a máquina)? Se tal, eles tinham e talvez mantinham o apoio dos homens de boa vontade em todas as classes. Exploração? Se assim fosse, então não é de maneira nenhuma claro que eles a percebessem como tal, ou que acreditassem que esta fosse, como Thompson implica, "intrínseca" ao capitalismo. E o que paira sobre o termo "industrial"? É ele a real fonte do ressentimento, e, nesse caso, seria o "comunismo industrial", por exemplo, igualmente ruim? Thompson não dá nenhuma resposta clara a essas questões. A implicação de que a classe trabalhadora estava unida por sua oposição ao capitalismo é fruto de uma artimanha. É mais plausível dizer que ela estava unida por uma reação comum a condições sentidas como assustadoras, e sentidas como assustadoras por quase todos os que as observaram ou sofreram, e não por sua reação à tal "propriedade privada dos meios de produção", que supostamente (de acordo com os marxistas) explica aquelas coisas, mas que de fato não explica quase nada.

A análise de Thompson da classe trabalhadora inglesa termina, como a citação mostra, por descrever essa classe como um agente coletivo, que faz coisas, opõe-se a coisas, luta por coisas, e que pode ter sucesso ou fracassar. Em outros textos ("The Peculiarities of the English", em *The Poverty of Theory*), Thompson expressa um saudável ceticismo em relação a esta visão antropomórfica do processo histórico, que persiste através da teoria marxista da "luta de classes". Mas usar essa "metáfora", segundo Thompson, é ainda implicar coisas que podem não ser verdadeiras. A história certamente contém agentes coletivos, que agem como um "nós" e com um sentido de propósito comum. É uma tese conservadora importante que as classes não estão entre eles, e é uma tese que o marxista também aceita. Mas o que faz os homens efetivamente se unirem como um "nós", que os permite combinar suas forças com um sentido de destino e interesse comuns? Como Thompson deixa claro, o que mais importa aqui são precisamente estas circunstâncias que não são parte das condições "materiais" de uma classe: linguagem, religião, costumes, associação e tradições de ordem política – em resumo, todas aquelas forças que geram nações em vez de indivíduos contendores que de outro modo as destruiriam. Identificar a classe trabalhadora como um agente, mesmo "metaforicamente", pode significar engajar-se em uma grande sentimentalização e, ao mesmo tempo, ignorar a verdadeira significação da consciência nacional como um genuíno agente na história.

A sentimentalização do proletariado empreendida por Thompson está integrada à sua autoimagem. Ele se vê como parte de uma grande obra da emancipação. Essa obra primeiro o atraiu ao Partido Comunista e, mais tarde, lançou-o contra as maquinações perenes do capitalismo internacional, muito depois de ele reconhecer que a União Soviética não era um aliado natural para alguém que busca ser favorável à classe trabalhadora. Em *The Poverty of Theory* ele escreve:

> [Marx] aparece para propor, não uma natureza angelical, mas homens que dentro de um contexto de certas instituições e cultura podem usar conceitos em termos de "nosso", mais que "meu" ou "deles". Eu era uma testemunha participante em 1947, na eufórica repercussão de uma transição revolucionária, de uma tal transformação das atitudes. Jovens camponeses da Iugoslávia, estudantes e trabalhadores, construindo com a moral elevada sua própria estrada, indubitavelmente tinham este conceito afirmativo de *nasha* (nosso), embora esse *nasha* – como se pode ter a sorte de provar no caso da Iugoslávia – fosse em parte o *nasha* da consciência socialista e em parte o *nasha* de uma nação.[6]

---

[6] E. P. Thompson, "An Open Letter to Leszek Kolakowsi". In: *The Poverty of Theory*, op. cit., p. 160.

Mais uma vez, vemos de que maneira a parte incontestável do pensamento de Thompson prontamente emerge da sua fonte contestável (marxista). É fácil concordar que, "dentro do contexto de certas instituições e culturas", homens podem pensar em termos de "nosso" mais do que em termos de "meu" ou "deles": o reconhecimento desta verdade é na realidade o principal motivo por trás do respeito conservador à tradição. Tal "nosso" é o "*nasha* da nação" que a Iugoslávia era tão afortunada em possuir, e que todo governo "socialista" tinha que invocar. Mas não foi Marx quem enfaticamente invocou esta consciência local, tradicional e histórica. O "comunismo total" envolve o definhamento das instituições e a perda daqueles vínculos paroquiais que sustentam as hierarquias no poder estabelecido. A referência ao "*nasha* da consciência socialista" é nada mais que uma sentimentalização, reminiscência do heroico trabalhador que vislumbra com firmeza o futuro no gasto cartaz afixado ao muro. Duvido que haja sequer um falante nativo de língua eslava que possa agora ouvir tal frase sem precisar reprimir um sorriso amargo.

Thompson diz com eloquência e vigor que a obrigação de todo historiador é descartar suas cômodas teorias quando elas se conflitam com os fatos; ele também denuncia de forma contundente o florescente charlatanismo da Nova Esquerda, exemplificado o mais grotescamente possível em Althusser. Todo leitor de *The Poverty of Theory* deve sentir-se gratificado pela existência de um pensador de esquerda determinado a guardar tanto o bom senso quanto a honestidade intelectual. No entanto, um enorme e simplificador autoengano assombra as páginas do volume no qual este ensaio foi publicado. Este autoengano é idêntico à sentimentalização do proletariado para a qual chamei atenção; em nenhum lugar ele é mais manifesto do que nas lamentações sobre os trabalhadores que revelam a verdadeira fonte do vínculo "institucional e cultural" que os une:

> Na ação dos estivadores nas docas de Victoria e Albert que ameaçaram recusar o serviço a todos os navios que não estivessem decorados em

honra à libertação de Mafeking⁷ – estes poucos estivadores com cujo apoio Tom Mann buscou fundar um internacionalismo proletário – já podemos ver as esmagadoras derrotas à frente.⁸

É manifesto também na postura que Thompson assume na carta aberta a Kolakowski, na qual um comunista veterano, que tinha acreditado no credo marxista tal como aplicado na Europa Oriental, e detectado sua verdadeira natureza, é repreendido por sua "apostasia":

> Meus sentimentos têm mesmo um tom mais pessoal. Experimento, ao virar suas páginas na *Encounter*, um sentimento de injúria e traição pessoal. Meus sentimentos não são assunto seu. Você pode fazer o que pensa que é certo. Mas eles explicam por que escrevo não um artigo ou polêmica, mas esta carta aberta.⁹

Somente alguém que armou as estacas morais tão alto, que impetuosamente se identificou com uma doutrina sem suficiente garantia para sua crença, poderia escrever algo assim. Nesta carta, e nos recentes artigos sobre desarmamento,¹⁰ testemunhamos a extensão da *necessidade* que motiva os escritos de Thompson, a necessidade de acreditar no socialismo, tanto na filosofia do proletariado quanto no proletariado em si mesmo, como o agente inocente, paciente e heroico da história moderna. Esta necessidade de acreditar toma formas surpreendentes. Talvez nenhuma seja mais notável que a recusa a considerar a evidência que homens como Kolakowski nos colocam, a evidência de que "o socialismo

---

⁷ No original, "*Mafeking's relief*". Refere-se à vitória final dos britânicos contra os africâneres na chamada Guerra dos Bôeres. Mafeking é o nome da cidade que foi tomada pelos britânicos. Desta batalha surgiram o escotismo e a figura de Baden Powell. (N. T.)

⁸ E. P. Thompson, "The Peculiarities of the English". In: *The Poverty of Theory*, op. cit., p. 67.

⁹ Ibidem, p. 98.

¹⁰ E. P. Thompson, *Zero Option*. London, 1982; e *The Heavy Dancers*. London, 1984.

realmente existente" deriva sua natureza exatamente da mesma beligerante sentimentalidade sobre o homem trabalhador e precisamente da mesma simplificada crítica injusta ao "capitalismo" e tudo o que ele implica; foi isso que inspirou os escritos de Thompson. Thompson, que crê no poder das ideias, é incapaz de reconhecer as consequências de suas próprias ideias.

A nova causa do desarmamento é similar à velha causa que os stalinistas e Kolakowski, de modos distintos, traíram. O valor do fim – a abolição das armas nucleares e a remoção das tensões que poderiam levar à guerra – é indiscutível. Galvanizado pela necessidade de alinhar-se com o que é bom sem questionamentos, Thompson então nos pede para abandonar as complicadas especulações dos estrategistas e as teorias que nos fazem crer que só temos paz através da guerra, para nos juntarmos a ele na mobilização dos povos da Europa pela causa do desarmamento.[11] Vamos supor que tal programa fosse coerente. Ele depara-se, imediatamente, com um obstáculo. Metade da Europa é regulada por partidos comunistas que nunca tolerariam o tipo de mobilização popular que Thompson visa. Como Thompson sabe, a "liberdade de associação" na qual ele se baseia, tanto para sua plataforma quanto para tais resultados, é uma conquista preciosa das constituições ocidentais e não existe nos domínios onde o governo constitucional foi abolido. E se o movimento não se estende a leste, que proteção pode nos dar? É mesmo evidente – a história da guerra nuclear o confirma – que a tentação de usar armas nucleares aumenta somente quando o outro lado não pode efetivamente retaliar. Tudo isto, contudo, é posto de lado no evangelismo de Thompson. Em uma cruel e desdenhosa resposta a bem-intencionadas objeções da Tchecoslováquia (enviada Deus sabe como e com que riscos para o autor), Thompson teve isto a dizer:

---

[11] E. P. Thompson, "Human Rights and Disarmament". In: *Zero Option*, op. cit., p. 150. O autor tcheco é o pseudônimo Václav Racek, cuja carta aberta também foi publicada no livro de Thompson.

Reconhecemos que isto é difícil. Não temos expectativas de marchas e manifestações do tipo ocidental. Mas consideramos que, com paciência e auxílio, formas apropriadas de expressão serão encontradas.

A ingenuidade disto seria surpreendente não fosse o fato de que, como Kolakowski nota genericamente sobre a Nova Esquerda, alguém ouviu e viu tudo antes. Tal é o autoengano do intelectual animado pelo sentimento de sua própria pureza moral: o fim é claro, e os meios serão encontrados. É impossível para ele vislumbrar que uma nova ordem de tirania foi estabelecida por esta ideologia que ele tão conscientemente luta para instigar. Para Thompson, a "exterminação ideológica" da qual seu correspondente tcheco corretamente reclama é uma aberração, é mais um desvio do "curso natural" que o socialismo poderia de outro modo tomar. É impossível para ele perceber que seu correspondente foi vítima de uma força antinômica, capaz de justificar qualquer ultraje na convicção de que a história absolverá suas ações. Para Thompson, o poder que prevalece na Europa Oriental é precisamente o poder ao qual estamos todos "sujeitos". Assim, ele refere que:

> [...] a tendência de ambas as alianças militares – a Otan e o Pacto de Varsóvia – de tornarem-se instrumentos de controle político de superpotência, reduzindo os Estados menores a abjeta clientela. Isto é tão verdadeiro no Ocidente quanto no Leste Europeu.[12]

A "tese convergente"[13] provou-se vital para a doutrina da Nova Esquerda, já que ela permite direcionar a raiva e a frustração não contra o "socialismo real" (que se esconde atrás de um véu de ignorância e mentira), mas contra nossas próprias tentativas de nos defendermos. Contudo, a tese raramente alcança a expressão histérica que ela adquire nos escritos de Thompson. Tão alta ela é vociferada de suas páginas que se perdoa o leitor por pensar que Thompson

---

[12] E. P. Thompson, "The End of the Line". In: *Zero Option*, op. cit., p. 37.
[13] Ver capítulo 13.

tem uma necessidade ainda maior de persuadir a si mesmo que àqueles que se opõem a ele:

> *Eles* [a KGB, o M16 e a CIA] *não desejam que os movimentos democráticos do Ocidente e do Leste se reconheçam e identifiquem uma causa comum.* (ênfase de Thompson)[14]

Isto, Thompson insiste, é a verdadeira explicação do presente conflito, ao passo que a supressão, no Leste, da livre discussão, da opinião pública, do governo representativo e da dissidência individual – características referidas por seu correspondente tcheco – não são de real significância.

Aqui notamos o outro lado do equívoco de Thompson sobre a intervenção. Ele não pode ver que um Estado sem instituições representativas e sem oposição legal é um tipo diferente de *agente* daquele que tem de responder ao parlamento e à lei. Em particular, ele não pode ver que a resposta dos EUA para a ameaça oferecida pela URSS – ainda que equivocada, ainda que imoral – é uma resposta genuinamente *coletiva*, refletindo um processo de tomada de decisão do qual o povo americano participa. Tal resposta está precisamente *aberta para correção*, ao passo que as ações da URSS não estão. A sentimentalização da classe trabalhadora – que leva Thompson a ver como um agente que não tem responsabilidade coletiva ou ação – é aqui combinada com uma percepção desumanizada da política. Thompson não enxerga nada senão sistemas de poder, mesmo onde há atuação genuína, responsabilidade genuína e uma reciprocidade que torna a política possível. A réplica à "cruzada pacífica" de Thompson é óbvia e vem novamente da Tchecoslováquia:

> Paz e Guerra não serão decididas somente pelo equilíbrio de armamentos, mas também pela pressão da opinião pública. Mas como o próprio movimento de paz, esta opinião pública não pode ser prerrogativa apenas do Ocidente, se deseja ser efetiva. Sua própria mídia de massa, por mais

---

[14] E. P. Thompson, *Zero Option*, op. cit., p. 106.

criticamente que você o julgue, é uma importante plataforma na qual se discutem alternativas e se consideram consequências [...] [Mas] se você não está preocupado com as diferenças entre nossas sociedades, então seu movimento de paz não está tão preocupado com a paz quanto está preocupado com a fútil e autoindulgente manifestação de boas-intenções.[15]

Diante de tais objeções, Thompson tem uma notável capacidade de desviar-se, reimergir na sagrada fonte de suas próprias emoções. "Por um pouco mais", declara, "ou até as forças da paz conquistarem alguma pequena vitória [...] ou até o céu se tornar escuro a ponto de ser muito tarde para algo importar, devo continuar como um prisioneiro do movimento de paz".[16] Nota-se nessas observações até onde a honestidade intelectual de Thompson dá vazão às mais profundas e mais persistentes necessidades emocionais. Não somente ele perdeu a capacidade de perceber a real diferença entre a presença americana na Europa Ocidental e a soviética na Europa Oriental – a real diferença, pode-se dizer, entre influência e controle –, ele perdeu também toda noção do artificial, do sentimental e da autoglorificação. Sua atitude acrítica em relação a seus próprios sermões vai de mãos dadas com sua atitude diante do marxismo. Pois é o marxismo, com sua sentimentalidade, seu inflexível desprezo pelo real e sua pressuposição intelectual (que oferece *insights* para o historiador escrupuloso e cegueira para o político) que levou várias pessoas a falsificarem a realidade do poder soviético. Somando sua voz à deles, Thompson mostra ser menos um sábio que um crédulo: tendo revelado um significado na história, ele se esforça para não percebê-lo.

---

[15] Anônimo, "To Those who March for Peace". *The Salisbury Review*, vol. 2, n. 1, 1983, p. 29-30.

[16] E. P. Thompson, *The Heavy Dancers*, op. cit.

Capítulo 3 | Ronald Dworkin

O pensamento americano de esquerda é uma espécie diferente de sua contrapartida europeia, tendo seguido um caminho evolucionário à parte, em condições não propícias ao desenvolvimento da hostilidade. No entanto, ele compartilha com o socialismo europeu certa estrutura subjacente, e exerceu uma influência similar, ainda que tardia. O triunfo da Constituição dos EUA foi fazer da propriedade privada e da liberdade individual características inalienáveis, não somente para o plano político, mas também para o próprio pensamento político. Quase toda a filosofia americana com inclinação esquerdista no século XX fundou-se em preconcepções liberais, e uma parte muito pequena dessa filosofia desafiou a instituição da propriedade. Em vez disso, ela contentou-se em denegrir as formas vulgares que a propriedade pode assumir – "consumismo", "consumo fútil", "sociedade de massas" e "publicidade de massas". De Veblen a Galbraith, o que estarreceu a crítica americana do capitalismo não foi a propriedade privada como tal – pois ela é a pedra angular de sua independência tão estimada –, mas, antes, a propriedade privada de outros. É o espetáculo da propriedade nas mãos de pessoas comuns, decentes, rudes e incultas que atribulou as percepções da esquerda. Longe de ver este "consumismo" como a consequência necessária da democracia, a esquerda enodou-se na tentativa de mostrar que consumismo não é democracia, senão uma democracia que se desvirtuou. O radical americano é um esnobe inveterado e persistente. Mas ele mantém a fé na democracia. Essa fé, na verdade, é essencial para sua autoimagem. Ele se considera um defensor do homem comum contra o jugo do capitalismo, e da liberdade individual contra as "estruturas" de autoridade e poder. Sua reação aos hábitos do homem comum com relação à propriedade está impregnada pelo idealismo. É precisamente porque são "fúteis" que esses hábitos não vão se dobrar às suas ilusões. Propriedade é, na América, um fato muito palpável, físico, e ainda que alguém possa se enganar sobre os corações e as mentes das pessoas comuns, é impossível continuar se enganando sobre os detritos acumulados nos seus jardins. O radical deseja com urgência que o homem comum seja mais discreto; através da propriedade, publicidade, mídia, ele faz-se *aparente*, e assim mina a ilusão da qual o ideal de igualdade depende.

Uma solução para o dilema que surgiu para pensadores tais como Baran, Sweezy e Galbraith é considerar a miséria da América moderna como o produto de um "sistema" de poder estabelecido.[1] Não é demanda popular, mas propósito político, o que promove o consumo público. Capitalistas e políticos desavergonhadamente encorajam as pessoas a ostentarem, a despeito dos muitos argumentos intelectuais demonstrando que as pessoas deveriam (em seu próprio interesse) ser discretas. Assim, ao lutar contra o consumo, o radical está tramando contra a autoridade: ele se sacrifica, como sempre, ante as implacáveis ambições dos poderes que existem.

É este antiautoritarismo que fornece a premissa do pensamento radical americano, e é uma premissa que se adapta bem à sobrevivência em um Estado que emergiu da recusa dos cidadãos a pagarem impostos. Contudo, o antiautoritarismo americano não pode se dignificar com as metáforas de luta que permeiam a linguagem do

---

[1] Ver P. A. Baran e P. M. Sweezy, *Monopoly Capital*. London; New York, 1966. Detenho-me mais na "teoria dos sistemas" no capítulo 14.

socialismo. É possível que, quando Marx estava escrevendo, houvesse algo como uma "luta de classes" na Europa, ou, pelo menos, nas cidades manufatureiras da Inglaterra. A teoria marxista de classe foi aceita em parte por que ela explicava essa "luta", e também porque ela tingia o protagonista em questão com as cores do herói épico. A não ser por um breve período durante a depressão, este mito nunca teve sequer um seguidor significativo na América. Isto nem deveria nos surpreender. A América não conta com as múltiplas barreiras ao avanço social que prevaleceram na Europa; ela tem espaço, recursos, anseios e oportunidades abundantes; em particular, ela apresenta uma estrutura política hostil à criação de elites hereditárias de longa duração. O resultado é que "classes", tais como são, permanecem fluidas, temporárias, sem atributos morais aparentes.[2]

A teologia da "luta de classes" deve parte de seu impacto à capacidade do trabalhador de identificar seu chefe como um antagonista, cujos interesses se opõem aos dele em cada aspecto; ela também depende da percepção intelectual de se estar excluído do poder e da influência que estão nas mãos dos políticos. Na América, empregador e empregado estão, ambos, escalando a rampa do sucesso; o que difere nesses casos são apenas os respectivos avanços. O primeiro antagonismo é, assim, diluído e temporário, uma distração de preocupações mais urgentes. O segundo antagonismo é insustentável. O intelectual pode posar como um defensor da classe trabalhadora; portanto, apenas ele pode efetivamente demover a classe trabalhadora de sua consciência e, assim, devotar-se com atenção às suas ambições. Seu antiautoritarismo toma uma forma decididamente *establishment*. Ele endereça-se diretamente aos poderes que existem, debocha deles, ataca-os, deleitando-se com suas próprias comparações sofisticadas. Ele forma um grupinho, um contra-*establishment*, mesmo uma "contracultura", e, então, mostra-se pronto para governar. Impaciente

---

[2] Ver W. Sombart, *Why Has There Been no Socialism in America?* London, 1906.

pelo poder, ele derrama desprezo em todos que o detêm, e através de sua sátira forma um público de sofisticados que pensam como ele. Ele sustenta diante das autoridades não o espectro de uma classe trabalhadora da qual ele é o intérprete, mas o espectro de outras formas de poder, que ele supõe mais puras. Apoia Cuba e o Vietnã. Alia-se com movimentos pela "libertação nacional", especialmente aqueles que frustram intentos de longa data da política externa americana. Ele se mobiliza a favor de minorias e não conformistas e torna-se um aliado de peso a cada ataque à "maioria moral" da qual seus privilégios, em última instância, dependem.

Uma das formas dessa postura foi acuradamente descrita por Tom Wolfe como "radical chique". Radical chique é o máximo do prestígio social, da tentativa dos intelectuais excluídos do poder para criar uma elite rival, da qual aqueles que sustentam o poder estão, por sua vez, excluídos. Mas há formas mais leves de esnobismo de esquerda, que podem ser encontradas, por exemplo, nas páginas do *The New York Times* e da *The New York Review of Books*. A *The New York Review* é talvez a mais interessante; ela orgulha-se de sua perspectiva liberal-democrática, de seu desprezo sofisticado pelo consenso americano e de suas conexões aristocráticas. Neste momento,[3] ela está publicando uma série de artigos de Joan Didion, destinados a retratar El Salvador como uma terra onde as pessoas são oprimidas por um regime autoritário, esmagadas e atormentadas pela violência criminosa que vem de cima. A senhorita Didion menciona a recente eleição, mas as escolhas políticas das classes mais baixas são tão desgostosas para ela quanto seus hábitos de propriedade; ela limita-se a citar pronunciamentos ingênuos do presidente Reagan, e não oferece mais nenhuma reflexão sobre o assunto. Assim, ela pode seguir de sarcasmo em sarcasmo, enquanto antecipa em segredo a visão soviética,

---

[3] Escrevi este capítulo no fim de 1983; os artigos de Joan Didion foram publicados num livro intitulado *Salvador*. New York, 1984.

de que as eleições em El Salvador foram uma fraude política, tramadas pelo *establishment* americano de forma a beneficiá-lo.

Um dos mais influentes gurus que encontraram seu público através da *The New York Review* é Ronald Dworkin, teórico da Constituição dos EUA, professor de Jurisprudência em Oxford e de Direito em Nova Iorque. Como E. P. Thompson, Dworkin lançou mão de uma reputação intelectual merecida para dar suporte a ideias que são ao mesmo tempo não convincentes por elas mesmas e autoindulgentes em suas motivações. E, novamente como Thompson, a verdadeira tendência intelectual de sua obra séria andou em direção oposta a seus esforços políticos. Em suma, ambos os escritores dividem uma desonestidade intelectual que mal disfarça sua convicção de que, em todos os conflitos sérios, seus oponentes são inevitavelmente intelectuais inferiores.

A obra de Dworkin sobre a filosofia do direito é complexa e obscura. Mas suas conclusões centrais são de considerável interesse, tanto como articulação de uma poderosa teoria do processo judicial, quanto como tentativa de reviver a doutrina do direito natural. De Bentham e Austin a Kelsen e Hart, prevaleceu na jurisprudência uma forma de "positivismo legal",[4] cujos princípios centrais são identificados assim por Dworkin: primeiro, a lei distingue-se de padrões sociais por sua conformidade a alguma "regra mestra" – tal como a regra segundo a qual o que é prescrito pela rainha no parlamento é lei. Esta "regra mestra" determina completamente se um dado requisito é de lei. Segundo, todas as dificuldades e indeterminações na lei são resolvidas por "discricionariedade judicial", e não pela descoberta de respostas genuínas a questões legais independentes. Finalmente, uma obrigação legal existe quando, e somente quando, um Estado de direito a impõe. Os três princípios

---

[4] Ver Jeremy Bentham, *Introduction to the Principles of Morals and Legislation*. London, 1789; H. Kelsen, *General Theory of Law and State*. Chicago, 1945; H. L. A Hart, *The Concept of Law*. Oxford, 1961.

juntos definem a ideia de direito como um sistema de comando, que não responde a nenhum limite interno além daquele da consistência, e oriundo de uma autoridade suprema e soberana preocupada com a regulação do comportamento social. A aplicação da lei através das cortes é uma questão de verificação, primeiro da lei, depois dos fatos e, por fim, da aplicação de um ao outro. Esta ideia está errada, diz Dworkin, como estão todos os três princípios dos quais ela emerge. Uma "regra mestra" não é nem necessária nem suficiente para um sistema jurídico. Não é necessária, já que a lei pode advir, como o fez nosso próprio sistema de *common law*, inteiramente do raciocínio judicial, que toma nota somente dos precedentes judiciais e sua "força gravitacional". Ela tampouco é suficiente, já que uma suprema legislatura pode fazer leis somente se há cortes para aplicá-la, e juízes nestas cortes devem empregar "princípios" de adjudicação que não derivam sua autoridade de nenhuma regra legal.

Princípios, argumenta Dworkin, são menos mutáveis que regras, e mais fundamentais ao caráter do sistema legal. Sem eles, a adjudicação seria ou impossível ou comprometida. A existência destes princípios é estabelecida por *hard cases*, nos quais um juiz deve determinar os direitos e as responsabilidades das partes, sem a ajuda de qualquer lei que explicitamente os prescreva. A adjudicação de um caso tal não é um exercício de "discricionariedade", mas uma tentativa de determinar os verdadeiros – e independentemente existentes – direitos e deveres das partes. O juiz não pode pensar em si mesmo como o inventor desses direitos e deveres, nem pode imaginar que está exercendo alguma "discricionariedade" de que ele não necessite na conduta normal de sua profissão. Ele pode valer-se de princípios que têm uma validade diferente daquela das regras que advêm da legislatura. Esses princípios (tal como o de ninguém poder lucrar com seu próprio erro) são características permanentes do processo judicial, invocados na aplicação da lei mesmo naqueles casos simples que seguem as linhas de alguma regra legal.

Tais considerações servem para mostrar, assim acredita Dworkin, que as teorias da "regra mestra" e da "discricionariedade judicial" são mitos. Além disso, o fato inescapável de *hard cases* serve para refutar o terceiro princípio do positivismo legal, o de que toda obrigação legal é criada por uma regra legal preexistente e preestabelecida. Em *hard cases*, a lei é mais descoberta que aplicada. E este processo de descoberta é responsável pela estrutura da *common law* e da equidade. É, assim, a fundação sobre a qual os sistemas legais inglês e americano foram construídos. Alguém poderia adicionar que nenhum sistema de éditos pode chegar à lei até ser aplicado por cortes imparciais, e, ainda, de acordo com procedimentos estabelecidos de adjudicação. Processos de raciocínio que são inseparáveis da adjudicação serão, então, um componente essencial em todo sistema de leis. Assim, podemos interpretar os argumentos de Dworkin como ressuscitando a ideia de justiça natural. Lei requer adjudicação; adjudicação requer uma atitude com princípios relacionados ao caso particular; e esta atitude requer que vejamos o julgamento não como uma decisão, mas como uma descoberta; finalmente, a descoberta convida-nos ao acordo com os outros, e responde à "gravitação" de outros julgamentos. De acordo com esta imagem atraente (integrante de várias visões conservadoras da ordem política), a lei é "busca comum do julgamento verdadeiro", na qual as perenes disputas humanas são estabelecidas de acordo com princípios que surgem natural e inevitavelmente da experiência da sociedade.

O próprio Dworkin não chega a essa conclusão. Ele tende a argumentar como se sua descrição de adjudicação refletisse somente a posição peculiar do judiciário sob a Constituição dos EUA:

> Nossa Constituição assenta-se em uma teoria moral particular, a saber, que os homens têm direitos morais contra o Estado. As difíceis cláusulas do *Bill of Rights*, como a cláusula da proteção igualitária e a do devido processo legal, devem ser entendidas como apelos a conceitos morais mais do que como concepções particulares

estabelecidas; assim, uma corte que carrega o fardo de aplicar estas cláusulas totalmente enquanto leis deve ser uma corte ativista, no sentido em que ela deve estar preparada para enquadrar e responder questões de moralidade política.[5]

Contudo, os exemplos de Dworkin são retirados amplamente de casos do direito civil inglês (tais como *Spartan Steel & Alloys Ltd. contra Martin*), ou casos americanos que utilizam princípios aplicados nas cortes inglesas (tais como *Henningsen contra Bloomfield Motors Inc.*). Não pode ser correto, então, concluir que o processo judicial, tal como Dworkin o descreve, é derivado da Constituição americana. De fato, Dworkin está dando nova expressão a um naturalismo legal tradicional e tipicamente conservador. De acordo com esta teoria, a independência judicial é ao mesmo tempo essencial à lei e suficiente para determinar seu caráter. A lei tem uma tendência inerente a estabelecer-se; ela responde a demandas da política, tardia e ceticamente. Ela sustenta e promulga uma ordem social cujas raízes são mais profundas que qualquer ideologia política, e que resiste aos imperativos de qualquer ideal meramente abstrato. A verdade desta visão da lei é, parece-me, efetivamente confirmada pela história moderna, na qual toda revolução "socialista" envolveu a abolição da independência judicial e, com ela, o Estado de direito.

Não é surpreendente perceber, então, que a filosofia do direito de Dworkin, com sua ênfase no princípio sobre a política e nos direitos individuais sobre as demandas sociais, entre repetidamente em conflito com a ideologia que ele tenta enxertar nela. Dworkin é um intelectual da "Costa Leste"; suas causas são causas do *establishment* – desobediência civil, discriminação positiva, liberdade sexual; seus modos são os do *establishment* – fogos de artifício intelectuais, sabedoria afetada, deboche cosmopolita da consciência comum em seus modos ordinários e estabelecidos, uma presunção de que seu oponente deve

---

[5] Ronald Dworkin, *Taking Rights Seriously*. London, 1976, p. 147.

sempre carregar o ônus da prova. Para Dworkin, como para muitos de sua geração, a posição liberal de esquerda está tão obviamente correta que cabe ao conservador refutá-la, e não ao radical provar seus fundamentos. É o conservador que deve mostrar que há um consenso de convicção moral contra a pornografia, que sua aversão à homossexualidade ou a qualquer outra forma de conduta sexual é algo mais que "preconceito", que a segregação está dentro do espírito da Constituição, ou que a recusa a saudar a bandeira ou a servir ao exército não estão[6] (exemplos extraídos de *Levando os Direitos a Sério*). Esse ataque da consciência conservadora é levado a extremos consideráveis. Assim escreve Dworkin:

> [...] já que direitos estão em jogo, a questão é [...] se a tolerância destruiria a comunidade ou ameaçaria causar-lhe danos, e parece-me simplesmente sem sentido supor que a evidência torna isto provável ou mesmo concebível.[7]

Para um conservador, é uma questão de senso comum que a liberalização constante, o constante refazer da lei à imagem da sociedade novaiorquina possa acabar causando danos a essa sociedade. Essa visão é prontamente descartada. É *sem sentido* supor que a evidência a torne provável. É ainda mais sem sentido supor que ela a torne *concebível*. Este é verdadeiramente um julgamento extraordinário. Antropólogos demonstraram muitas vezes que a imposição de costumes urbanos na sociedade africana tradicional tende a destruir sua coesão. Mas é aparentemente sem sentido mesmo *conceber* que a transferência legal de modos novaiorquinos para a Georgia rural pudesse ter um efeito similar.

No ensaio *Levando os Direitos a Sério*, Dworkin chega próximo da autoparódia em sua tentativa de confrontar a "maioria moral" com a imagem de sua destituição moral. Ele discute o famoso "Julgamento

---

[6] Exemplos de *Taking Rights Seriously*, op. cit.

[7] Ibidem, p. 196

dos Sete de Chicago",⁸ no qual certos militantes de esquerda foram acusados de conspirar contra o Estado com a intenção de provocar um motim. É claro que os sete de Chicago estavam protegidos por seu direito constitucional de liberdade de expressão; eis o que ele tem a dizer aos que discordam dele:

> Deve ser dito que a lei antimotim deixa[-os] livres para expressar [seus] princípios de uma forma não provocativa. Mas isto não capta o sentido exato da conexão entre expressão e dignidade. Um homem não pode se expressar livremente quando ele não pode equiparar sua retórica a seu ultraje, ou quando ele deve aparar as arestas para proteger valores que toma como nada próximos àqueles que está tentando vindicar. É verdadeiro que alguns dissidentes políticos falam de maneiras que chocam a maioria, mas é arrogância da maioria supor que os métodos ortodoxos de expressão são os modos mais apropriados para falar, pois isso é negar consideração e respeito iguais. Se o ponto do direito é proteger a dignidade de dissidentes, então devemos fazer julgamentos sobre o discurso apropriado tendo em mente as personalidades dos dissidentes, não a personalidade da maioria "silenciosa" para a qual a lei antimotim nada restringe.⁹

Esta passagem é notável por implicar que o direito de liberdade de expressão existe para "proteger" a dignidade de dissidentes. É também notável por sua conclusão oculta: quanto mais "silenciosas" e obedientes forem as suas atividades, menos você pode protestar contra os postulados provocativos daqueles que não dão à mínima para seus valores. A voz do dissidente é a voz do herói; é em *sua* consideração que a Constituição foi modelada. O ensaio prossegue com tais apóstrofes

---

⁸ O "Julgamento dos Sete de Chicago" (em inglês, *Chicago Seven Trial*) foi um famoso julgamento de sete homens acusados de conspiração e incitação a motim nos EUA no auge dos anos da contracultura, quando, em meio à convenção nacional do Partido Democrata, em 1968, uma série de protestos contra a política externa do presidente Lyndon Johnson tomou as ruas de Chicago. (N. T.)

⁹ Ronald Dworkin, *Taking Rights Seriously*, op. cit., p. 201.

intimidadoras, até a conclusão de que "qualquer tratamento governamental áspero com relação à desobediência civil, ou campanha contra discursos de protesto, pode ser tomado como um ponto contra sua sinceridade". Em outras palavras, um governo verdadeiramente sincero, no qual a lei valha, dará as boas-vindas à desobediência.

No ensaio sobre "Desobediência Civil", Dworkin vincula esta ideia a uma visão da natureza humana tão ingênua que chega a ser inacreditável, até que se lembre a que tradição liberal ele pertence. "Poder-se-ia argumentar", diz ele, "que se aqueles que aconselham resistir ao recrutamento estão livres de perseguição, o número daqueles que efetivamente resistem ao alistamento aumentará; mas, acho, não muito acima do número daqueles que resistiriam em qualquer situação".[10] E isto foi escrito durante a Guerra do Vietnã! Ele argumenta que aqui a "consciência está profundamente envolvida" e que "é difícil acreditar que muitos que ofereceram resistência (ao alistamento) o fizeram sob quaisquer outros fundamentos". A implicação é que esta consciência – porque ela se prestou, embora plenamente, embora sem pensar, a uma causa esquerdista – merece a proteção da lei. Mais: ela pode mesmo derrotar a lei, já que "se o problema toca os direitos fundamentais pessoais e políticos de alguém, e é admissível que a Suprema Corte tenha cometido um erro, um homem está nos seus direitos sociais ao refutar aceitar esta decisão como conclusiva".[11]

Em outras palavras, a consciência liberal pode satisfazer-se com uma mera opinião quanto ao que a lei poderia ter sido ou deveria ser. A consciência conservadora, no entanto, nunca tem direito a tal indulgência, mas deve sempre trabalhar sobre o vasto e inamovível ônus da prova. Assim, a desobediência civil na causa da segregação está automaticamente sem as credenciais de desobediência civil em uma causa liberal. "Se não fazemos nada contra o homem que obstrui

---

[10] Ibidem, p. 219.
[11] Ibidem, p. 215.

a porta da escola [...] violamos os direitos morais, confirmados pela lei, da aluna [negra] que ele impede de entrar. A responsabilidade da leniência não pode ir tão longe".[12] O conservador não deve se confortar com a visão de que a lei, neste respeito, é "admissivelmente" errada. É *suficiente* que negros tenham direitos "enquanto indivíduos" para não serem segregados. É claro, todo recruta também tem direito, como indivíduo, à presença de seus companheiros nas fileiras a seu lado. Mas esse direito pode ser ignorado. É, como somos levados a entender, "menos fundamental", um fato que é provado pela disposição da consciência liberal em considerá-lo. Além disso, ninguém pode realmente respeitar a personalidade que motiva o sentimento segregacionista de seus direitos, já que "exceto em casos raros, um estudante branco prefere a companhia de outro branco porque ele tem convicções políticas e sociais racistas, ou porque ele despreza os negros enquanto grupo".[13]

Este último comentário apresenta adequadamente as credenciais do radical novaiorquino como um observador da humanidade. Ele serve como uma premissa para uma discussão da discriminação reversa, assunto que requer todo o escopo da desonestidade intelectual de Dworkin de forma a produzir uma resposta palatável para sua consciência. Discriminação reversa – na qual indivíduos de algum "grupo desfavorecido" têm alguma vantagem da qual outros com melhores qualificações estão excluídos – claramente lança um desafio para a ideologia dos direitos humanos. Contudo, a consciência liberal de esquerda é rápida e esperta; ela não está impedida pela "estupidez" do conservadorismo, ou por esta enraizada conexão com o "preconceito" que poderia ser enganada pela crença moral sincera. Dworkin admite que "critérios raciais não são necessariamente os padrões corretos para decidir quais candidatos deveriam ser aceitos pelas escolas

---

[12] Ibidem, p. 210.
[13] Ibidem, p. 236.

de direito",¹⁴ e é reconfortante para aqueles entre nós que acham o racismo repugnante ler que critérios raciais, em tal caso, não são *necessariamente* certos. Mas ele prossegue:

> [...] nem são critérios intelectuais, nem, na realidade, qualquer outro conjunto de critérios. A justiça – e a constitucionalidade – de qualquer programa de admissões deve ser testada da mesma forma. É justificada se ela serve como uma política mais apropriada que respeita o direito de todos os membros da comunidade de serem tratados como iguais, e não de qualquer outro modo.¹⁵

Como poderia ser assim? A razão, afirma Dworkin, é que não *há* direitos relevantes. Não há uma coisa tal como o direito de ser avaliado para um lugar na escola de direito sobre a base do mérito intelectual. Por isso, se direitos ainda fornecem nosso princípio orientador, devemos deslocar a atenção do caso individual para a política global. A política *serve* à causa de direitos ou ela *obstrui* essa causa?

Há alguma plausibilidade na ideia de que um indivíduo não tem o direito de ser considerado por seus méritos quando concorre a um benefício educacional. Mas a razão é muito diferente da que propõe Dworkin. O benefício é um *presente*, e quem o concede tem o direito de fazê-lo como quiser. Se este fosse o ponto de Dworkin, então ele estaria argumentando dentro da grande tradição do liberalismo americano, contra a coerção de indivíduos em nome da política. Infelizmente, ele não hesita em aplicar tal coerção. Tanto quanto o europeu socialista, ele está a favor de restringir benefícios de acordo com a política. A escola de direito deve certamente ser constrangida a oferecer suas vagas de acordo com o que a política dita. (Ela não poderia, por exemplo, oferecê-las somente aos brancos.) Contudo, a política não pode ser interpretada de acordo com os padrões meritocráticos normais da democracia americana. Ao aplicar tais padrões, criam-se

---

¹⁴ Ibidem, p. 239.
¹⁵ Ibidem, p. 239.

desigualdades sociais, e "devemos prestar atenção", diz Dworkin, "para não usar a Cláusula de Proteção Igualitária[16] para enganar a nós mesmos sobre a igualdade". Não devemos permitir que nossa preocupação com o indivíduo obstrua as políticas que gerarão (de acordo com o pensamento de esquerda liberal) maior igualdade, e mais direitos efetivos, no longo prazo.

O exemplo é extremamente interessante. Pois ele mostra a facilidade com a qual o liberal americano pode privar seu oponente do único argumento que o defenderia. O liberal diz, de fato, "Eu não reconheço nenhum argumento exceto os direitos individuais". E quando o conservador busca defender seus direitos, o liberal puxa seu tapete, dizendo: "Estes não *são* direitos". O conservador argumenta que, se um privilégio deve ser garantido, ou ele é um presente, e, assim, o doador pode determinar como ele deve ser distribuído, ou ele não é, caso em que os potenciais beneficiários deveriam ser julgados por seus méritos, seguindo os princípios de tratamento igualitário prescritos pela Constituição e pela lei. Mas o liberal não crê em nenhum deles. O privilégio em questão significa um direito não para aquele que o dá, nem para aquele que o recebe. Ele deve ser distribuído somente de acordo com a "política", e a política aqui é a do liberal. E por que isto é assim? Porque uma política tal serve à causa dos direitos individuais. E nós não somos americanos e percebemos que *este* é o ponto onde o argumento político para de funcionar?

Em outros lugares, Dworkin ridiculariza a opinião segundo a qual concessões a indivíduos e seus "direitos" podem algumas vezes ser suplantados por uma política destinada a assegurar a estabilidade política e social. Ele diz, na realidade, que nenhum problema meramente político pode superar o clamor individual por tratamento justo. "Não devemos", ele diz, "confundir estratégia com justiça, nem

---

[16] Refere-se à seção 2 da 14ª Emenda da Constituição americana, que determina a igualdade de todos os cidadãos perante a lei. (N. T.)

fatos da vida política com princípios da moralidade política".[17] Pelo menos, não quando se critica lorde Devlin, ou quando se despreza "indignação popular, intolerância e repulsa" (não se deve confundir, somos alertados, com "convicção moral"). Contudo, a estratégia que defende o oprimido supera de modo avassalador os direitos que o conservador nomeia, pois, se o conservador os nomeia, pode-se estar certo de que não se trata de "direitos", como, também, pode-se estar certo de que, quando o conservador busca evitar algo, não é por convicção moral (somente liberais têm *isto*), mas pelo sentimento de "indignação, intolerância e repulsa".

É claro, há questões profundas e difíceis da filosofia política em pauta aqui. Dworkin pode muito bem estar certo em sua suposição que os benefícios que o conservador deseja defender não são direitos genuínos. Mas que direitos *são* genuínos, e através de que princípios decidimos isso? Vamos, pelo menos, reconhecer a quem o ônus da prova *realmente* cabe. E vamos reconhecer, também, que ouvimos da boca dos outros os pensamentos que deslizam tão facilmente da língua de Dworkin. Quantos leninistas nos disseram que direitos que parecem obstruir a nova ordem social não são genuínos, mas somente aparentes ("burgueses")? É somente na nova ordem social que homens serão *verdadeiramente* iguais, *verdadeiramente* possuidores de seus direitos, e então nada que se opõe à nova ordem social o faz em nome da justiça. O liberal pode hesitar diante do método de Lênin. Mas, se é necessário endossá-lo para debochar do conservador, então ele o fará. Pois é em conflitos como este que o liberal é forçado a perceber que a justiça natural defendida por ele com tanta eloquência é também o escudo de seu oponente.

---

[17] Ronald Dworkin, *Taking Rights Seriously*, op. cit., p. 253.

Capítulo 4 | Michel Foucault

Em nenhum outro lugar, a perspectiva de esquerda entranhou-se com tanta firmeza na cultura nacional quanto na França, a mãe-pátria das revoluções. Não interessa o poder que reine nos céus da política, a vida intelectual na França tende a adotar os modos e maneiras dos jacobinos. Mesmo as exceções – Chateaubriand, de Maistre, Tocqueville, Maurras – focaram sua atenção sobre o padrão da revolução, esperando vislumbrar alguma estratégia que fortificaria seus projetos restauradores. E todo movimento distante da esquerda – ultramontanismo, *Action Française, Nouvelle Droite* – sentiu-se convocado a responder ao absolutismo teórico de seus oponentes. Tomou o desafio socialista para apresentar um sistema rival, uma máquina intelectual rival, com a qual geraria respostas a todos os problemas do homem moderno.

Sem dúvida, este desejo por sistema e por respostas universalistas partilha algo do caráter do catolicismo romano. Mas muito mais importante no pensamento da esquerda foi o racionalismo iluminista, que busca penetrar nos subterfúgios humanos para mostrar o núcleo escondido de desrazão que habita em nossos atos. O *esquerdista*[1] moderno partilha da suspeita racionalista das instituições humanas e do seu desprezo pela superstição. Mas ele se distingue por um cinismo

---
[1] No original, *gauchiste*. (N. T.)

sem limites. Ele não mais acredita que o processo de "descoberta" – no qual os estratagemas da desrazão são expostos – apresentará a oportunidade para alguma nova e "racional" alternativa. A Razão dos Jacobinos é também uma ilusão, e o único conselho que o *esquerdista* está disposto, no fim, a oferecer é o conselho dado por Genet e Sartre: não ser verdadeiro a nada, de modo a ser verdadeiro para si mesmo. Não há soluções, somente problemas, e nosso dever é assegurar que não estamos enganados.

Na busca subsequente pela autenticidade, o esquerdista tem uma necessidade permanente de um inimigo. Seu sistema é o da destruição. Ele sabe do caráter ilusório dos valores e encontra sua identidade em uma vida vivida sem os enganos fáceis que regram a vida de outros. Já que ele não tem valores, a seu pensamento e a sua ação pode ser dada somente uma garantia negativa. Ele deve fortalecer-se ao desmascarar os enganos dos outros. Além disso, este desmascarar não pode ser feito de forma decisiva. Ele deve ser perpetuamente renovado, para assim preencher o vácuo moral que existe no centro da existência. Somente se houver algum oponente prontamente identificável e, por assim dizer, renovável, esta luta por autenticidade – que é, de fato, a mais aguda luta pela existência – poderá ser sustentada. O inimigo deve ser uma fonte de mistificação e engano; ele deve também possuir um poder elaborado e secreto, poder sustentado através de um sistema de mentiras que subjaz seus valores. Um inimigo tal merece ser desmascarado, e há um tipo de virtude heroica em seu agressor, que liberta o mundo de tal asfixiante e secreta influência.

É à aristocracia da França que devemos o rótulo desprezível pelo qual este inimigo é conhecido. O renovável oponente é o "burguês": o pilar da comunidade, cuja respeitabilidade hipócrita e incompetência social inspirou toda variedade de desprezo renovável. É claro que esta criatura sofreu uma transformação considerável desde que, pela primeira vez, Molière ridicularizou suas pretensões sociais. Durante o século XIX, o burguês adquiriu um caráter dual complexo. Marx o representou como o principal agente e beneficiário da Revolução Francesa – o novo escravizador, cujos tentáculos alcançam todo âmbito de influência e poder –, enquanto intelectuais nos cafés continuaram, com ênfases ainda mais amargas, o mordaz escárnio da aristocracia. *Épater les bourgeois* tornou-se a assinatura do artista rebelde, a garantia de suas credenciais sociais, com a qual ele demonstrou seu direito aristocrático e seu desprezo pelo domínio usurpador da classe média ascendente. Sob a influência dupla de Marx e Flaubert, o burguês emergiu do século XIX como um monstro que se esquecera de suas origens humildes. Ele era o "inimigo de classe" do dogma leninista, a criatura a quem somos convocados pela história a destruir; era também o depositário de toda moralidade, toda convenção, todos os códigos de conduta que poderiam impedir a liberdade e esmagar toda ebulição da *vie bohème*. A teoria marxista da ideologia tentou reatar as duas metades do retrato, descrevendo os valores "confortáveis" como o disfarce social do real poder econômico. Mas a teoria era vaga e esquemática, destituída da qualidade concreta necessária a um desprezo renovável e compensador. Muitos dos esforços da esquerda francesa no século XX então foram devotados a completar o retrato. O intento foi criar o inimigo perfeito: o objeto contra o qual definir e modelar a autenticidade de alguém, uma autenticidade garantida por sua transformação em sagacidade.

A invenção do ideal burguês realizou-se finalmente em 1952, com a publicação da obra-prima do satanismo moderno, o *Saint Genet* de Sartre, na qual a "burguesia" é caracterizada por uma extraordinária complexidade de emoções, que vão desde sua heterossexualidade arraigada até sua hostilidade ao crime. A burguesia finalmente emerge como a defensora de uma ilusória "normalidade", preocupada em proibir e oprimir todos aqueles que, ao desafiar sua normalidade, desafiam também o domínio social e político que ela valida e dissimula.

O sentimento antiburguês que se enraíza no pensamento francês de esquerda explica sua rejeição a todos os papéis e funções que não são criações suas. A base de seu poder central não foi a universidade, mas o café: ocupar posições de influência nas "estruturas" do estado burguês é incompatível com as demandas da retidão revolucionária. Qualquer que seja a influência de que o *gauchiste* desfrute, ela deva ser adquirida através de seu próprio trabalho intelectual, ao produzir palavras e imagens que desafiam o *status quo*. O café tornou-se o símbolo de sua posição social. Ele observa o passar dos transeuntes, mas não se junta a eles. Ao contrário, ele espera por aqueles que, atraídos por seu olhar, separam-se da turba e "bandeiam-se" para seu lado.

Pelo mesmo emblema devemos reconhecer a dependência estreita que existe entre o *gauchiste* e a verdadeira classe média. De certo modo, o *gauchiste* é o confessor da classe média. Ele apresenta para ela uma imagem idealizada de sua condição pecadora. O "burguês" da recente iconografia é um mito. Mas ele carrega uma semelhança com o cidadão comum que, vendo-se distorcido neste retrato, fica perturbado com o pensamento de possibilidades morais. De forma entusiástica, ele confessa crimes puramente hipotéticos. Começa a exaltar o *gauchiste* como o absolvedor de sua consciência corrompida. O *gauchiste*, então, torna-se o redentor da classe cujas ilusões ele foi convocado a desmascarar. Assim, a despeito de sua rudeza – que é, na verdade, nada mais que a virtude necessária de sua profissão – ele desfruta de abundante privilégio social. Ele nasceu no alto dos ombros da burguesia, cujos hábitos espezinha; e desfruta novamente o aristocrático lugar ao sol. Nas melhores festas parisienses, ele aparecerá em pessoa: mas mesmo a recepção mais medíocre será realizada diante de estantes repletas de seus escritos. Tão estreita, na realidade, é esta relação simbiótica entre o *gauchiste* e sua vítima, que relembra o vínculo anterior e aparentemente indissolúvel entre o aristocrata e o camponês. A maior diferença é esta: o aristocrata exalta o camponês em suas palavras (criando o "pastor" idealizado, o espetáculo cujas virtudes embelezariam o fatigado cortesão) e, ao mesmo tempo, maltrata-o e oprime-o com suas ações. O *gauchiste* judiciosamente reverte as prioridades: ele não faz nada mais que latir à mão que o alimenta. Nisto, ele mostra, na realidade, uma grande sabedoria e um instinto saudável por sobrevivência.

Escolhi Michel Foucault, o filósofo social e o historiador das ideias, como o representante da esquerda intelectual francesa. Deve ser ressaltado, ademais, que a posição de Foucault foi constantemente cambiante e que ele mostra um sofisticado desprezo por todos os rótulos disponíveis. Ele é também um crítico (embora, até seus últimos anos, um crítico um tanto quanto calado) do comunismo moderno. No entanto, Foucault é o mais poderoso e ambicioso daqueles que buscaram "desmascarar" a burguesia, e a posição da esquerda foi substancialmente reforçada por seus escritos. É impossível fazer completa justiça aqui às suas realizações. Sua imaginação e fluência intelectual geraram teorias abundantes, conceitos e *aperçues,* e a poesia sintética, condensada de seu estilo é simplesmente irresistível. Foucault é incapaz de encontrar oposição sem imediatamente ascender, sob o impulso de sua energia intelectual, à perspectiva "teórica" superior, da qual a oposição é vista nos termos dos interesses que ela busca. Oposição relativizada é também oposição descontada. Não é o que você diz, mas o fato de dizer, o que desperta o criticismo de Foucault. *D'où parles-tu?* É sua questão, e sua perspectiva permanece fora do alcance de toda resposta.

O tema que unifica a obra de Foucault é a busca pelas secretas estruturas de poder. Poder é o que ele deseja desmascarar por trás de toda prática, de toda instituição e da própria linguagem. Ele originalmente descreveu seu método como uma "arqueologia do saber" e seu objeto como verdade – verdade considerada como o produto do "discurso", tomando tanto o conteúdo quanto a forma da linguagem na qual é transmitida. Um problema de terminologia imediatamente surge, e prova ser algo mais que um problema de terminologia. O que significa um "saber" que pode ser demolido por uma nova experiência ou por uma "verdade" que existe somente dentro do discurso que a enquadra? A linguagem aqui é hegeliana, e o método implicado é o do idealismo. A "verdade" de Foucault é criada e recriada pelas experiências através das quais a "sabemos". Como Hegel, então, Foucault é capaz de derivar alguns resultados surpreendentes e até mesmo inquietantes de um método histórico que dramatiza a mudança como uma obediência muda a uma consciência sempre mutante.

Assim, em *As Palavras e as Coisas* (1966)[2] aprendemos que o homem é uma invenção recente: verdadeiramente uma ideia original! Ao examinarmos, verifica-se que Foucault não quer dizer nada mais que isso: que é somente desde o Renascimento que o fato de ser um homem (antes de, por exemplo, um agricultor, um soldado ou um nobre) adquiriu o significado especial que lhe atribuímos. Por tais argumentos poderíamos mostrar que o dinossauro também é uma invenção recente. É claro, há um ponto na colocação de Foucault. Ele enfatiza o quanto as ciências que tomaram o homem como seu objeto são invenções recentes, já obsoletas como formas de "saber". A ideia do homem é tão frágil e transitória quanto qualquer ideia na história do entendimento humano, e devemos ceder ao impulso de uma nova *episteme* (estrutura de "saber") para algo que não podemos nomear. Cada *episteme*, para Foucault, é a serva de algum poder ascendente, e teve, como sua função principal, a criação de uma "verdade" que serve ao interesse do poder. Assim, não há verdades estabelecidas que não sejam também verdades convenientes.

Há muitos *insights* nos primeiros escritos de Foucault. Mas o método hegeliano – que identifica realidade com um modo de apreendê-la – deve levar-nos a duvidar que eles foram duramente conquistados. Há um engano envolvido neste método, que permite a seu proponente saltar até a linha final da investigação histórica, sem percorrer o difícil trajeto da análise empírica. (Considere o que *realmente* teria de

---

[2] Michel Foucault, *The Order of Things, An Archaeology of Human Sciences*. Trad. anônima. London, 1970.

ser provado, por alguém que acreditasse ser o homem um artefato, e ainda por cima um artefato recente – mais recente até que os humanistas medievais e renascentistas que enalteceram suas virtudes.) Uma avaliação mais própria do pensamento de Foucault deve então tentar separar seus dois componentes: a artimanha hegeliana (que nos levaria simplesmente a abandoná-lo) e a análise "diagnóstica" dos modos secretos de poder. É o segundo que é interessante e se expressa na assertiva de Foucault de que cada sucessiva forma de "saber" é devida à criação de um discurso favorável às, e simbólico das, estruturas do poder prevalecentes.

Em *História da Loucura* (1961),[3] Foucault dá o primeiro vislumbre desta tese. Ele toma o confinamento de loucos em sua origem no século XVII, associando esse confinamento com a ética do trabalho e com a ascensão das classes médias. O idealismo de Foucault – sua impaciência com explicações que são meramente causais – leva-o constantemente a engrossar sua trama. Assim, ele diz, não que a reorganização econômica da sociedade urbana *trouxe* o confinamento, mas que "foi em uma certa experiência de trabalho que a demanda indissolúvel por confinamento moral e econômica foi formulada". Mas isto poderia ser visto amplamente como um embelezamento das categorias da explicação histórica que derivam, em última instância, de Marx.

O louco é "outro" na idade que Foucault chama de "clássica", porque ele aponta para os limites da ética prevalecente e aliena-se de suas demandas. Há um tipo de desdém virtuoso em sua recusa da convenção. Ele deve, então, ser trazido à ordem. Através do confinamento, a loucura é sujeita à regra da razão: a loucura agora vive sob a jurisdição daqueles que são sãos, confinados por suas leis, e orientados por sua moralidade. O recurso da razão neste encontro

---

[3] Michel Foucault, *Madness and Civilisation, A History of Insanity in the Age of Reason*. Trad. R. Howard. New York, 1965.

tão próximo é revelar à loucura sua própria "verdade" – a verdade através da qual a razão a "conhece". Não ter razão significa, para o pensamento "clássico", ser um animal. O louco deve, então, ser levado a fazer o papel de um animal. Ele é tomado como uma besta de carga e, por esta confrontação com sua própria "verdade", torna-se finalmente completo. Cada época sucessiva encontra uma "verdade" similar através da qual a experiência da loucura é transmutada em sanidade (isto é, naquela condição que é tolerada e fomentada pelo poder prevalecente). Mas Foucault sugere que este estoque de "verdades" está agora esgotado. O livro termina com um satânico elogio da loucura no qual Foucault apela aos deuses do moderno Olimpo francês – Goya, Sade, Hölderlin, Nerval, Van Gogh, Artaud, Nietzsche – para confirmar seu esgotamento. Este elogio não ganha substância dos estudos que o precedem, e consiste amplamente no ensaio ritual do que se tornou, na França, um lugar comum da crítica. Assim, embora seja impossível para um leitor são detectar mérito literário em Sade, por exemplo, é liturgicamente necessário cantar suas orações, como *le plus gros des épateurs*. Um amador de segunda categoria torna-se, assim, o representante literário da França pós-revolucionária.

Era claro no século XVIII, de acordo com Foucault, que, enquanto a loucura era capaz de expressar a si mesma, ela não tinha linguagem na qual fazê-lo senão a que a razão oferece. A única fenomenologia da loucura reside na sanidade. Certamente, então, o século XVIII tinha no mínimo uma intuição sensata sobre a natureza da desrazão? A província da linguagem e a província da razão são coextensivas, e se a loucura contém suas próprias "verdades", como Foucault proclama, estas são essencialmente inexprimíveis. Como, então, podemos imaginar corretamente uma "linguagem" da desrazão na qual as verdades da loucura são expressas, e para a qual devemos agora afinar os ouvidos? A ideia de uma tal linguagem é a ideia de um monólogo delirante, que nem o homem da razão, nem o próprio louco poderiam entender. A voz da loucura é uma voz que *pertence a ninguém*, já que ela viola a gramática do *self*. Ela pode não carregar nenhuma semelhança com a impiedosa lógica de O *Crepúsculo dos Deuses* ou com o simbolismo preciso de *Les Chimères*. Os heróis de Foucault teriam sido incapazes de usar esta linguagem, mesmo em sua dissolução final, e se podemos entendê-los é sem sua ajuda.

No século XIX, de acordo com Foucault, a experiência de desrazão característica do período "clássico" torna-se dissociada: a loucura é confinada numa intuição moral, e a fantasia de um monólogo incessante de loucura, em uma linguagem inacessível à razão, é esquecida. Esta ideia virá a ser ressuscitada, contudo, no início do século XX, na teoria freudiana do processo de pensamento inconsciente que determina o comportamento do homem irracional. No século XIX, a loucura tornou-se uma ameaça a toda estrutura da vida burguesa, e o louco, ainda que superficialmente inocente, é profundamente culpado por sua falência em submeter-se às normas familiares. A maior ofensa da loucura é contra a "família burguesa", como Foucault a chama, e é a experiência desta família que dita a estrutura paternalista do asilo. O *ethos* do julgamento e da reprovação no asilo é parte de uma nova atitude diante da loucura – a loucura é finalmente *observada*. Não se pensa mais que o louco não tem nada a dizer ou simbolizar; ele é uma anomalia no mundo da ação, responsável somente por seu comportamento visível.

No asilo, o homem da razão é apresentado como um adulto, e o louco, como uma criança, de forma que a loucura pode ser interpretada como um incessante ataque contra o Pai. O louco deve ser levado a reconhecer seu erro, e a revelar ao Pai a consciência de sua culpa. Assim, há uma transição natural da "confissão na crise" característica do asilo, ao diálogo freudiano, no qual o analista escuta e traduz a linguagem da desrazão, mas na qual a loucura é ainda forçada a ver-se como desobediência e transgressão. Finalmente, Foucault insinua, é porque a psicanálise se recusou a suprimir a estrutura da família como a única através da qual a loucura pode ser vista ou conhecida, que a introdução de um diálogo com a loucura não conduz a nenhum entendimento de seu interlocutor.

Por trás de toda esta fascinante análise – em parte *insights*, em parte retórica – é possível discernir uma perspectiva histórica persistente e descrente. A despeito de seu aparente academicismo, Foucault permanece de mãos dadas com o guia mitopoético da história moderna apresentado n'*O Manifesto Comunista*. O mundo é dividido convenientemente nas eras "clássica" e "burguesa", a primeira começando na Renascença tardia e terminando com a "revolução burguesa" de 1789. É somente depois desse período que testemunhamos as características da vida moderna: a família nuclear, a propriedade transferível, o Estado legalmente constituído e as estruturas modernas de influência e poder. Engels fez uma heroica tentativa de dar crédito à "família burguesa", e isto foi muito útil para a demonologia da esquerda. Mas a imagem de Engels está agora puída e desbotada, e é somente marginalmente mais persuasiva que a ideia segundo a qual a Revolução Francesa envolveu uma transição do modo de produção feudal para o capitalista, de uma estrutura social "aristocrática" para "burguesa", da propriedade inalienável à transferível. Menos persuasiva ainda é a ideia de que a perspectiva "clássica" de Racine e La Fontaine é o principal índice da cultura pós-renascentista e pré-revolucionária na França. Tudo isso é baseado em uma elaborada e, para dizer a verdade, censurável simplificação dos dados históricos, cujo objetivo principal não é verdade, mas sim propaganda. A retórica de Foucault vem para nos hipnotizar de alguma forma numa intrínseca conexão entre "burguesia", "família", "paternalismo" e "autoritarismo". Fatos históricos – tais como a família camponesa ser mais autoritária; a família aristocrática ser mais paternalista que a família conhecida como "burguesa"; ou a classe média mostrar uma capacidade para acalmar a agitação da vida doméstica, o que raramente combinou com a parte mais alta e mais baixa do espectro social –, todos estes fatos são esquecidos. O leitor não encontra nenhum argumento para as evidências, nem qualquer exemplo ou contraexemplo que possa semear dúvida. Pois fatos têm uma qualidade abrasiva. Eles borram as figuras e apagam os contornos da representação necessária. Quando as imagem desaparecem, o mesmo ocorre com a ideia: não mais podemos acreditar que o poder secreto que criou as categorias da doença mental, que confinou o sofredor inocente e que o moralizou na "anormalidade", também gerou a família e suas normas egrégias. Muito menos podemos acreditar que a natureza deste poder é resumida na simples palavra "burguesia", embora indubitavelmente esta palavra tenha valor litúrgico, como designando um objeto de desprezo.

A historiografia esquemática sobrevive nas últimas obras de Foucault. Em particular, ele faz uso abundante do conceito de uma época "clássica". Mas o inimigo que ele persegue através de suas páginas parece de algum modo ter perdido suas vestes respeitáveis. Ele aparece como o poder desnudado, sem o estilo ou a dignidade do *status*. Se o termo "burguês" algumas vezes é aplicado a ele, é como um floreio, um insulto lançado pelo lutador a seu oponente. Não há mais a mesma libertadora confiança na identidade do inimigo. No entanto, o método e os resultados permanecem, e cada um dos livros de Foucault repete o oculto assunto em pauta de sua *História da Loucura*.

Em O *Nascimento da Clínica* (1963),[4] Foucault expande as ideias de "observação" e "normalidade", de modo a explicar não somente o confinamento dos loucos, mas também o confinamento da doença. (Ele logo estenderá a análise para prisões e para a punição. Se ele para diante das escolas e universidades não é por falta de convicção.) A ideia de que pacientes devam ser reunidos para observação mostra uma necessidade de dividir o mundo entre normal e anormal, e de confrontar o anormal com uma imagem de sua "verdade".

---

[4] Michel Foucault, *The Birth of the Clinic: An Archaeology of Medical Perception*. Trad. A. M. Sheridan, London, 1973.

Existe também a necessidade de uma classificação de doença, uma "linguagem mesurada" que situe cada doença dentro da competência do observador. Agora, há verdade naquelas ideias: quem negaria que o entendimento crescente da doença implicou isolamento, observação e tratamento seletivo? Mas que simples verdade e inocente circunstância! Claramente, é preciso desmascará-la. Eis, então, em linguagem característica, o que o hospital – certamente uma das mais benignas realizações humanas – se torna:

> Sobre todos estes esforços do pensamento clínico para definir seus métodos e normas científicas paira o grande mito de um Olhar puro que seria pura Linguagem: um olhar falante. Ele rastrearia todo o campo do hospital, captando e reunindo cada um dos singulares eventos que ocorrem dentro dele; e como ele viu, como nunca vira tão claramente, transformar-se-ia na fala que afirma e ensina; a verdade, cujos eventos, em suas repetições e convergências, delinearia sob seu olhar estaria reservada, por este mesmo olhar e na mesma ordem, em sua forma de ensinar, àqueles que não sabem e ainda não viram. O olho que fala seria o servo das coisas e o mestre da verdade.[5]

Há uma retórica aqui, um movimento rítmico que, alimentando-se do simples fato da observação científica, torna-se uma conscientização assombrada e persecutória da fonte oculta de poder. Por trás deste conceito do Olhar (um termo sartriano mais familiar, talvez, aos leitores franceses que ingleses), esconde-se uma grande suspeita, a mesma suspeita das decências humanas que habita as páginas de *Ser e Nada*. Ele nos diz para não sermos enganados, para não acreditarmos que algo é realizado, ou mesmo alcançado, a não ser em nome do poder.

A ideia é desenvolvida no livro mais brilhante de Foucault, *Vigiar e Punir*, subintitulado *História da Violência nas Prisões*.[6] (O *surveiller*

---

[5] Ibidem, p. 114-15.

[6] Michel Foucault, *Discipline and Punish: Birth of the Prison*. Trad. A. M. Sheridan. London, 1977.

do título original é difícil de traduzir: ele refere-se, mais uma vez, ao Olhar dos guardas). É natural que a ascensão quase simultânea do sistema prisional, do hospital e do asilo de lunáticos não vai passar despercebida pelo suspeito iconógrafo do homem burguês. E há algo persuasivo na análise inicial foucaultiana da transição das punições exemplares de nossos ancestrais ao sistema de confinamento físico. Chamar o primeiro de "clássico" e o segundo de "burguês" é de pouco interesse. Mas é certamente iluminador ver o sistema anterior como incorporando um tipo de linguagem corporal do crime. O intento da tortura era imprimir o crime no corpo do paciente, sob a linguagem viva da dor, para assim simbolizar a intenção do criminoso. Foucault contrasta o sistema prisional, que, argumenta ele, foi fundado em uma concepção jurídica de direitos individuais, sob os quais a punição tem o caráter de uma multa. O individualista contratante pode legitimamente ser levado a sofrer de qualquer modo. E, como Foucault percebe com elegância, mesmo a pena capital sob o novo regime prisional tem caráter jurídico:

> A guilhotina ganha vida quase sem tocar o corpo, assim como a prisão priva da liberdade ou uma multa reduz a riqueza. Pretende-se aplicar a lei não tanto a um corpo real capaz de sentir dor, mas a um sujeito jurídico, o possuídor, entre outros direitos, do direito a existir. Tinha de ter a própria abstração da lei em si mesma.[7]

Foucault inicia seu usual procedimento de chegar a conclusões abundantes e surpreendentes (e nem tão surpreendentes). É surpreendente aprender que a punição é um elemento na genealogia da alma humana, de tal forma que o ego cartesiano é precisamente o que está em questão: o sujeito olhado que existe como o observador desta dor. É surpreendente aprender que a alma moderna é um produto, se não do sistema prisional, no mínimo da ideia jurídica do sujeito, como um complexo de direitos legais.

---

[7] Ibidem, p. 13.

É menos surpreendente saber que a justiça criminal opera em tal "produção de verdade", e que ela é parte de um desses sistemas de "saber" que, para Foucault, estão de mãos dadas com o poder. Tampouco é surpreendente descobrir que a punição passa pela mesma transição que a medicina, de um sistema de simbolismo para um sistema de vigilância. Em uma descrição impressionante do "panóptico" de Bentham (uma *machine à corriger*, na qual todos os prisioneiros poderiam ser observados de um só posto), Foucault relaciona a disciplina da prisão ao poder emergente do invisível sobre o visível, que é, se eu o entendi, o poder expresso na lei. A lei é o possuidor invisível deste "olhar normalizante" que ao mesmo tempo singulariza o criminoso como um espécime anormal, e também o priva de seus direitos até o momento em que ele se torna capaz de reassumir a carga de normalidade.

É quando ocorre uma daquelas explicações forçadas e *marxizantes* que estragam a poesia da escrita de Foucault, a qual está longe de ser sem imaginação. Aprendemos que a disciplina da prisão exibe uma "tática de poder" com três propósitos fundamentais: exercer poder ao custo mais baixo, estender o poder o mais distante e profundamente possível, e relacionar esse crescimento "econômico" do poder com a produção dos aparatos (educacional, militar, industrial ou médico), dentro dos quais é exercido.[8] Tudo o que é dito sugere, assim, uma conexão entre prisão e a "decolagem econômica do Ocidente", que "começou com as técnicas que tornaram possível a acumulação de capital".[9] Tais observações impulsivas são produzidas não por academicismo, mas por associação de ideias, sendo a ideia principal a morfologia histórica do *Manifesto Comunista*. E se nos perguntam por que a morfologia desacreditada (e de algum modo adolescente) ainda é aceita por um pensador moderno tão sofisticado, a resposta deve

---

[8] Ibidem, p. 218.
[9] Ibidem, p. 220.

ser encontrada, creio, no fato de ela suprir os esboços preliminares do retrato do inimigo, que inspiram passagens como a seguinte:

> É surpreendente que a prisão celular, com suas cronologias regulares, seu trabalho forçado, suas autoridades vigilantes e seus registros, seus expertos em normalidade, que continuam a multiplicar as funções do juiz, deveria ter-se tornado o instrumento moderno de penalidade? É surpreendente que prisões se assemelhem a fábricas, escolas, quartéis, hospitais; que todos pareçam prisões?[10]

Não, não é surpreendente. Pois se desmascararmos as instituições humanas o suficiente, sempre encontraremos este núcleo escondido de poder pelo qual Foucault se sente fascinado e ultrajado. A única questão é se este desmascarar revela a verdade sobre seu assunto, ou se não é, pelo contrário, uma nova e sofisticada forma de mentira. Devemos nos perguntar se o idealista que observa "no próprio centro da vida carcerária, a formação de leniências insidiosas, crueldades mesquinhas inconfessáveis, pequenos atos de astúcia, métodos calculistas, técnicas, "ciências" que permitem a fabricação do indivíduo disciplinar"[11] – se um tal observador não é de fato também o inventor daquilo que observa.

Mas não é fácil desmascarar esse observador. Que seus escritos exibem mitomania e mesmo paranoia é, creio, indiscutível. Mas que eles sistematicamente falsificam e propagandeiam o que descrevem é mais difícil de provar. Um escritor que pode declarar de forma leviana que "a burguesia poderia não dar a mínima para os delinquentes, suas punições e reabilitações, visto que economicamente têm pouca importância";[12] que "a burguesia está perfeitamente ciente de que uma nova Constituição ou legislação não basta para estabelecer sua

---

[10] Ibidem, p. 227-28.

[11] Ibidem, p. 308.

[12] Colin Gordon (org.), *Power/Knowledge: Selected Interviews and Other Writings, 1972-77*. Brighton, 1980, p. 102.

hegemonia";[13] que "[...] pessoas 'perigosas' têm de ser isoladas (na prisão, no Hospital Geral, nas galeras, nas colônias) para que não possam agir como ponta de lança da resistência popular"[14] – um tal escritor está claramente mais preocupado com o impacto retórico do que com a precisão histórica. Contudo, acho que seria um erro dispensar Foucault por causa da evidência de tais afirmações. Conforme argumentei, devemos separar a análise foucaultiana do funcionamento do poder e o idealismo superficial que abre tais caminhos simplórios à teoria. E paranoia nada mais é que um idealismo localizado – uma manifestação específica e focada do desejo de que a realidade seja subserviente ao pensamento, de que o outro tenha uma identidade inteiramente determinada pela própria resposta a ele. O que importa é, não a disposição de encontrar, no pensamento humano e na ação, as máscaras risonhas da perseguição, mas, antes, a ideia de que, ao desmascará-las como formas de poder, chegamos mais perto de um entendimento de sua natureza. É precisamente disso que duvido.

Em um par de conferências realizadas em 1976,[15] Foucault reflete sobre o que ele entende por "poder" e distingue duas abordagens: a reichiana (que sustenta que "os mecanismos de poder são os da repressão") e a nietzschiana, que sustenta que a "base das relações de poder residem em um hostil engate de forças".[16] Em uma obscura e confusa explicação dessa distinção, Foucault alinha-se com a segunda abordagem e tenta mostrar (no volume 1 de *História da Sexualidade*, 1976)[17] como esta concepção de poder nos permite ver mesmo as relações sexuais como uma instância do "hostil engate de forças". Mas é significativo que Foucault não ofereça uma explicação real do que

---

[13] Ibidem, p. 156.

[14] Ibidem, p. 15.

[15] Ibidem, p. 78-108.

[16] Ibidem, p. 91.

[17] Michel Foucault, *The History of Sexuality, vol.1: An Introduction*. Trad. R. Hurley, New York, 1978.

ele entende por "poder". As abordagens "reichiana" e "nietzschiana" são inteiramente compatíveis, e ambas são explicadas em termos – repressão, força – que são no mínimo tão obscuros quanto o "poder" que elas supõem iluminar.

O problema torna-se mais e mais agudo. Ouvimos repetidas vezes que Foucault está preocupado em investigar o poder em sua forma "capilar", a forma que "atinge o âmago dos indivíduos".[18] Mas nunca sabemos quem ou o que é ativo nesse "poder": ou melhor, sabemos, mas em termos que não nos convencem. Em uma entrevista, Foucault admite que, para ele, "poder é coextensivo ao corpo social".[19] E é, obviamente, indiscutível que a ordem social, como toda ordem, incorpora poder. Uma sociedade, como um organismo, pode sustentar-se somente pela constante interação entre suas partes. E toda interação é um exercício de poder: o poder de uma causa de produzir seu efeito. Mas isto é meramente trivial. O que não é trivial é a ideia inteiramente sem garantia e ideologicamente inspirada de dominação com a qual Foucault lustra suas conclusões. Ele logo assume que, se há poder, então ele é exercido nos interesses de algum agente dominante. Assim, por uma artimanha, ele é capaz de apresentar qualquer ocorrência de ordem social – até mesmo a disposição para curar o doente – como um exercício furtivo de dominação que busca manter os interesses "daqueles no poder". Foucault escreve: "Acredito que qualquer coisa pode ser deduzida do fenômeno geral da dominação da classe burguesa".[20] Seria mais verdadeiro dizer que ele acredita que a tese geral da dominação da classe burguesa pode ser deduzida de qualquer coisa. Pois, tendo decidido, junto com *O Manifesto Comunista*, que a classe burguesa foi dominante desde o verão de 1789, Foucault deduz que todo poder subsequentemente

---

[18] *Power/Knowledge*, op. cit, p. 34.

[19] Ibidem, p. 142.

[20] Ibidem, p. 100.

incorporado na ordem social foi exercido por aquela classe, e em prol de seus interesses. Qualquer fato da ordem social necessariamente carrega as impressões digitais da dominação burguesa. A trivialidade do argumento dispensa comentários: o que é espantoso é a ingenuidade filosófica da qual ela se origina.

Como uma instância de uma velha confusão marxista (a confusão que identifica uma classe como o produto do poder, e então o poder como a busca de uma classe), a análise de Foucault pode ser deixada de lado. Mas é necessário relembrar suas importantes consequências políticas. Em uma discussão notável com um grupo de maoístas no ano de 1968, Foucault infere algumas das morais políticas da sua análise do direito, como outro modo de poder "capilar", de "introduzir contradições entre as massas".[21] A revolução, ele nos diz, "só pode ocorrer pela eliminação radical do aparato jurídico, e qualquer coisa que possa reintroduzir o aparato penal, qualquer coisa que possa reintroduzir sua ideologia e permitir a esta ideologia sub-repticiamente imiscuir-se em práticas populares, deve ser banida".[22] Ele recomenda o banimento da adjudicação e de toda forma de tribunais e de atitudes, à maneira negativa típica do pensamento utópico, em busca de uma nova forma de justiça "proletária", que não requisitará os serviços de um juiz. Com característica impertinência, ele nos diz que a Revolução Francesa foi uma "rebelião contra o judiciário": e assim é, deduz, a natureza de toda revolução honesta.

Mas o que isso significa na prática? Significa que não poderia haver um terceiro partido presente no julgamento dos acusados, ninguém com a responsabilidade de filtrar as evidências, ninguém para mediar as partes, ninguém para olhar imparcialmente os fatos ou as consequências do julgamento. Isso significa que a criminalidade do ato será tão imprevisível quanto a pena na qual incorre, pois

---

[21] Ibidem, p. 14.
[22] Ibidem, p. 16.

nenhuma lei poderia existir que determinasse o resultado. Isto significa que toda "justiça" será reduzida a uma "luta" entre facções opostas, um julgamento por ordálio,[23] no qual, presumivelmente, aquele que fala com a voz do proletariado receberá o prêmio. E a fim de provar que ele fala com a voz do proletariado, o vitorioso precisa fazer só uma coisa: superar seu oponente. Ao fazê-lo, ele chamará a si mesmo juiz e santificará sua ação com a ideologia da "justiça proletária". E sabemos como o juiz proletário então se comportará.[24] Em resumo, é somente a maior ingenuidade, sobre a natureza e a história humana, que pode permitir a Foucault acreditar que sua "justiça proletária" é uma forma de justiça, ou que, na luta em busca dela, ele está libertando a sociedade da ferrugem do poder. Pelo contrário, toda ordem social é composta do "poder" de Foucault, e um Estado de direito, que é a mais alta forma de ordem, é simplesmente a melhor e mais mitigada forma dele.

O exemplo é ameaçador. O que é verdadeiro sobre a adjudicação é verdadeiro sobre outras instituições. A tentativa de remover a "máscara" das instituições humanas simplesmente as reduz a uma simples *commodity*: um "poder" que, considerado em si mesmo, não é nem bom nem ruim. Também remove aquelas dimensões do pensamento humano e da ação que permitem avaliar as virtudes relativas de nossas instituições. Assim, ele aponta para uma tirania ainda maior que aquela contra a qual ele luta. Parece-me que as ingenuidades políticas de Foucault são um resultado direto de uma falsa ideia de "essência", de acordo com a qual a essência das coisas humanas nunca reside na superfície, mas sempre nas profundidades "escondidas". A busca por esta "profundidade" é, de fato,

---

[23] Julgamento por ordálio refere-se a uma forma antiga de julgamento, entre os povos teutônicos e na Inglaterra medieval, que consistia na aplicação de uma punição física com a intenção de extrair o depoimento ou a confissão. (N. T.)

[24] Ver, por exemplo, Otto Ulc, *The Judge in a Communist State: A View from Within*. Ohio, 1972.

a maior superficialidade. O "desmascarar" de Foucault revela não a essência da ação e do pensamento humanos, mas meramente a substância subjacente da qual as instituições humanas e a própria vida são feitas. Reduzir tudo a este núcleo "escondido" é, em efeito, reduzi-lo a nada. E não poderíamos nos surpreender ao ver que é precisamente este nada que se torna, assim, o deus escondido.

Capítulo 5 | R. D. Laing

Alguém poderia ver todas as nuances de cor que embelezam um retrato e ainda assim não ver o rosto que ele apresenta, embora nenhuma característica da pintura tenha escapado a sua atenção. Todos os detalhes são apreendidos, mas não o *retrato*. Há um modo de compreender o que se vê, e um modo de responder ao que se vê, que, por alguma razão, é ilusório. Analogamente, um cientista pode observar em outra pessoa todos os funcionamentos do organismo humano, e vangloriar-se de uma compreensão completa da estrutura do organismo e do comportamento. E ainda é possível que ele fracasse em ver a pessoa que incorpora esse organismo. Assim como o escrutínio detalhado de matizes de cor prejudica a compreensão do retrato, pode-se dizer que a objetividade clínica do observador científico ameaça sua compreensão em relação à pessoa. Nossa capacidade para observar e entender a mente de outro é consistente com nossa disposição a tratá-la não somente como um organismo, mas como uma pessoa. Ao adotar a "objetividade" científica, pode ser que se deixe de tratá-la desse modo; e se isto é assim, segue-se que uma abordagem científica para a vida mental de seres humanos deverá falsificar o que ela pretende estudar.

Tal pensamento, expresso e embelezado sob diversas formas, encontra muitos adeptos entre os psicólogos e filósofos contemporâneos. É possível que seja tão antigo quanto Aristóteles; em todo caso, foi retomado na filosofia de Kant, encontrou apoio nas obras de Hegel e alcançou uma distintiva expressão nos escritos de fenomenologistas e de Sartre. Foi a linguagem de Sartre que R. D. Laing tomou emprestada e à qual deu renovada expressão, apresentando, como resultado, uma descrição vívida e convincente da fenomenologia da doença mental. Laing sugeriu como uma das origens das "esquizofrenia" (tomando só por um momento uma classificação que ele rejeitaria) precisamente este sentimento de "insegurança ontológica" que advém de ver-se não como uma pessoa (um "para-si"), mas como um organismo, mecanismo ou coisa (um "em-si"). A impressionante consequência deste diagnóstico foi a rejeição (ou melhor, a subversão) dos modos aceitos de tratar a doença mental. A filosofia que insiste na distinção entre ver um homem como uma pessoa e vê-lo como uma coisa *poderia* ter sido usada na defesa do tratamento hospitalar. Poderia ter-se sustentado que assumimos uma atitude objetiva e clínica com o outro precisamente quando seu comportamento torna o entendimento pessoal impossível. (Pois a marca distintiva da doença mental, em oposição à física, é precisamente que ela afeta a possibilidade de suas vítimas serem entendidas e tratadas como pessoas.) Em tal visão, o tratamento clínico é consequência da falência mental. Não priva o paciente de sua liberdade, pois sua liberdade já está perdida. O pensamento mestre da psicologia lainguiana (o que explica muito de seu apelo emocional) consiste na reversão desta doutrina. É o paciente que *se torna* um objeto porque o cientista clínico o trata como tal. O paciente não perdeu sua liberdade: ela foi roubada dele pela recusa clínica em tratá-lo como uma pessoa. E é desta recusa que sua "insegurança ontológica" – e, portanto, do que outros poderiam considerar como sua "doença" – emerge.

Se Laing não tivesse escrito nada depois de *O Self Dividido*,[1] a acusação de charlatanismo que paira tão evidentemente sobre seus

---

[1] R. D. Laing, *The Divided Self*. Penguin, 1965.

principais seguidores não poderia estender-se a ele. Contudo, as sementes da desonestidade intelectual já estão lá nesta apressada inversão da causalidade aceita. O truque teve por ora uma história considerável, começando com a teoria da "ideologia" de Marx, de acordo com a qual a verdadeira causalidade de fenômenos sociais permanece – até a liberação epistemológica final, com a ascensão do "comunismo total" – sempre "escondida" nos interesses de uma ordem estabelecida. Talvez seu produto mais robusto, e um dos mais desrespeitosos com relação ao que se possa considerar como verdade científica, seja a *História da Loucura* de Foucault, livro que se inspira muito nos excessos tardios da psiquiatra de Laing. Como Foucault, Laing não poderia ter-se contentado em acusar a prática clínica de criar o comportamento que ela propõe "curar". Pois é necessário explicar como o paciente chegou na clínica, em primeiro lugar. Por um golpe previsível, cuja lógica examinei no último capítulo, tanto Foucault quanto Laing vão acusar a família – especialmente a família "burguesa" – como a culpada. O paciente, nos últimos escritos de Laing, é apresentado como a inocente vítima de um longo processo de despersonalização na sua vida. Quando a família o reduz ao objeto que ela requer que ele seja, ele então é entregue à clínica. Assim, o processo pode continuar em um ambiente controlado e adaptado perfeitamente à destruição sistemática de seu *self*.

É porque se presta a esta visão paranoide do tratamento institucional que a psicologia "existencial" alcançou seu sucesso. Por um hábil malabarismo com a retórica da subversão, os seguidores de Laing fizeram duma assertiva filosófica ingênua um dogma quase político. Não há certamente nada nos *insights* originais de *The Divided Self* que exija a postura de *The Politics of Experience* ou *The Politics of the Family*,[2] com sua fixação obsessiva pelos objetos tradicionais do

---

[2] R. D. Laing, *The Politics of Experience and the Bird of Paradise*. Penguin, 1967; R. D. Laing, *The Politics of the Family*. London, 1971.

descontentamento radical – a família, a burguesia, o capitalismo, a ordem moral estabelecida e a própria moralidade. Mas, por causa destas obras tardias, e por causa de suas associações com Cooper e Esterson, Laing adquiriu seguidores para além da proporção de sua realização na área médica.[3] Em efeito, ele ocasionou uma "crítica radical" da medicina psicológica. Esta crítica pode ser mais bem entendida nos trabalhos do Coletivo Terapêutico Radical, organização que produziu o que pode ser descrito como o mais ressoante ataque jamais feito às consequências sociais do capitalismo ocidental. Entre suas convicções paranoides, a seguinte não é menos notável: "Muitos terapeutas são homens, muitos pacientes são mulheres. Terapia assim reforça e exemplifica as práticas sexistas desta sociedade [...]".

Por tais contorções mentais, o Coletivo é capaz de ver a obra de Laing e de seus seguidores como uma justificativa para uma "revolução total", que ponha fim ao "sistema" do qual a esquizofrenia (significando tanto os sintomas da vítima quanto as atitudes envolvidas em tal classificação) é o principal signo. Esta "revolução total" envolverá muitas mudanças radicais: a "organização do terceiro mundo, das mulheres e dos *gays*; a criação de contrainstituições [...]" e assim por diante. Antes que o idealismo do Coletivo seja posto em dúvida, seria importante citar um parágrafo de um de seus relatórios (resultante de uma oficina sobre os direitos das crianças, em Berkeley, no ano de 1970):

> Confia-se às nossas crianças revolucionárias a responsabilidade de redescobrir a verdadeira natureza humana, degradada por centenas de anos de racismo, capitalismo, o tão falado comunismo, sexismo, nacionalismo e falsa religião. A limitação forçada de sua experiência, em nome da proteção e do amor, foi sempre uma parte central da repressão reacionária, especialmente da classe burguesa.

---

[3] R. D. Laing e D. G. Cooper, *Reason and Violence: A Decade of Sartre's Philosophy*. London, 1964; Aaron Esterson, *The Leaves of Spring*. London, 1970; R. D. Laing e Aaron Esterson, *Sanity, Madness and the Family*. London, 1964.

A destruição do potencial humano ao amor perpetrada pela repressão na infância precisa acabar agora.[4]

Seria injusto repreender Laing pelos absurdos de seus discípulos – embora o fato de ele ter deixado de renegá-los faça parte da imagem messiânica da qual, durante os anos 1970, ele claramente se aproveitou. No entanto, a diferença entre este parágrafo e os pensamentos expressos na autobiografia de Laing não é muito grande – não tão grande que eles não possam ser explicados por uma evidente diferença de dons intelectuais. A postura do Coletivo Terapêutico Radical exemplifica uma visão moral à qual o próprio Laing adere, e que encontra expressão também na obra de Esterson, Cooper e (antes de sua conversão) Szasz:[5] a visão de que o doente mental é essencialmente inocente, e que alguém, em algum lugar, é culpado por seu sofrimento. Não é só que a vítima da doença mental não possa ser repreendida por sua condição. Dificilmente seria original sugerir tal coisa, já que o propósito final da classificação "mentalmente doente" é remover a vítima da esfera da desaprovação moral. De acordo com os lainguianos, a classificação incorpora uma carga mais profunda, não dita, que vai além da moralidade e atinge as mais profundas raízes da existência pessoal. Uma carga de "criminalidade" encoberta está envolvida, e é em relação a essa "criminalidade" encoberta que a vítima da doença mental é profundamente inocente, e seus acusadores, profundamente culpados. Em tais profundidades espirituais, é pouco surpreendente que a teoria comece a descrever a inocência do insano como santificada – como um tipo de absolvição absoluta do pecado original. Isto resulta da manipulação de certos dogmas, entre os quais os seguintes, particularmente notáveis:

---

[4] Publicado em *Radical Therapy*. Penguin, 1971.
[5] Thomas Szasz, *Ideology and Insanity*. New York, 1970; London, 1973. Mais tarde, Szasz assumiu uma posição mais moderada e – em *Sex: Facts, Frauds and Follies*. Oxford, 1981 – fez uma crítica altamente efetiva e condenatória das atitudes libertárias da sexualidade.

1. "Tudo o que se sabe com certeza sobre a 'doença mental' é que algumas pessoas afirmam que outras a têm" (Morton Schatzman).⁶ Aquele que diagnostica a doença é, portanto, necessariamente, um agressor, pronto a afirmar algo que tem consequências terríveis para seu paciente, e para o qual nunca pode haver fundamentos adequados.

2. O caso psiquiátrico característico é "oposto à normalidade que está intimamente relacionada às mais valorosas orientações da sociedade ocidental" (B. Kaplan).⁷ Em outras palavras, o usuário da clínica é um dissidente que fala com uma "voz radical"; e o que ele diz é repugnante à ordem moral estabelecida (cf. Foucault).

3. "O sistema de hospitais psiquiátricos serve [...] para promover certos valores e performances, e para suprimir outros" (Thomas Szasz).⁸ A institucionalização do louco é, então, uma tentativa de silenciar seus pensamentos e atitudes "subversivas".

4. Por isso, o conceito de doença mental é realmente o de um "crime", de uma rejeição repreensível dos valores implícitos na ordem social estabelecida. É um conceito inventado, no qual a sociedade "burguesa" tenta suprimir aquelas manifestações da vida espontânea, livre, das quais não pode dar conta. "Se A e B são incongruentes, a polícia da mente (os psiquiatras) é chamada. Um crime (a doença) é diagnosticado. Uma prisão é feita, e o paciente é tomado sob custódia (hospitalização). Seguem-se entrevistas e investigações. Uma confissão pode ser obtida (o paciente admite que está doente, apresenta sua visão). Ele é condenado de qualquer modo. A sentença é proferida (a terapia é recomendada). Ele cumpre seu tempo, vai embora e obedece a lei no futuro. (Laing, *The Politics of the Family*).

5. Mas o real culpado aqui é a sociedade, que estabelece as instituições repressivas da vida burguesa: "famílias, escolas, igrejas são os

---

⁶ Morton Schatzman, "Madness and Morals". In: Joseph Berke (org.), *Counter-Culture: the Creation of an Alternative Society*. London, 1969.

⁷ B. Kaplan (org.), *The Inner World of Mental Illness*.

⁸ Thomas Szasz, *Ideology and Insanity*, op. cit.

abatedouros de nossas crianças; faculdades e outros lugares são as cozinhas. Como adultos, no casamento e nos negócios, comemos o produto" (Laing, *The Politics of the Family*).

6. Por isso, na medida em que há "desordem" no comportamento do "esquizofrênico", isto é o resultado, e não a causa, da "agressão" de outros. O "esquizofrênico" nada mais é, de fato, que o "bode expiatório" da "carga de culpa e ódio" que outros despejam nele (Aaron Esterson).[9] Nesta angélica natureza, reside o esquizofrênico.

7. O principal instrumento de agressão é a família – em particular, a família burguesa, que é "paternalista" e "autoritária", demandando a submissão de todos ao pai tirânico (Foucault, *História da Loucura*). A família está, então, comprometida a gerar o "ódio" do qual o esquizofrênico é o bode expiatório inocente.

8. Segue-se que o esquizofrênico, longe de estar doente, é uma criatura de notável "pureza", tentando manter uma postura de rebelião total contra uma ordem social repressiva e cruel. A sociedade, a fim de puni-lo, força-o a uma "posição existencial" particular ou de "duplo-vínculo",[10] da qual ele não pode facilmente escapar. Ele é colocado no papel de um objeto, e o procedimento da clínica é fazê-lo aceitar este papel e vir a reconhecer que ele pode readquirir um *self* somente se aceitar valores que tentou rejeitar. Este complô secreto da sociedade burguesa, sendo ideológico, é necessariamente autoconfirmatório. Não há modo no qual o esquizofrênico possa estabelecer a validade de sua postura diante de uma "normalidade" sobrepujante à qual ele é incapaz de se opor. (Ver Thomas Szasz, *Ideology and Insanity*.)

É claro, não se sugere que esses *insights* dos lainguianos sejam elaborados. Pelo contrário, são todos o resultado de uma artimanha,

---

[9] Aaron Esterson, *The Leaves of Spring*, op. cit., p. 297.
[10] No original, "*double-bind*", termo bastante difundido na literatura psicológica e psicanalítica, utilizado para referir-se a situações em que se é confrontado com duas demandas de escolhas irreconciliáveis, entre dois cursos de ação indesejáveis. (N. T.)

na qual a evidência é reinterpretada a fim de sustentar a conclusão desejada, e nenhum pensamento é considerado, a não ser que já esteja revestido com a linguagem do dissidente radical. Ninguém poderia realmente acreditar, por exemplo, que não há nenhuma certeza sobre a doença mental a não ser simplesmente o uso de um rótulo, ou que a voz da insanidade é sempre, ou mesmo tipicamente, a voz de um "dissidente". A ideia de que uma pessoa de perspectiva moral perfeitamente "normal" e conformista poderia achar-se incapaz para viver, que ela poderia pedir por ajuda e buscar ser hospitalizada (o mais das vezes, diante da oposição das autoridades do hospital) simplesmente não tem lugar nesta teia de fantasias. A visão paranoide do hospital como uma prisão, e do esquizofrênico como um bode expiatório, alimenta-se de evidência muito restrita para ser significativa. Há um artifício envolvido mesmo no método "fenomenológico" da psiquiatria. Pois a fenomenologia, sendo o estudo do *self*, pressupõe que há um *self* a ser estudado. Descrever a experiência do esquizofrênico em linguagem fenomenológica é automaticamente descrevê-la como se ela fosse a experiência de alguém que é saudável em grande medida. Uma genuína falência do *self* simplesmente esquiva qualquer descrição fenomenológica. Por pressupor sempre que tal descrição é possível, e que é o único meio de acesso à verdadeira posição de seu paciente, o psiquiatra lainguiano assume desde o início a conclusão que ele finge estabelecer, a conclusão que a psicose está sempre suscetível à reação pessoal.

Quando chegamos às proposições sobre a "família burguesa", deixamos completamente o domínio da observação clínica, e entramos no da retórica de esquerda, a retórica de Saint Genet, da *História da Loucura*, e da crítica "estruturalista" de Roland Barthes. Aqui, conforme sugeri no capítulo anterior, é preciso nos deixar levar com uma espécie de fascínio e com a percepção de que existe uma intrínseca conexão entre "burguesia", "família", "paternalismo" e "autoritarismo".

O que os marxistas chamam de família burguesa certamente difere de outras famílias. Por exemplo, ela tende a consistir apenas de uma ou duas gerações. É provável que seja o olhar individualista, voltado para dentro, consciente de sua existência como unidade social. As afecções da criança estão estritamente focadas no pai e na mãe, raramente estendidas aos avós, empregados domésticos e primos. Há a tendência de haver poucos filhos e, portanto, menos competidores na busca do amor. Uma certa intensidade individualista adere às afecções primárias quando a criança se desenvolve em tal ambiente. Ela aprende a brincar com o jogo da personalidade, e a estabelecer com seus pais relações baseadas em conflitos e, ainda assim, indestrutíveis. Isto sempre foi de grande interesse para os psicólogos; muitos dos quais sentiram que há certa presunção em dirimir todo este arranjo como um desastre psicológico. Vamos então considerar como o psiquiatra lainguiano supõe que a criança burguesa deva ser "libertada" dos tormentos mentais de sua situação; como ele deseja obter esta libertação psicológica que a família nega. Considere esta passagem característica de Aaron Esterson:

> Já que seu objetivo é facilitar a mudança existencial já implicitamente presente, segue-se que o cientista não deveria tentar impor sobre o padrão emergente suas concepções e pré-concepções. Ele deve permitir-lhe desdobrar-se de acordo com as leis mais próprias para si mesma. Um psicanalista, por exemplo, não deve buscar impor ao analisando sua ideia do que o outro deveria ou não ser. Não é o caso de considerar como sua a tarefa de ensinar ao outro a se conformar à sociedade ou a qualquer moralidade particular, mas de aprender com o outro e ajudá-lo a descobrir e realizar suas próprias possibilidades existenciais, sejam lá quais forem e aonde quer que o levem, sejam talentos específicos ou possibilidades humanas mais gerais, como a capacidade de fazer amor heterossexual.[11]

---

[11] Aaron Esterson, *The Leaves of Spring*, op. cit., p. 248-49.

Liberdade, então, é a "realização" de "possibilidades existenciais". O processo de libertação culmina nesta descoberta (ou "realização") de um *self* – um *self* que, de outra forma, teria sido atrofiado ou extinto. Não há sugestão de que algumas possibilidades existenciais (por exemplo, que o paciente possa assassinar o Dr. Esterson) poderiam ser desencorajadas. O paciente não deve ser levado a seguir "qualquer moralidade particular" – por exemplo, a moralidade de Cristo, ou de Buda, ou de Hitler ou de Charles Manson. Ele pode vasculhar ao redor, até que encontre o modo correto de "realizar" as "possibilidades" que já lhe são intrínsecas. Mas isto é precisamente a noção individualista de realização pessoal – a noção representada, por excelência, na "família burguesa". A psiquiatria lainguiana vai um passo além, na mesma direção, sugerindo que um homem pode alcançar sua liberdade sozinho, indiferente aos padrões e limites sociais.

É de fato notável que uma doutrina que oficialmente reconheça o *self* como produto social e a autoimagem como internalização da atividade social possa tomar este ponto de vista. Não somente o processo de recuperação, mas também seu resultado final, são descritos em termos que são internos ao indivíduo. Ele deve simplesmente "realizar" suas "possibilidades". O processo clínico poderia ser o da autodeterminação e autodescoberta, no qual o indivíduo não responde a ninguém mais senão a si mesmo, e não precisa aceitar nenhuma moralidade que não tenha sido elaborada por si mesmo. Mas, é claro, há um paradoxo quando, ao mesmo tempo, reconhece-se o *self* como produto social e tenta-se dar a ele uma "liberdade" que é puramente individual. À pergunta sobre em que consiste essa "liberdade" individual obtém-se apenas uma resposta incoerente e negativa: liberdade é fazer o que você quer, ou melhor, é "realizar suas possibilidades", e então fazer o que você *realmente* quer, isto é, contanto que você não mate, ou roube, ou talvez *possa* roubar – de qualquer modo, o ato sexual é permitido, no mínimo desde que não haja perigo de maltratar o outro, ou no mínimo... O que emerge ou é incoerência, ou precisamente este "código particular de moralidade" que o psicólogo deveria evitar.

Há um conceito que Freud sabiamente situou no centro da prática e do pensamento psicanalítico, e que a psiquiatria lainguiana ignorou ao custo de sua coerência: o conceito de reconciliação. A visão lainguiana é essencialmente paranoide: vê o mundo em termos de uma luta irreconciliável entre "nós" e "eles", e a cura do doente mental como uma espécie de vitória interna (ou, para o Coletivo Terapêutico Radical, mesmo externa) sobre "eles". Não há lugar para a ideia de reconciliação, já que não reconhece validade em nada fora do indivíduo com o qual ele possa ser reconciliado. Na realidade, reconhecer uma validade "objetiva", "pública", "estabelecida" ou "externa" seria abandonar a imagem da inocência essencial do mentalmente doente.

Os lainguianos defendem que um terapeuta poderia ajudar o ego a reafirmar sua potencialidade. O ego como produto de costumes aceitos, instituições, atitudes e práticas é uma ideia que a teoria propõe reconhecer desde o início, mas também rejeitar no fim. Algumas vezes, é certo, somente por um ato suicida o ego pode descartar a moralidade social que o criou: se é nisto que consiste a inocência, então a inocência não pode ser desejada. Assim que o psicoterapeuta reconhece que seu paciente pode ter uma necessidade de ser reconciliado – com o pai, a consciência, a ordem moral, Deus – e que seu paciente pode estar sofrendo precisamente por causa dessa necessidade, então ele deve rejeitar a ideia de uma inocência "essencial" e, com ela, a estrutura completa das ideias estabelecidas com as quais a psiquiatria lainguiana embelezou a si mesma. É o ideal de conflito, culpa e reconciliação, que permitiu ao "individualismo burguês" vestir uma máscara corajosa e atraente. Remover este ideal em obediência ao imperativo lainguiano é destruir o que é valoroso em nossa sociedade moderna enquanto se retém o que não é. Sem isto não há nada senão a "poeira e o pó da individualidade" que Burke lamentou, uma fragmentação de todos os valores morais sérios. E a sentimentalidade doentia em relação aos sofrimentos alheios que, presente em toda parte nos escritos dos lainguianos, serve somente para mascarar uma falta fundamental de empatia com relação a quem quer que seja saudável, bem-sucedido ou forte. A visão lainguiana está tão distante de ser verdadeiramente antiburguesa quanto qualquer outra teoria que depende de modelos radicais para seu apelo: sua terminologia ("existencial", "dialética", "libertação", "realização"), suas doutrinas fáceis e, sobretudo, sua sentimentalização inescrupulosa da experiência individual, adaptam-se perfeitamente ao mercado de ideias baratas, enquanto seu ideal frágil de uma pureza "interna" fomenta essa ilusão sublime das classes médias, a ilusão de um indivíduo não ligado a nenhuma ordem social, que não tem nada a perder senão suas correntes mentais.

Capítulo 6 | Raymond Williams

Nenhum ponto de vista está mais enraizado no lugar e no processo em que cresceu, ou nas ocasiões históricas consagradas ao mito e à memória, que o socialismo britânico. A ideia de história, que é moeda corrente nos movimentos de esquerda, toma aqui um sentido dramático. Enquanto Marx, Engels e Lênin mostraram um enorme interesse no passado, eles foram inflexíveis ao afirmar que não estavam ligados a ele; seu anseio por ação alimentou-se de uma visão do futuro, e nada anterior ao futuro poderia sustentá-la. As partes influentes da teoria marxista são aquelas que incendiaram a ira de Lênin, a quem toda destruição e toda violência são permitidas, em nome de um futuro matricial que nascerá somente em meio a tormentos. Da perspectiva deste futuro, nossa história é meramente "pré-história", e o passado não é nada mais que um fantasma.

O socialismo britânico, que ocasionalmente apoiou o marxismo da boca para fora, repudia esta visão apocalíptica. Ele está imbuído do sentimento nativo de que a fonte de legitimidade reside não à frente, senão atrás de nós. Toda ação política, toda inspiração social retira seu sentido de seus antecedentes, e quanto mais firmemente enraizados estão esses antecedentes na experiência histórica da comunidade, mais força eles têm de nos manter fiéis a eles. Somos o produto de nossa história nacional, e na exata medida em que encontramos no passado os vestígios de um espírito que atualmente nos move; na medida que somos corretamente movidos; e na medida em que somos animados por nossa comunhão com homens e mulheres que se moveram antes.

O socialismo britânico é, portanto, assombrado por "vozes ancestrais", que ecoam das páginas de *Piers Plowman* e *Everyman*, dos discursos dos protestantes radicais e beatos não conformistas, da grande era do Parlamento, na qual ingleses livres e dissidentes aparentemente aboliram as prerrogativas do poder hereditário. Uma das grandes preocupações da esquerda britânica tem sido este último período extraordinário da Inglaterra: por um tempo, nossa canção nacional parecia cantarolar possibilidades, e o doce sabor daqueles dias de verão sustentou o "povo" desapontado ao longo do período de desolação que se seguiu. A nostalgia da esquerda mais sentida e seu sentimento de perda mais romântico foram aplicados à historiografia do Interregno e dos eventos que levaram gradualmente a ele. Sem a descrição mitopoética deste período levada a cabo por historiadores como Tawney e Hill, o moderno socialismo britânico seria uma presença muito menos autoconfiante, insolente e, de fato, sorridente em nossa cultura política. Estabeleceu-se na mente do socialista britânico que seu pensamento e sua ação são quintessencialmente legítimos, o legado de um longo experimento de governo constitucional, e o florescer renovado da luta de ingleses livres para possuir a terra e a cultura que lhes pertencem.

Ao discutir Michel Foucault (ver o capítulo 4), tentei mostrar o lugar importante da iconografia no pensamento de esquerda francês, muito do qual é devotado à delineação detalhada do inimigo "burguês". O socialismo britânico é também iconográfico; mas seus esforços são devotados ao retrato de um amigo. Este amigo aparece como o idealizado John Hamden de Tawney, como o herói dissidente de Christopher Hill, e com aquela "classe trabalhadora" industrial cujo sentimentalismo provê tão ardente inspiração para a obra de Thompson, Hoggart e Williams. Há naturalmente algo cativante nesta visão, que busca amigos antes de declarar inimigos, e que dotou o socialismo britânico de uma cor local, ou mesmo paroquial. Apesar de ainda não ser uma propriedade da National Trust, o socialismo britânico está tão distante daquela atitude "internacionalista" defendida por Marx (ele mesmo um produto muito desarraigado de uma Alemanha dividida para encontrar solo fértil em qualquer outra visão) quanto o conservadorismo britânico. É um movimento que o conservador encontra no território natal, e que é atiçado por uma paixão pelo lar e pela terra que o conservador inevitavelmente tem de compartilhar.

Qualquer pessoa ciente destes fatos saberá que o marxismo nunca poderia ser mais que uma influência subsidiária no pensamento de esquerda na Inglaterra. De maior significância é a incomparável tradição da crítica literária e social, que pode legitimamente colocar-se como uma das mais importantes realizações intelectuais da Inglaterra moderna. Seria errado pensar que esta tradição tem alguma propensão natural ao socialismo. Ela começou com o pensamento altamente conservador de Burke, Coleridge e Wordsworth e mostrou – nas obras de Carlyle e Arnold – uma tendência anti-igualitária que guarda até hoje. Seu maior representante no século, F. R. Leavis, foi descrito como nossa maior voz conservadora do século XX. Mas, entrelaçado com as reflexões melancólicas de tais defensores da alta cultura, encontra-se o pensamento de Ruskin e Morris, da irmandade pré-rafaelita, de Cobbet, Shaw e os fabianos, inclinados à esquerda. É mais um testemunho da falta de raízes do socialismo inglês o fato de que, na ênfase central e tendência espiritual desta tradição crítica, pensadores socialistas e conservadores tenham se vinculado sob influência mútua.

Embora Raymond Williams tenha, em anos recentes, se colocado como um marxista, suas raízes estão firmes no solo do socialismo inglês, e seus melhores escritos exibem a triste conexão com o lugar e o povo que têm sido a inspiração condutora de nossa moderna literatura. Seu *corpus* literário considerável divide-se em vários segmentos. Em duas obras de grande utilidade – *Drama from Ibsen to Brecht* (originalmente, *Drama from Ibsen to Eliot*, 1952) e *Tragédia Moderna* (1966) –, ele mostrou as virtudes comuns da tradição da qual emerge: a capacidade de usar a crítica literária como veículo para comentários e análises sociais. Esses livros, junto com *Drama em Cena* e *The English Novel from Dickens to Lawrence* (1973), exemplificam uma erudição literária séria e original, na qual a visão social e política de Williams encontra uma expressão relativamente moderada. Em obras como *Culture and Society 1780-1950* (1958), *The Long Revolution* (1961) e *O Campo e a Cidade* (1973), Williams exprimiu seu ponto de vista mais diretamente. Nesses volumes, uma visão da classe trabalhadora inglesa é relacionada com uma teoria da social democracia, para assim obter-se uma perspectiva leve e pessoal sobre o passado e o presente do movimento operário. Esta perspectiva encontra expressão mais concreta em dois romances intensamente nostálgicos, *Border Country* e *Second Generation*. Finalmente, em estudos mais recentes como *Palavras-chave* (1976) e *Marxism and Litterature* (1977), Williams tenta expandir o apelo de seu ponto de vista, ao vesti-lo de abstrações mais em voga, amplamente emprestadas do guarda-roupa da Nova Esquerda alemã e francesa. Neste *corpus*, o leitor encontra uma preocupação implacável com a classe trabalhadora, suas esperanças, seus medos e sofrimentos, e com a "longa revolução" que nos levará do mundo da classe, do capitalismo e do privilégio para o da igualdade e da democracia que nos pertence de direito.

Ruskin, Arnold e Morris observaram a revolução industrial com pesar e consternação. Em todos os seus pensamentos podemos perceber a mesma ansiedade: o que permanecerá da civilização quando os fabricantes tiverem feito seu trabalho, quando o campo estiver vazio e as cidades tomadas pelo refugo humano, quando o ritmo da vida rural tiver cedido à regularidade da produção industrial? Cada escritor forneceu um remédio contra a decadência da sociedade, e cada um propôs a educação e a religião como os ingredientes todo-poderosos do remédio. Williams, que partilha de seu sentimento trágico, não se sente confortável na religião, e de fato dificilmente menciona em sua crítica social este assombroso fato social. Em vez disso, ele busca retornar ao território explorado por seus antepassados novecentistas e redescrever a causa de sua inquietação e também de sua cura. Tal como eles, acredita na educação – e aqui e acolá está disposto a esboçar um *syllabus* ideal que preparará as crianças para uma "democracia participativa".[1] Mas ele não pode aceitar nem a visão religiosa nem a doutrina social reacionária de Ruskin e Morris. Ele não busca uma visão religiosa, mas uma redenção secular deste trabalho alienado, e sua "longa revolução" é outro nome para a lenta, estável erosão do poder e do privilégio pelas ondas e correntes da democracia. Seria errado dizer que a fé de Williams na democracia é ilimitada – pois se sua falta de humor e seus parágrafos carregados de suspeita deixam algo claro é o fato de Williams não ter fé ilimitada em nada. Simplesmente, "mais democracia" é a única reposta que ele tem a oferecer. Há ocasiões em que ele sugere generalizações ingênuas:

> A revolução democrática [...] é insistentemente criativa, em seu apelo para nos apoderarmos e dirigirmos nossas próprias vidas [...] A revolução industrial e a revolução nas comunicações devem ser completamente apreendidas em termos do progresso da democracia, que não pode ser limitado à simples transformação política, mas consiste, em última instância, na concepção de uma sociedade aberta e de indivíduos livres cooperantes que são por si sós capazes de liberar a potencialidade criativa das mudanças em habilidades laborais e de comunicação [...][2]

Mas tal é seu temperamento pessimista que Williams imediatamente abandona seu entusiasmo. Ele esconde-se atrás de uma cortina

---

[1] Raymond Williams, *The Long Revolution*. London, 1961, p.174-75.
[2] Ibidem, p. 140-41.

de qualificações, sugerindo uma solução muito mais intrincada e sutil que qualquer outra que ele manifestamente revela:

> A longa revolução, que é agora o centro de nossa história, não é uma revolução pela democracia como um sistema político por si só, nem pela distribuição equitativa de mais produtos, nem pelo acesso geral aos meios de aprendizado e comunicação. Tais mudanças, suficientemente difíceis em si mesmas, extraem significado e direção, por fim, de novos conceitos do homem e da sociedade, que muitos buscaram descrever e interpretar. Talvez estes conceitos possam ser dados somente na experiência. As metáforas de criatividade e crescimento buscam restabelecê-los, mas a pressão, agora, deve dar-se sobre os particulares, pois nem aqui nem em nenhum lugar elas estão confirmadas [...][3]

Esta ênfase no concreto e no particular é uma das muitas ideias que Williams divide com o pensamento conservador moderno; tal como sua ênfase em "cultura", em relação à qual algum dos pontos de sua perspectiva dependem. Para Williams, "cultura" denota padrões de comunicação e as "estruturas de sentimento",[4] que determinam a experiência da sociedade em todos os níveis. O maior propósito de *Culture and Society* é documentar as teorias e práticas que criaram a cultura moderna, e que fizeram avançar ou impediram a "verdadeira democracia", aquela que promete a emancipação da classe trabalhadora. O propósito de Williams é retirar do estudo da cultura todas as tonalidades elitistas, toda sugestão de que cultura poderia ser um valor acessível a poucos. Na medida em que uma cultura define uma elite, nessa medida ela não é um valor.

A maior questão levantada por um tal ponto de vista é a da "verdadeira democracia". Para Williams, ela envolve o estabelecimento de uma comunidade genuína entre as pessoas,[5] e seu modelo para

---

[3] Ibidem, p. 141.

[4] Raymond Williams, *Drama from Ibsen to Brecht*. London, 1968, p. 17.

[5] Raymond Williams, *The Long Revolution*, p. 363.

comunidade é fundado na "solidariedade" de uma classe trabalhadora precedente, um sentimento de esperanças e sofrimentos compartilhados, e uma necessidade de postarem-se juntos contra qualquer abuso. Ele acredita que capitalismo, classes e privilégios são inimigos da comunidade, e não hesita em constantemente recomendar a abolição da "propriedade privada dos meios de produção". Ele mostra pouco conhecimento de qualquer tensão entre este objetivo e a promoção da democracia entre as pessoas, muitas das quais gostariam de ter uma participação própria nos meios de produção. Ao contrário, ele tenta identificar as características da sociedade "capitalista" e de "classes" que influenciam de forma negativa a realização do ideal democrático.

Essas características nocivas incluem "a redução do consumismo [...] a generalização da ética da "venda" [...] o visível declínio moral do movimento trabalhista".[6] Deixando de lado este último fator – ele mesmo mais um sintoma que uma causa do processo –, podemos ver que sua principal queixa é contra a condição social do "consumismo" ou (para usar a expressão favorita de Marx) o "fetichismo da mercadoria". Williams não descreve realmente esta condição, mas, em vez disso, documenta sua ausência nos relatos dos trabalhadores pobres. Na medida em que ele lida com as causas da moderna decadência social, contenta-se em primeiro lugar com as referências rotineiras às mazelas do capitalismo e da propriedade privada. Mais tarde, contudo, ele escreve como se toda a ética cristã fosse responsável por nossas falsas prioridades. Ele se vale de uma observação casual de Rosa Luxemburgo para argumentar que a caridade cristã é uma "caridade de consumo", enquanto a caridade socialista é uma "caridade de produção" – "de relações amorosas entre os homens que realmente trabalham e produzem o que, em última instância, não importa a proporção, deve ser partilhado".[7]

---

[6] Ibidem, p. 328.

[7] Raymond Williams, *The Country and the City*. London, 1973, p. 43-44.

É para este ponto que Williams retorna com maior insistência: o capitalismo, com sua ética consumista, sua exploração, sua soberana indiferença por lugares e pessoas, é o maior diluidor da comunidade. A verdadeira comunidade deve ser alcançada através de uma "democracia participativa". E isto, por sua vez, é possível somente se os homens alcançarem esta "igualdade de ser" sem a qual a "luta por democracia" não é nada.[8] E "igualdade de ser" requer o desmantelamento do aparato de privilégio e de classe.

Esta combinação de visões está na raiz do socialismo inglês. Eu o julgo totalmente insustentável. Se ela sobrevive intacta nos escritos de Williams, isto se dá em ampla medida através de um esforço supremo de sentimentalização, por meio do qual ele se esconde de fatos básicos da vida e da história. "Consumismo", longe de ser o inimigo da democracia, é sua expressão econômica. Ele emerge inevitavelmente da economia de mercado, sendo meramente o correlato psicológico do fato de que produtos não são feitos meramente para o uso, mas também para a troca. A produção de bens que possam ser vendidos é a condição real do trabalhador emancipado, capaz de transformar seu trabalho em dinheiro, e então em bens diferentes daqueles que produziu. Sem esta capacidade, ele permaneceria ou dependente do trabalho de outros ou mais atado a formas de produção que radicalmente restringiriam seus poderes. O próprio mercado é expressão de sua livre escolha – da livre escolha que ele pode, nestas circunstâncias, adquirir. É um mecanismo de distribuição operado inteiramente pelas transações voluntárias de indivíduos, cada um dos quais assegurando sua própria vantagem ao solicitar a concordância daqueles com quem lida. "Soberania do consumidor" é outro nome para esta "igualdade do ser" cotidiana que permite que cada escolha individual influencie o futuro do processo social. O resultado não é muito edificante – mas os resultados da democracia raramente são.

---

[8] Raymond Williams, *Culture and Society*. London, 1958, p. 322.

Esbocei um argumento que um marxista dispensará como "ideologia", argumentando que há uma "alternativa", na qual a "verdadeira democracia" coexistirá com a "propriedade comunal", a ausência de um mercado, e a produção para uso e não para troca. Mas como isso será feito? Isto é, como deve ser feito, dado o que sabemos sobre as limitadas compaixões humanas, suas expectativas finitas e seus medos mortais? Nunca nos contaram – e o mito do "novo homem socialista" é meramente um modo de desviar o problema, como Williams o faz. O "socialismo realmente existente" não apenas manteve o trabalho assalariado, o dinheiro, a troca e a venda: ele também aboliu muitas formas de democracia. Mais ainda, ao interferir no mercado, criou escassez da qual dificilmente se poderia dizer que concedeu a "igualdade de ser" ansiada por Williams. Os problemas teóricos aqui são vastos, e não serão resolvidos em um parágrafo. Mas, diante dos fatos observados na história e na natureza humana, pode-se concluir que o ônus reside com os socialistas; são eles que devem explicar detalhadamente as condições para a "verdadeira democracia", que aprovam. Quem, nesta democracia, controla o que e como? O mercado é a única instituição humana coletivamente controlada por seus participantes. Como pode sua abolição adequar-se a um governo no qual todos têm influência e poder participativo? E se desejamos manter o mercado, como abriremos mão da propriedade privada dos meios de produção com a qual ele está organicamente interconectado? A negligência de tais questões não é apenas vergonhosa do ponto de vista intelectual; dado o fervor com o qual Williams busca propagar seus propósitos, é também perniciosa. Pois ela permite a fácil justificação de ações cujas consequências não são de modo algum entendidas.

Foi de fato importante para o apelo de Williams que ele tenha fracassado em defender o socialismo no nível intelectual esperado. Pois seu apelo é sentimental. Está capturado na referência às "relações amorosas entre os homens que realmente trabalham e produzem o que, em última instância [...] deve ser partilhado". Aqui estão os trabalhadores sofredores e compassivos de Thompson (ver capítulo 2), que precisam somente da abolição do capitalismo para viverem juntos em espontânea fraternidade, partilhando os frutos de seu trabalho. É difícil haver sequer um socialista inglês que não tenha amadurecido com relação a tal visão e, assim, adquirido uma razão emocional candente para negar-se a consentir com seu significado. Pois, é claro, ainda que seja verdadeiro o fato de haver camaradagem e solidariedade entre os oprimidos, estes são produtos da opressão que padecem. Liberados de seus vínculos, os homens veem uns aos outros como rivais, e somente quando estão comprometidos uns com os outros por meio de contratos e acordos – só quando estão sujeitos à economia de mercado em amplo sentido – podem novamente ser levados a uma associação pacífica. Este é o verdadeiro significado de democracia, que é o princípio da união não sentimental entre adversários e desconhecidos, e que envolve a erosão de todos os vínculos de piedade e obediência por contratos fundados no respeito pelo outro e no amor por si mesmo.

A "longa revolução" louvada por Williams foi descrita mais cuidadosamente por um pensador ao qual Williams se refere somente uma vez: Alexis de Tocqueville. Para Tocqueville, auto-obsessão, individualismo e fragmentação social eram diferentes aspectos do "inevitável" avanço da democracia. Em *A Democracia na América* (1835), ele argumenta que o "princípio da igualdade", longe de ser uma invenção do movimento trabalhista (que quase não existia quando Tocqueville escreveu o livro), foi o principio regulador do desenvolvimento europeu desde a Idade Média. A presciente análise de Tocqueville da "igualdade de ser" deveria, quem sabe, ter dado uma pausa para reflexão. Pois ele argumenta que as condições de impermanência social e mediocridade cultural, que para Williams são a consequência perniciosa de privilégio e poder, são de fato o resultado do processo democrático. É a erosão do privilégio, a perda de diversas classes e propriedades, a destruição do direito hereditário, que, para Tocqueville, fez com que os homens se apartassem da comunidade. São tais mudanças que tornam redundantes piedade e aliança, e que despertam nos homens o desejo de fundar a sociedade no contrato, autointeresse e consenso. Podemos não concordar com a conclusão de Tocqueville, mas devemos reconhecer que ele descarta o ônus que Williams, por excesso de timidez intelectualmente ou comprometimento emocional, tomou para si.

A relutância em ser circunspecto emerge como a maior falha nos últimos escritos de Williams. Como vários que investiram muito amor em um amigo imaginário, ele recarrega sua emoção através do ódio ao inimigo imaginário. A classe mais baixa desaparece de sua visão, e as classes superiores emergem como o objeto principal de sua atenção. Em O *Campo e a Cidade*, um ressentimento efervescente e vingativo forma a premissa e a conclusão do argumento, conduzindo o leitor através de um dos estudos mais bidimensionais da literatura inglesa, que de forma alguma guarda os traços da respeitabilidade acadêmica. É talvez o sentido da desesperança de sua própria nostalgia que, nesse livro, leva Williams a voltar-se de forma tão vingativa contra a nostalgia de outros, e, em particular, a nostalgia quintessencialmente inglesa – fundamental para nossa tradição socialista –, que encontra o ideal da harmonia social em um passado rural.

Williams está certo em ver um arcadismo simplificado nesta atitude. Mas ele está igualmente errado em não ver nada mais. Ele dispara seu ódio ao privilégio, ao patronato e ao lazer de forma tão enfurecida, que nenhum escritor disposto a reconhecer que as classes mais altas podem conter membros da raça humana consegue escapar de sua condenação. Stephen Duck está dispensado por "escrever, com o pior deles, suas imitações dos clássicos"; Crabbe, cujo maior crime foi ter sido capelão particular de um duque, deve ser açoitado por sua visão social "estática", que condena o rico, mas para por aí.

Jane Austen é castigada por sua visão "monetária" e por uma moralidade que a confina ao interior de uma casa de campo, sem poder ver nem sentir a miséria que bate à sua porta. E assim o livro segue, comentando todo escritor que buscou pintar a sociedade tal como é, e que reconheceu que o ser humano existe em diferentes níveis e estilos sociais, sendo, em qualquer um deles, imperfeito.

Williams representa seu ódio pela classe dominante como uma versão da repugnância pelo capitalismo. Mas ainda que esconda de si mesmo, não consegue esconder do leitor o fato de que o capitalismo não prende sua atenção, nem o suficiente para inspirar o início da sua análise, e que sua hostilidade é dirigida indiscriminadamente aos que "têm", em nome dos que "não têm", não importando a ordem social prevalecente, ou a fonte de queixa. No final do livro, a intenção iconográfica é dirigida não para o amigo, mas para o inimigo – ou, antes, para um amigo sentimentalizado, que se tornou interessante somente pelas maldades terríveis daqueles que o perseguem:

> Aos homens e mulheres que vinham do campo para as cidades não se precisaria contar o que haviam perdido, nem o quanto eles precisariam lutar para prosperar em seu novo mundo [...] Importava muito mais se uma experiência do campo [...] foi arranjada para eles ou contra eles, enquanto lutaram para se reajustar. Uma variedade da experiência – a visão do senhorio ou do residente, as descrições "pastorais" ou "tradicionais" – era de fato elaborada e utilizada, como ideia abstrata, contra seus filhos, e contra os filhos de seus filhos: contra a democracia, contra a educação, contra o movimento trabalhista.

E, então, Williams condena o tom da nossa literatura pastoral:

> Vi isso [*grosso modo*, esta complexa atitude recém-vilipendiada] estabelecer-se no que é agora uma convenção – na educação literária especialmente – [e] senti como um ultraje, em uma crise contínua e num limite persistente. A canção da terra, a canção do trabalho rural, a canção de deleite nas várias formas de vida com as quais partilhamos nosso mundo físico são muito importantes e comoventes para serem

mansamente abandonadas, em tal amargurada traição, aos fiéis inimigos de toda independência e renovação significativas e reais.⁹

As citações tipificam o linguajar recente de William: autorreferencial, vago e clichê. Com a perda de confiança no socialismo romântico de *The Long Revolution* e *Border Country*, os clichês adquirem uma importância ainda maior em seu estilo. Incapaz ou sem vontade de analisar seja o que ama, seja o que odeia, ele reduz seu comprometimento a certas palavras-chave, para as quais a mágica do socialismo se apega, e que podem ser usadas para criar a ilusão da teoria na ausência de fatos para ela própria.

Uma tal palavra é "revolução", que Williams aplica a toda transformação que ele aprova. Em *Tragédia Moderna* ele exalta a "alternativa de vida" de nosso tempo, que consiste no "reconhecimento da revolução como uma ação completa dos homens vivos"¹⁰ – e a linguagem é característica. Williams não *argumenta* pela revolução, nem a descreve; antes, ele toma a *palavra* "revolução" e a modela em abstrações cativantes: é uma "ação completa" dos "homens vivos". (Dificilmente poderia ser uma ação de fantasmas.) Por isso, "com a maior urgência, em nosso próprio tempo, precisamos retomar a ideia de revolução, de seu sentido ordinário da crise de uma sociedade, para seu contexto necessário como parte de uma ação completa, dentro da qual por si só pode ser entendida".¹¹ Tal prosa ofegante pode novamente ser entendida como iconográfica. A revolução torna-se agradável através de ideias associadas: o objetivo é desencorajar o pensamento, e elidir a fantasia. Revolução torna-se uma ideia essencialmente sedutora, mais que crítica. Mas deve estar claro, antes de tudo, que é a revolução, e não a evolução, que buscamos. "A maioria a compreende, a evita ou a deixa escapar,

---

⁹ Raymond Williams, *The Country and the City*, p. 325.

¹⁰ Raymond Williams, *Modern Tragedy*. London, 1958, p. 65.

¹¹ Ibidem, p. 66.

e a mais destrutiva forma deste colapso – pois a simples reação é facilmente reconhecida – é a substituição característica da evolução por revolução como um modelo social".[12]

Em termos intelectuais, Williams comete, ao defender a "longa revolução", precisamente este crime. Não em suas *palavras*, é claro, mas nas ideias que avançam através delas. Ele, então, intensifica seu fervor, a fim de mostrar que ele entende "revolução" bem no sentido da retórica comunista. "Desde 1917", ele nos diz, escolhendo a data crucial, "vivemos em um mundo de bem-sucedida revolução social".[13] E ainda de forma mais significativa:

> Ouvi de amigos na URSS que a batalha decisiva da revolução foi ganha em mais ou menos metade do mundo, e que o futuro comunista é evidente. Ouvi isso com respeito, mas penso que eles têm tanto a fazer quanto nós, e que um sentimento de que a revolução está acabada pode ser tão incapacitante quanto o sentimento de que ela é, em todo caso, sem sentido.[14]

Como seus amigos na URSS, Williams está bem treinado na arte do duplo pensar. Ele é capaz de fazer de sua conexão com os ícones, e de sua aversão às ideias, uma postura que é ao mesmo tempo academicamente séria e ideologicamente impecável.

Em *Palavras-chave* – "o registro de uma investigação sobre o vocabulário" – ele revela a palavra-mágica pela qual prospera. Nesse volume, que não é nem dicionário, nem glossário, mas uma obra de autoexposição ideológica, Williams ataca outro bastião da classe dominante, o *Oxford English Dictionary* (OED), cuja alegada "neutralidade" é meramente a expressão de um "humanismo burguês", dos valores de uma classe que não sente necessidade de justificar seu domínio. Em contraste ao OED, Williams é desavergonhadamente radical. Ele descreve nossa

---

[12] Ibidem, p. 70.
[13] Ibidem, p. 73.
[14] Raymond Williams, *The Long Revolution*, p. 376.

sociedade como um exemplo da civilização "burguesa tardia", sem um pingo de dúvida; e ele considera o sentido da palavra "mídia", sob a qual os jornais são considerados como meios para outras coisas (para publicidade, por exemplo, ou – presumivelmente – para propaganda), como o sentido especificamente capitalista do termo. A crença implicada em tudo isso é que, se as "palavras-chave" são usadas corretamente, o resultado não é só clareza, mas socialismo.

Sua fascinação por palavras icônicas torna impossível para Williams lançar algo mais que uma tênue luz nos significados que ele considera. Tome, por exemplo, a ocorrência "família". É interessante e útil saber que esta palavra deriva da latina *famulus* (servo), e que costumava ter um significado muito mais amplo (de parentesco e família) do que o atual. Nenhum desses significados tem muita relevância para as discussões contemporâneas da natureza e do valor das relações sociais primárias, como Williams imagina. Consequentemente, em sua discussão dos usos modernos do termo ele maquina para introduzir algo chamado a *família burguesa*, expressando com o termo "família", aparentemente, um sentido de família e propriedade. A simplificação envolvida nisso – implicando com ela a existência da família não burguesa, que presumivelmente não tem associações de família e propriedade, de um tipo de família que não é, como Williams coloca, uma "unidade econômica" – segue despercebida. Mas considere algumas típicas famílias "não burguesas". O *oikos* homérico (do qual deriva a palavra "economia") tinha associações de família e propriedade; a moderna família proletária tem tais associações; assim como a expandida família aristocrática da Renascença. E todas estas representam "unidades econômicas". A implicação que Williams tenta comunicar – que a estrutura familiar específica que existe no presente está integrada à instituição da propriedade privada e que ambas são de algum modo dispensáveis – depende da mais superficial das observações, embora superficial o bastante para chegar a ser lugar-comum.

Do mesmo *corpus* de ideias aceitas segue a descrição de Williams da crítica literária como "ideológica":

> não somente no sentido em que ela assume a posição do *consumidor*, mas também no sentido em que ela mascara esta posição por uma sucessão de abstrações de seus reais termos de resposta (como *juízo, gosto, refinamento, discriminação, sensibilidade, desinteressada, qualificada, rigorosa*, e assim por diante). Isso, então, impede ativamente este entendimento da resposta que não assume o hábito (ou o direito ou o dever) do juízo.[15]

A implicação é que Dr. Johnson, F. R. Leavis e os outros grandes "consumidores" de literatura extraem sua autoridade da questionável suposição de que repercussão literária e juízo literário são um e o mesmo. A palavra "consumidor" aqui é como um balcão mágico: que se destina a nos atrair, pela associação de ideias, para a perspectiva de Williams. O que ele está realmente criticando, supomos, e que se esconde atrás da máscara da crítica literária, é o espectro capitalista familiar que nos persegue por toda a cultura contemporânea. Ao rejeitar "consumismo", reconhecemos então a possibilidade de uma resposta à literatura que é espontânea, permanecendo no nível da "especificidade" característica da "prática".

Williams – invocando no ícone "prático" as louváveis associações de uma visão marxista de arte – busca em poucas linhas descartar não somente toda a tradição da crítica literária inglesa, mas também a filosofia estética, que tem suas raízes em Kant e que sustenta que experiência estética e juízo estético são inseparáveis. Williams não vê sentido em que alguém possa realmente ter *argumentado* a favor da visão que ele rejeita. Pelo contrário, ele a apresenta como se ela fosse uma assunção inconsciente da linguagem da crítica, uma assunção da qual podemos nos livrar simplesmente ao mudar nossas palavras.

---

[15] Raymond Williams, *Keywords*. London, 1976, p. 76.

Considere o caso paralelo da experiência moral. Poderia haver uma coisa tal como uma reação à crueldade ou à covardia de alguém que não envolvesse juízo? E se pudesse haver uma algo assim, teria algum valor? Claramente, juízo é aqui *parte* da reação, e o homem que sempre observou a fraqueza dos outros sem a menor agitação de desprezo ou indignação poderia somente ser descrito como insensível. É um tal modelo de insensibilidade que Williams deve estar recomendando como a instância ideal em relação às obras de arte, pois aqui também somos compelidos a reconhecer (uma vez que começamos a pensar sobre isso) que reação e juízo vão juntos, e que uma atitude em relação à arte que não deixa lugar para gosto ou discriminação seria uma atitude que não demonstraria entendimento de seu objeto.

A palavra mágica ou a obra final de Williams advém, acredito, de um desejo a todo custo de manter o nível do comprometimento emocional, bem como de distrair a atenção de todo argumento ou percepção que mostraria ser autoengano. Esta postura, que o conduz à postura "etimológica" de *Palavras-chave*, conduz também à tentativa de abrigar sua lâmpada dentro da caixa de abstrações da Nova Esquerda. Queimar em segredo ainda é queimar, e as paixões veementes de *O Campo e a Cidade* continuam a brilhar no escuro marxista:

> "Arte" como uma dimensão categoricamente separada, ou corpo de objetos; "a estética" como um fenômeno extrassocial isolável: cada um foi desintegrado por um retorno à variabilidade, à relatividade e à multiplicidade da prática social atual. Podemos, então, ver mais claramente a função ideológica das abstrações especializadas de "arte" e "estética". [...][16]

O jargão aqui é o de um escritor que aprisionou seu pensamento na linguagem sobre a qual ele não exerce nenhum controle. Enquanto nós todos podemos adivinhar o que vem depois disso – que as categorias de "arte" e "estética" pertencem integralmente aos

---

[16] Raymond Williams, *Marxism and Literature*. Oxford, 1977, p. 153.

modos burgueses de produção, que elas ganham proeminência com a manufatura de mercadorias para intercâmbio –, o que se segue tem a lógica de um ritual, e não a lógica da argumentação. Somente a tensão emocional da prosa leva-nos ao escritor: a tensão emocional de um homem que ainda luta uma batalha longínqua, perdido em um litoral distante.

Capítulo 7 | Rudolf Bahro

A sentimentalidade, que é a falsificação ativa do mundo, de forma a enobrecer os sentimentos do falsificador, foi uma das mais fortes motivações do socialismo moderno. Sua principal manifestação – "a formação da classe operária" na imagem do intelectual de esquerda – é familiar aos leitores de E. P. Thompson e Raymond Williams (ver capítulos 2 e 6). Mas sentimentalidade não é uma doença exclusivamente inglesa. Marx (a quem faltou a antipatia sentimental do socialista inglês por esportes de sangue) foi mais vibrante que qualquer inglês em seu comprometimento com as "lutas" do proletariado. A classe operária deveria ter ocasionado a libertação universal, na qual a labuta da mera produção seria posta de lado, e a alma do trabalhador emancipado, lançada em direção a um mundo de liberdade e criatividade, um mundo de "caça, pesca e crítica literária". Esta é a inspiração predominante dos socialistas em todo lugar: a emancipação universal, alcançada pelas "lutas" da classe operária.

Contemplando, como Pigmalião, o proletariado de sua fantasia, o intelectual esquerdista é atingido por um amor apaixonado: amor por si mesmo, como arquiteto desta nobre criação. Ele regozija-se na imagem do trabalhador heroico, que combina em sua personalidade multiforme os atributos contraditórios da liberdade autoafirmada e da solidariedade de classe; é, ao mesmo tempo, o orgulho individual, responsável perante si mesmo, e a unidade submissa, aliado a seus companheiros na simpatia universal da "massa". Não é necessário ter muita experiência em crítica literária – ou tampouco em qualquer outra busca disciplinada do real, tal como caçar ou pescar – para reconhecer aqui o principal traço de sentimentalidade, que é o amor por abstrações. O objeto da sentimentalidade não tem vida ou significado concreto, mas é inteiramente subserviente a uma necessidade emocional. Assim, os conflitos internos que levam um homem a sentimentalizar emergem ao mesmo tempo na natureza contraditória do objeto de sua afeição. A classe operária deve espelhar o empenhado individualismo do intelectual alienado; mas, ao mesmo tempo, deve mostrar completa imersão social, a "solidariedade de classe", da qual o intelectual se sente tão tragicamente separado. O trabalhador do futuro deve então ser completamente livre e também completamente engajado. Ele deve ser liberado de toda opressão e, ao mesmo tempo, vinculado pela solidariedade consoladora dos oprimidos.

Podemos lamentar a influência desta fantasia na caprichosa política das democracias ocidentais. No entanto, podemos confortar-nos com a ideia de que ela possa encontrar oposição. A real classe operária pode retirá-la do cargo, como aconteceu recentemente na Inglaterra. A fantasia é então forçada a retirar-se para seu lar natural – a universidade – para recomeçar a longa tarefa de envenenar as sensibilidades de uma geração disforme de políticos.

Bem mais sério é seu efeito no mundo do "socialismo realmente existente" – o mundo criado pelos intelectuais de esquerda. Em dois brilhantes livros, Czesław Miłosz[1] descreveu as variedades de autoengano que motivaram os intelectuais do Leste Europeu, primeiro durante a guerra, quando estes se persuadiram de que pela "luta contra o fascismo" o comunismo estava por si só purificado, e, então, posteriormente, quando, apagando toda memória do pacto nazi-soviético, eles

---

[1] Czesław Miłosz, *The Captive Mind*. Trad. June Zilonko. London, 1953; *Native Realm*. Trad. Katherine S. Leach. New York, 1968.

impiedosamente devotaram-se à tarefa de instalar governos comunistas em suas terras natais. Trabalharam abnegada e incansavelmente, sem nenhuma intenção de ganho material ou arrivismo pessoal, e com uma surpreendente indiferença aos clamores da afeição natural. Seu zelo justificou todo tipo de mentira e de crime, como a conspiração e traição de amigos e países em nome de um poder estrangeiro, com nenhuma recomendação além do fato (embora isto por si só fosse suficiente) de que este poder deu expressão pública para suas santificadas fraudes.

O que aconteceu desde então é de considerável interesse aos estudantes da mentalidade de esquerda. Diante da perseguição repetida, envolvendo julgamentos, privações, prisões, exílio ou execução, o intelectual socialista no Leste Europeu permaneceu, com raras exceções, socialista. Ele conseguiu acreditar que, não importa o que está errado com o mundo "socialista", não se trata do socialismo (que não pode estar errado), mas de algo mais, algo que usurpou o poder para o qual o socialismo havia estabelecido seus direitos impecáveis. Diante da chocante evidência ao contrário, ele continuou a crer que os princípios nos quais fundamentou o Estado comunista moderno contêm a única receita para um governo humano e "progressivo", e que sua tarefa permanece a de dirigir o socialismo para o caminho projetado por Lênin: emancipação universal, sob o céu proletário.

Assim, em 1956, durante os levantes húngaros, Pavel Tigrid, um exilado tcheco, anunciou seu recém-fundado jornal clandestino *Svedectvi* [A testemunha] com as seguintes palavras: "Este jornal surge numa época de revolução na Europa Central. E este é um estilo singular de revolução: não se coloca contra o socialismo, mas contra o país que, na realidade, traiu o socialismo, a União Soviética. De forma alguma é uma revolução pelo retorno ao capitalismo, mas pelo retorno à liberdade, à justiça e à vida humana dignificada".[2] Doze anos depois, quando foi a vez de a Tchecoslováquia lutar contra os laços asfixiantes da ditadura

---

[2] Jiři Lederer, *Svědectvi Pavla Tigrida*. München, 1982, p. 7.

comunista, foi novamente mais socialismo que os intelectuais pediram – desta vez, "socialismo com a face humana". E, ainda mais tarde, no triste período que se seguiu ao do Sindicato Solidariedade na Polônia (na verdade, a primeira revolução da classe operária na história), os intelectuais marxistas novamente juntaram fileiras, justificando o colapso econômico e social de sua terra natal como parte da "necessária dissolução do capitalismo", e exortaram o partido a fortalecer sua influência sobre a "burocracia" que ameaçava neutralizar seu poder.[3]

Foi na esteira da experiência tcheca que o comunista alemão oriental Rudolf Bahro começou a escrever suas ideias sobre o tema da reforma comunista. O resultado – *The Alternative in Eastern Europe*[4] – foi publicado na Alemanha Ocidental em 1977. O autor foi prontamente preso, acusado de espionagem e condenado a oito anos de prisão. Uma campanha internacional assegurou sua libertação, e Bahro agora vive na Alemanha Ocidental, como um respeitado membro do

---

[3] Ver, por exemplo, a série de artigos de Jarosław Ładosz (professor de Marxismo em Wrocław e Varsóvia) na publicação semanal polonesa oficial *Sprawy i Ludzie* (outono de 1983). A doença afeta não somente tais oficiais apologistas, mas também muitos de seus oponentes "dissidentes". Mesmo um crítico tão convicto do sistema como Milan Šimečka mantém certa ligação, não só com o sonho da igualdade, mas também com a crença em que se obtém algum tipo de igualdade sob o comunismo: ver o capítulo 17 de *The Restoration of Order*. Trad. A. G. Brain. London, 1984. E aqueles três desencantados críticos do "socialismo realmente existente" – os pupilos de Lukács, Ferenc Fehér, Agnes Heller e György Markus –, que estão convictos de que a obra de Lênin não poderia ter sido completada sem o "totalitarismo terrorista" do sistema soviético, são capazes de introduzir sua crítica com as palavras: "Nós, os três, estamos convencidos de que o mundo precisa não de menos, mas de mais socialismo do que existe hoje" (*Dictatorship Over Needs*. Oxford, 1983, p. xiii). E "socialismo" novamente significa esta emancipação universal – aquele direito de todo homem a "fazer o que lhe é próprio" – que autorizou a destruição socialista de todas as instituições pelas quais os homens conseguiam conviver em paz com seus vizinhos – Agnes Heller, "A Radical Philosophy". In: Andras Hegedus (org.), *The Humanisation of Socialism: Writings of the Budapest School*. London, 1976.

[4] Rudolf Bahro, *The Alternative in Eastern Europe*. London, 1978.

establishment de esquerda, um ardoroso defensor dos "verdes", e o símbolo vivo da durabilidade da ideia socialista. Sua obra foi amplamente aclamada na Inglaterra, ganhou o Prêmio Memorial Isaac Deutscher, e agora é reconhecida pela Nova Esquerda por ter fornecido a base teórica para a reforma do socialismo realmente existente, diante das "forças de reação" que vigilantemente o desviam de seu verdadeiro e justificado curso. A obra de Bahro é imensamente útil, pois confirma o que a esquerda sempre suspeitou: a opressão soviética não é resultado do socialismo, mas daquelas mesmas "forças reacionárias" com as quais o intelectual ocidental está preso em combate.

Para sustentar esta visão, requer-se considerável ingenuidade intelectual. Contudo, o que logo impressiona o leitor de Bahro não é sua astuta sofisticação, mas a imensa, sufocante abstração de seu pensamento. Ler Bahro é como cair em território governado pela mão morta do socialismo realmente existente. O seu mundo é um mundo sem indivíduos, e sem o charme da vida e do empreendimento humano. É um mundo de "forças", "classes" e "movimentos", guiados pelos imperativos gris da inteligência burocrática. Em face de todo fato político, Bahro produz não a linguagem viva do encontro humano, mas a linguagem morta da lei pseudocientífica. Ele não pergunta "como os homens ganham poder?", mas nos pede para "deixar claro que a raiz do problema do governo é a questão sobre o que constitui a substância humana e histórica da capacidade para regular a estrutura social global".[5] Ele nos exorta não a abolir a tirania, mas "a liquidar a submissão e bloquear as fontes de sua reprodução".[6] E assim por diante. Este aprisionamento do pensamento nas abstrações marxistas talvez pudesse ser descartado sem maiores consequências: afinal de contas, trata-se de um alemão. No entanto, pelo contrário, isto é da maior significância. Pois a abstração é a marca da sentimentalidade. Mentiras e evasões são

---

[5] Ibidem, p. 143.
[6] Ibidem, p. 369.

mais fáceis quando se lida não com as pessoas reais, mas somente com configurações abstratas. E, para o sentimentalista, mentiras e evasões são uma parte essencial da condução rotineira da vida cotidiana. Antes de considerar as teorias de Bahro, é importante ver o processo em ação e reconhecer que o imenso aparato de seu pensamento é construído não para entender a realidade, mas para velá-la.

Tomarei apenas um exemplo, embora seja característico do todo: o exemplo dos *kulaks*. As reformas agrárias introduzidas na Rússia pelo ministro Stolypin, em 1906, produziram uma nova classe de camponeses proprietários relativamente prósperos. Esta genuína melhoria social – através da qual uma parte do campesinato russo se libertou da servidão e conquistou direitos políticos e prosperidade material – foi um grande constrangimento para os bolcheviques. Os *kulaks* eram uma prova viva da interdependência entre liberdade e propriedade privada, bem como do aumento da prosperidade que se segue quando aos homens é dado o controle individual sobre os meios de produção. Eles eram também um obstáculo para a política agrária comunista, já que, naturalmente, um servo recém-emancipado resiste à sua refeudalização. Em 1929, portanto, Stálin ordenou a "liquidação dos *kulaks*"; estima-se que dez milhões de pessoas morreram. As abstrações de Bahro obliteram a memória deste crime, de forma brilhante:

> A inesperada mudança que agora se seguiu, em direção à coletivização da economia rural sem a indústria ter preparado as bases [...] foi uma *resposta* à questão da sobrevivência da ordem não capitalista trazida à tona pelos *kulaks* à frente do campesinato. Em vista deste desenvolvimento, para o qual os bolcheviques foram *conduzidos*, a crítica que é possível com "fundamentos puramente econômicos", isto é, que todo o processo de industrialização estava longe de alcançar um potencial ótimo, só pode ter um caráter acadêmico. Sem o aparato da força que os bolcheviques puseram em movimento, a Rússia ainda seria um país camponês, muito provavelmente no caminho capitalista. E não se pode esquecer que a fraqueza política da oposição e, portanto, da alternativa hipotética que ela representou, era em si mesma parte do fenômeno

secundário da situação dada [...] [que] os camponeses eram a classe mais forte na população, e até 1928 a única classe a colher os benefícios da revolução social. Eles tinham de ser o objeto de uma segunda revolução.[7]

Em outras palavras, nenhum homem individual foi morto. Antes, uma "classe" – e aquela já mimada pelos benefícios da revolução – "trouxe a questão à tona", e como consequência tornou-se o "objeto" de uma "segunda revolução". O uso de tal linguagem mostra um surpreendente amortecimento das sensibilidades, um desdém cruel diante da realidade humana, que somente alguém dominado pela emoção sentimental pode confundir com uma honesta preocupação com a verdade.

No entanto, Bahro é um crítico do sistema soviético, e repetidamente afirma seu apoio ao "socialismo de rosto humano". Assim como muitos marxistas ocidentais, Bahro acredita que o humanismo hegeliano juvenil dos primeiros escritos de Marx revela o verdadeiro caráter moral das teorias posteriores. Uma longa seção de seu texto é, então, devotada a renovar sua fé na filosofia marxista da emancipação. O intento da revolução, de acordo com Bahro, é a "livre associação na solidariedade".[8] Mas como pode haver "solidariedade" entre aqueles que se associam livremente – entre aqueles que se associam por motivos completamente misturados (contrato, amizade, rivalidade, ciúmes, simpatia e amor), os quais governam as vidas dos seres emancipados? Essa é a questão crucial, mas Bahro nunca a confronta. É também uma questão bastante humana, concreta e imediata: falta-lhe aquela remoção do real que é a premissa da sentimentalidade de Bahro. Mais que descrever a sociedade do futuro, Bahro volta sua atenção para a sociedade do passado. Ele deseja resgatar o socialismo das acusações que podem ser levantadas contra o sistema, mas não para fazê-lo assumir a tarefa que sempre evitou – a tarefa de descrever o que ele propõe.

---

[7] Ibidem, p. 101-02.
[8] Ibidem, p. 405.

De acordo com Bahro, então, o socialismo dos bolcheviques foi desviado de seus propósitos "humanos"; e a primeira tarefa teórica é entender como isto aconteceu. A explicação, ele acredita, reside na condição retrógrada da sociedade russa à época da revolução. Como um marxista experiente – cujo apaixonado "marxolatório"[9] o impede de pensar em outros termos –, Bahro vê a Rússia de 1917 como "pré-capitalista", mesmo como uma forma do "modo de produção asiático"; essa análise coloca uma pedra no caminho de Marx. Segue-se que a linha "correta" a ser tomada para a revolução soviética não é aquela levada a termo por Stálin – envolvendo a industrialização forçada de uma economia basicamente agrícola – mas, em vez disso, aquela supostamente empreendida por Mao e, na desinformada opinião de Bahro, iniciada pelos "líderes revolucionários" do terceiro mundo. Esta – a "estrada não capitalista" ao socialismo – teria tornado desnecessárias as tendências que levaram à "submissão" burocrática do Estado soviético.

Essa visão, ainda que fosse crível, levanta uma embaraçosa questão. Se a Rússia de 1917 era pré-capitalista, então, de acordo com a teoria marxista, ela não poderia conter uma classe operária considerável. Contudo, os bolcheviques eram "representantes da classe operária"[10] e obtinham sua legitimidade disso. Por vezes, a verdade parece surgir para Bahro: os bolcheviques não buscavam representar o povo, mas controlá-lo, e sua "revolução" não era mais revolução que qualquer outro aventureiro golpe de Estado. Assim, em um ponto Bahro concede que "desde o início, a ditadura bolchevique não era menos idêntica ao governo da classe operária que a ditadura jacobina com o governo dos *sans-culottes*.[11] Mas ele se afasta desta percepção perigosa, reafirmando, sem nenhuma evidência, que "os bolcheviques

---

[9] Neologismo que abarca "marxismo" e "falatório". (N. T.)
[10] Rudolf Bahro, *The Alternative in Eastern Europe*. London, 1978, p. 83.
[11] Ibidem, p. 189.

chegaram ao poder *com* o desejo do povo".[12] Ele explica a nova burocracia não como o resultado do desejo bolchevique de controlar as pessoas que lhe resistiam, mas como um legado do passado. Os bolcheviques foram forçados, em um "estado transitório", a responder às condições pré-capitalistas da Rússia substituindo a burocracia czarista por uma nova, "de maneira a manter o gigantesco império vivo sob o novo poder, depois de ele ter sido devastado pela guerra mundial e pela guerra civil, estando famigerado e desorganizado".[13] Bahro apressa-se nesta explicação, até porque mencionar a guerra civil era lembrar de forma muito patente o fato de que a "vontade do povo" não estava com os bolcheviques. Em última análise, então, a "teoria" do desvio soviético de Bahro reduz-se a um clamor impotente e desamparado: "Quem dera o povo, especialmente aquele que pertencia ao Partido Bolchevique, apenas houvesse desejado mais intensamente e atuado mais sabiamente; se, ao contrário do socialismo realmente existente, tivéssemos o socialismo genuíno, ou, no mínimo, uma via diferente e melhor!".[14]

Mas a falha da teoria de Bahro é significativamente menor. Pois sua real motivação não é explicar eventos, mas desviar a atenção crítica. Toda a força de sua linguagem volta-se a uma radical redescrição do pesadelo socialista: extermínio, prisões, fome, a ruína de todas as associações livres e da produção – nenhum destes fatos é mencionado na análise de Bahro. O simples mal é a "burocracia", identificada explicitamente com a periclitante má administração dos czares. Bahro é indiferente à difícil situação dos indivíduos, mas é profundamente afetado pelos destino das estruturas sociais. Seu ódio da nova burocracia é um ódio dos novos privilégios, das novas disparidades, das novas hierarquias, que perpetuam a divisão do trabalho, o ganho e

---

[12] Ibidem, p. 92.
[13] Ibidem, p. 90.
[14] Ibidem, p. 139.

a recompensa. E o mal do mecanismo do partido reside não em sua tirania, mas em sua resistência à mudança, sua incapacidade para *revisar os planos*. Bahro menciona os sofrimentos da classe trabalhadora sob o socialismo – a servidão das rotinas das horas de trabalho e das cotas, a falta de instalações voltadas à educação e ao lazer, o fechar de todas as portas que distanciam o trabalhador da disciplina da produção industrial – mas esta crítica não significa nada. Pois Bahro também afirma que sob o socialismo a classe trabalhadora não existe.[15] Estes sofrimentos não são de ninguém: eles existem somente como um abstrato desequilíbrio em uma estrutura social esclerosada. Um relance do "socialismo realmente existente" poderia ter mostrado a Bahro como o modo de produção capitalista promete abolir (através da automação) o pesadelo do trabalho coletivo, como a democratização da escolha social é alcançada sob a ordem da propriedade privada, para que as velhas formas de privilégio sejam constantemente desmanteladas, e como, em uma "democracia burguesa", os partidos esclerosados como o Partido Trabalhista (Labour Party) são gradualmente eliminados da luta pela sobrevivência. Mas é um testemunho do controle exercido pelo socialismo sobre as mentes de seus filhos, o fato de Bahro não somente ver todos os problemas em termos de abstrações socialistas, mas também fracassar em perceber a solução abstrata que elas implicam. Ao contrário, ele clama por uma "nova revolução", um novo "plano", um novo sistema de "controle de cima para baixo", mesmo que seja precisamente este controle de cima para baixo – controle iniciado e mantido em uma condição de ignorância – que conduza ao pesadelo socialista.

Não deveríamos nos surpreender, então, com a natureza da solução de Bahro para os problemas que ele diagnostica. É preciso, ele diz, que "as forças da sociedade joguem uma tempestade sobre a pirâmide de poder".[16] Isto iniciará:

---

[15] Ibidem, p. 183-203.
[16] Ibidem, p. 380.

1. a liquidação da corrupção burocrática dos de cima, em todas as suas formas abertas e ocultas, sancionadas ou não;

2. a abolição do trabalho por empreitada e das normas trabalhistas;

3. a participação periódica planejada de toda administração e classe intelectual da sociedade no trabalho operário simples;

4. uma sistemática revisão das escalas de salário de acordo com critérios simples e perceptíveis [...][17]

Em outras palavras, não menos planejamento, mas novos planos, não menos burocracia, mas burocracia de um novo tipo. Mostrar o absurdo da "solução" de Bahro não é difícil. Basta colocar as questões que a discussão de Bahro da revolução bolchevique se esforça tanto para suprimir: quais são as tais "forças da sociedade", e quem as deve conduzir? Quem são os agentes individuais de mudança, por qual virtude eles exigem seu direitos, e quem deve assegurar que sua virtude persistirá na condição de privilégio emprestada pelo "controle desde cima"? Em um certo sentido, Bahro está preparado para responder essas questões. Descobrimos que os agentes em questão são "a Liga dos Comunistas", agindo como "o indivíduo coletivo".[18] (Não um indivíduo coletivo, mas o indivíduo coletivo.) Esta maravilhosa abstração – que em forma concreta equivale a precisamente esta corja de corruptos e tiranos que criaram o pesadelo realmente existente – é dotada de várias características miraculosas. É capaz de "unir todas as energias dirigidas à emancipação geral e de [...] mediar sua influência em um programa de ação que é firmemente realizado";[19] "liquidará a submissão e bloqueará as fontes de sua reprodução";[20] alcançará, ainda, a

---

[17] Ibidem, p. 382.
[18] Ibidem, p. 365.
[19] Ibidem, p. 365.
[20] Ibidem, p. 369.

"subjugação do aparato estatal da sociedade";[21] e, então, abrirá o milênio comunista. Alguém suspeitoso de algo que faz tais extraordinárias reivindicações para si mesmo deve estar seguro de que "os comunistas e o povo [...] formam juntos um bloco coeso cuja estrutura interna não pode ser descrita em termos de relação de subordinação".[22] O indivíduo humano concreto, deportado ao Gulag por tal benigna abstração, pode confortar-se com o fato de que foi a vontade revelada do povo que ordenou sua ida. Seu destino é simplesmente uma das formas surpreendentes que a "livre associação" assume sob o socialismo.

Naturalmente, quando a nova Liga dos Comunistas emergir de maneira tão harmoniosa em relação à vontade popular, a oposição não será nem necessária, nem possível. Bahro – que protestou tão vigorosamente contra a intolerância que silenciou sua dissidência – não vê necessidade em se alterar o requisito do "Estado do partido único". Quando se reconhece a pressão da mendacidade por trás das abstrações de Bahro, contudo, deixa de surpreender a "solução" que tão efetivamente garante que o problema permanecerá. Para Bahro, a "concepção do pluralismo partidário" não é mais que "uma anacrônica peça de irreflexão, que desconhece completamente o material histórico concreto em nossos países". Pois uma "pluralidade de partidos repousa em uma estrutura de classe formada por elementos sociais claramente diferentes e até contrários".[23] Pode haver partidos rivais nos "países capitalistas economicamente desenvolvidos". Mas "este complexo de partidos liquida, depois de sua vitória, a estrutura social donde emergiu, só porque ele conduz a transformação posterior e cria uma nova estrutura social".[24] Isto, por sua vez, requer "a liquidação da burguesia enquanto classe".[25]

---

[21] Ibidem, p. 371.
[22] Ibidem, p. 372.
[23] Ibidem, p. 350.
[24] Ibidem, p. 350.
[25] Ibidem, p. 351.

Por uma questão de espaço, não citarei toda a ladainha das abstrações tolas das quais tais sinistras citações foram retiradas. Mas seu tom já é claro. Partidos realmente são classes, e, então, não mais necessários quando a sociedade "sem classes" tiver sido finalmente alcançada. Além do mais, esta radical transformação da estrutura social ocorre não pela acomodação da oposição, mas por sua "liquidação"; a burguesia deve seguir, então, o mesmo caminho dos *kulaks*. O controle do pensamento único exercido pelo partido dominante é justificado não por sua virtude, mas pela ausência de toda oposição a seu comando. Se quaisquer obsoletas "frações" do velho regime permanecerem, elas devem ser "isoladas" e "expelidas das artérias vivas da sociedade".[26] Não sabemos precisamente o que estas abstrações representam em termos humanos; mas seja lá quem se encontre representado por elas, está em maus lençóis. Ao mesmo tempo, enquanto o feliz negócio da liquidação avança, o "partido" com sua "massa de seguidores dominará todos os estratos sociais como o representante geral da nova ordem",[27] exercendo sobre toda associação a influência benigna de seu plano superlativamente progressista.

Estas exortações levam-nos para o núcleo do propósito de Bahro. Pois conhecemos o tom de sua voz. Não foi o tom ouvido em 1917, quando um bando de intelectuais autointoxicados primeiro empreendeu refazer a condição humana, forçar a bagunçada realidade da sociedade humana em um molde geométrico de uma ideia abstrata? Não foi ouvido nas falas de Lênin e Stálin, enquanto travaram sua guerra a sangue-frio contra as obstinações naturais de meros indivíduos? Não foi o tom ouvido, por um período de cinquenta anos, prometendo "controlar desde cima", e exortando o partido e seus capangas a "entrar em todos os estratos sociais" e impor, sobre mortais vacilantes, os imperativos absolutos de uma mudança "irreversível"?

---

[26] Ibidem, p. 259.
[27] Ibidem, p. 259.

A lição a ser tirada de Bahro não é agradável. Seus escritos mostram em que terrível medida os intelectuais estiveram aprisionados pelo comunismo. A mente comunista sufoca toda investigação em abstrações amortecedoras e exorta-nos a agir por um propósito que ela não desvelará. Recusa discutir os fins de nossa atividade – pelo contrário, oferece-nos *slogans* reduzidos nos quais a realidade deve ser convenientemente ocultada. Exorta-nos à ação violenta; a "liquidar", "purgar", "isolar" e "expelir". Certamente não é acidental que um tal hábito de pensamento encontre um lugar seguro na burocracia; pois a burocracia nada mais é que a dedicação de uma sociedade inteira à busca de meios. É a universal recusa a entender os fins da conduta humana, a subversão universal do fim pelos meios.

É assim que até mesmo o crítico do comunismo começa a falar a linguagem do comunismo. Enquanto pretende criticar o sistema, ele proclama os mesmos desgastados *slogans* pelos quais renova sua reivindicação pelo poder. Por uma lógica interna diabólica, a linguagem de Bahro assume seu pensamento, e apresenta não a nova face da emancipação, mas a velha face da tirania, a face do próprio Stálin.

Mas não era humana a face de Stálin? O próprio Bahro admite tal qual. "Alguém pode ver", escreve ele em uma de suas mais idólatras passagens, "de suas biografias e perfis, de Lênin até Stálin (infelizmente, muitos de nós nunca viram o retrato de muitos deles), que a Rússia apresentou neles muitas de suas melhores pessoas, e é difícil imaginar qualquer elite que possa ter cumprido melhor a sua tarefa".[28] Ele está certo. O Tio Joe tinha uma face humana, e, mesmo se os esteticistas do partido tivessem um interesse super-humano nisso, não deveríamos rejeitar o pensamento de que esta é precisamente a face que o corpo socialista requer. Afinal de contas, os monstros mais repugnantes de Bosch são aqueles com a face humana.

---

[28] Ibidem, p. 81.

Capítulo 8 | Antonio Gramsci

"Gramsci foi um filósofo extraordinário, talvez um gênio, provavelmente o mais original pensador comunista do século XX na Europa Ocidental" (E. J. Hobsbawm). "Se excetuarmos os grandes protagonistas da revolução soviética, não há personagem na história do movimento operário cuja personalidade e obra tenham despertado maior interesse que Gramsci" (N. Bobbio). "Quem *realmente* tentou investigar as elaborações de Marx e Engels? Só consigo pensar em Gramsci" (L. Althusser). Tal louvor, oriundo de membros eminentes do *establishment* de esquerda, é somente uma pequena parte do tributo feito a Gramsci nos últimos anos. Aqueles que se lembram dos eventos de 1968 e seus efeitos reconhecerão que a valoração atual de Gramsci como pensador de esquerda – que levou à fundação, em Roma, de um Instituto Gramsci; à publicação de praticamente todas as suas obras póstumas; à sua inclusão em milhares de cursos universitários, como teórico político, revolucionário, crítico cultural e filósofo – não é o resultado de uns poucos artigos acadêmicos, mas de um amplo movimento de aprovação, uma espécie de ânsia por orientação moral e intelectual, que destacou Gramsci como seu objeto, e que aderiu a ele desde então. Gramsci é a criação dos anos 1960, o símbolo de uma geração ávida por liderança, mas confiante somente naqueles que estavam seguramente mortos – preferivelmente mortos, como Gramsci, na interminável luta contra o inimigo "fascista".

A ideia do herói revolucionário não é, de forma alguma, nova. Na realidade, é um dos mais interessantes paradoxos do marxismo que este tenha combinado uma teoria da história que nega a eficácia da liderança com uma prática revolucionária que depende inteiramente da liderança para seu sucesso, e que foi capaz de consolidar-se no poder somente por estabelecer hábitos de adoração ao herói revolucionário. Este paradoxo – o problema dos assim chamados "grandes homens", como Engels os descreveu – é um que Gramsci, em seus escritos teóricos, abordou diretamente. Mas ele nunca poderia pensar que um dia se ensinaria toda uma geração de estudantes a vê-lo à mesma luz e com a mesma submissão acrítica com que a ensinaram a ver Mao e Trotsky: como um líder, professor e herói das "massas revolucionárias". A canonização de Gramsci é de fato da maior importância para aqueles que viriam a compreender a evolução do pensamento de esquerda. Todo desenvolvimento teórico crítico requer uma atmosfera de "luta", tal como a que ocorreu em 1968, que ofereça os sentimentos necessários de solidariedade. Mas ele também requer uma figura de ponta, que seja herói ou mártir na causa da revolução. Para qualificar assim uma figura de ponta, não é suficiente ser um líder resoluto. É necessário também estabelecer suas credencias como um intelectual; reivindicar alguma contribuição ao "pensamento socialista", que, ao mesmo tempo, explicará e justificará seu papel crítico na prática socialista. As figuras de ponta dos movimentos da esquerda moderna foram, portanto, consistentemente apresentadas como intelectuais: o extraordinário mito concernente ao "cérebro de Lênin" é somente uma instância de um processo hagiográfico permanente, no qual os pensadores de segundo escalão (tais como o próprio Lênin) são apresentados como protótipos de inteligência e sabedoria, cujas palavras são oráculos e cujos feitos são também revelações.

Mais impressionante, talvez, que o exemplo de Lênin é o de Mao, cuja força titânica e cujo gênio militar nunca poderiam tê-lo qualificado para a posição de figura de ponta que teve, se também não tivesse sido possível crer em sua "correção teórica" e na proeza intelectual expressada nela. Desta forma, toda uma geração de estudantes foi encorajada a estudar obras de filosofia e teoria política que, julgadas de um ponto de vista exterior ao zelo hagiográfico dos admiradores de Mao, parecem ridiculamente ingênuas e repletas dos equívocos mais grosseiros. Há outros exemplos – Ho Chi Minh, Che Guevara e Stálin – mas nenhum mais ameaçador que Gramsci, para aqueles entre nós que eram estudantes nos anos 1960. Gramsci foi para os anos 1960 o que Lênin e Stálin foram para os anos 1930 e 1940: ele convenceu seus seguidores de que a prática revolucionária e a correção teórica são preocupações idênticas; de que o aprendizado traz a sabedoria; e de que a sabedoria é revolucionária. Ou seja, ele mostrou que os de esquerda são intelectuais, e que os intelectuais de esquerda têm o direito de legislar.

Esta ilusão gnóstica – bem diagnosticada por Eric Voegelin[1] – está na raiz do apelo emocional do esquerdismo na Itália. Pois não somente é uma "casta" profundamente enraizada na cultura italiana nacional; há também um sentimento de que não apenas a liderança é necessária, mas também de que ela só pode obter suas credenciais da educação, e não de qualquer outra fonte. Com uma franqueza surpreendente para um marxista mais ortodoxo, Gramsci devota uma considerável parte de sua obra ao estudo do papel dos intelectuais, admitindo diretamente que eles são não apenas os verdadeiros agentes da revolução, mas também que devem sua legitimidade à "correção" de suas visões.[2] Ele assim sustenta uma das premissas indispensáveis do esquerdismo moderno: a premissa segundo a qual, em virtude de meu conhecimento e inteligência superiores, eu, o intelectual crítico, tenho o direito de legislar sobre você, o homem que meramente prejulga. Em tal pensamento reside a inspiração central

---

[1] Eric Voegelin, *Science, Politics and Gnosticism*. Chicago, 1968.

[2] Q. Hoare e G. Nowell-Smith (org. e trad.), *Selections from the Prison Notebooks*. London, 1971, p. 425 ss.

da hagiografia marxista, que – enquanto dirige alguma atenção a esconder os crimes e enobrecer os motivos de seus figurões escolhidos – está tão preocupada em estabelecer suas credenciais intelectuais quanto em glorificar seus feitos.

A súbita canonização de Gramsci depende de certas características de seu destino que o tornaram mais que simplesmente útil aos revolucionários sentimentais dos anos 1960. Primeiro, ele estava morto, e então, como indiquei, incapaz de enganar por meio de sua fraqueza ou abalar por sua força. Os revolucionários dos anos 1960 certamente mantiveram sua fé inamovível em Mao, e, por extraordinárias contorções, foram capazes de ver a "revolução cultural" como algo mais que uma guerra contra o intelecto. Mas eles mal perceberam que não se deve confiar que os líderes intelectuais respeitem seus seguidores intelectuais. Stálin foi desmascarado, e certa suspeita começou a cair sobre Lênin. É verdade que sempre houve Trotsky, mas Gramsci possuía uma vantagem de que Trotsky não poderia lançar mão: ele não apenas estava morto, mas havia morrido na luta contra o fascismo. É um atestado do extraordinário sucesso da propaganda comunista ela ser capaz de persuadir os intelectuais ocidentais médios de que o fascismo e o comunismo são excludentes, opostos, e de que há uma escala única de ideologia política distanciando a "extrema esquerda" da "extrema direita". Assim, enquanto na verdade o comunismo está na extrema esquerda, é simplesmente mais uma fase ao longo da estrada que todos os intelectuais devem tomar, na medida em que estão opostos ao verdadeiro mal de nossos tempos, a visão de "extrema direita" do inimigo fascista.

É talvez mais fácil para um inglês que para um italiano enxergar esta perniciosa tolice e perceber o que ela pretende velar: a profunda similaridade estrutural entre fascismo e comunismo, tanto na teoria quanto na prática, e seu comum antagonismo às formas de governo constitucional, que são o intento e a realização dos Estados europeus. Mesmo se aceitamos a identificação – altamente fortuita – do nacional-socialismo com o fascismo italiano, falar de um ou de outro como o oposto político verdadeiro do comunismo é cair em uma ingenuidade perigosa. Comunismo, assim como fascismo, envolve a tentativa de criar um movimento popular de massa unido a um Estado submetido à regra do partido único, no qual haverá total coesão para o objetivo comum. Isto exige a eliminação da oposição, por quaisquer meios, e a substituição da disputa ordenada entre partidos pela "discussão" clandestina dentro dos limites de uma única elite dominante. Envolve tomar conta – em "nome do povo" – dos meios de comunicação e educação, bem como implantar um princípio de comando sobre a economia. Ambos os movimentos consideram a lei muito falível, e os parâmetros constitucionais muito irrelevantes – pois são essencialmente "revolucionários", governados desde cima por uma "disciplina de ferro". Ambos buscam um novo tipo de ordem social, não mediada por instituições, e exemplificando uma coesão fraterna e imediata. E na busca desta associação ideal – chamada de *fascio* pelos socialistas italianos do século XIX – cada movimento cria uma forma de governo militar, envolvendo a mobilização constante e total de toda a população,[3] que não pode mais fazer nem mesmo as coisas aparentemente mais pacíficas – comer, andar, rezar ou se encontrar – exceto no espírito da guerra. A diferença mais importante, historicamente, é que enquanto os governos fascistas mais frequentemente chegaram ao poder pela eleição democrática, os governos comunistas sempre o fizeram por meio de um golpe de Estado.

A réplica seria que o comunismo talvez seja assim na prática, mas somente porque a prática traiu a teoria. É claro, o mesmo poderia ser dito do fascismo; mas foi uma importante estratégia da esquerda – e o maior componente da propaganda soviética pós-guerra – contrastar um comunismo puramente teórico com o fascismo

---

[3] Sobre a importância da mobilização na instauração da política totalitária, ver Leonard Schapiro, *Totalitarianism*. London, 1972, p. 38-39.

"realmente existente", de forma a reforçar a visão de que o comunismo e o fascismo são opostos. Assim, uma promessa de paraíso é contrastada com a realidade do inferno. Há uma proposta dual aqui. Não somente isso ajuda a associar à causa da revolução todos aqueles que estiveram envolvidos na "luta contra o fascismo"; também reforça um hábito intelectual independente, sem o qual muita propaganda comunista seria totalmente ineficaz – o hábito de pensar em dicotomias, de representar tudo como um "ou/ou", de induzir o pensamento, por quaisquer meios, de que aqueles que não estão conosco estão contra nós.[4]

Este hábito de pensamento – essencialmente subversivo ao processo político – não é uma consequência acidental da reflexão marxista. Pelo contrário, quando Lênin anunciou que *"a única escolha é:* ou a ideologia burguesa ou a socialista; não há meio-termo",[5] ele meramente traduziu em um *slogan* de combate a teoria marxista da luta de classes. Sua frase foi ecoada pelo líder socialista francês Jean Jaurès: "Nenhuma força social pode permanecer neutra quando um grande movimento está em curso. Se eles não estão conosco, eles estarão contra nós".[6] Portanto, prossegue Jaurès, os camponeses "devem desejar vender sua produção no mercado comum" – isto é, em termos ditados pelos socialistas. Em qualquer outro evento, eles se juntarão com o "inimigo". A mesma postura ameaçadora ("você *deve* desejar") pode ser vista em todo lugar nos primeiros escritos de Gramsci[7]

---

[4] Este modo de pensamento é brilhantemente descrito por Petr Fidelius (pseudônimo), *Jazyk a Moc* ("Language and Power"). München, 1983. Ver também, do mesmo autor, "Totalitarian Language". *The Salisbury Review*, vol. 2, n. 2, 1984, p. 33-35.

[5] V. I. Lênin, "What is to be done?" (1902). In: *Selected Works*, vol. 1. Moscow, 1977, p. 121-22.

[6] Jean Jaurès, *Studies in Socialism*. Trad. Mildred Mintum. 2. ed. London, 1908, p. 124.

[7] Ver especialmente as comunicações do Congresso de Lyon, em *Selections from the Political Writings, 1921-26*. Ed. e trad. Q. Hoare. London, 1978, p. 313-78.

e está sintetizada no *slogan* com o qual ele, pela primeira vez, conduziu o Partido Comunista Italiano na batalha contra Mussolini – o *slogan* "entre o fascismo e o comunismo não há caminho do meio", com cuja percepção Mussolini, sendo um intelectual de modelo semelhante, estava disposto a concordar.

Contudo, há outra razão para a canonização de Gramsci. Ele ofereceu a teoria que prometeu ao mesmo tempo resolver o problema dos "tão falados grandes homens" e estabelecer o direito do intelectual à ascendência política. Em *The Modern Prince*, como também em outros escritos dos seus anos de cadeia,[8] ele simplesmente desistiu de reiterar os gastos *slogans* do leninismo e devotou-se para o que é, na verdade, a tarefa crítica do político marxista – reconciliar a teoria marxista da história e da sociedade com uma filosofia da ação. Em outras palavras, ele buscou efetivar a transição da interpretação à transformação.

Gramsci referia-se à sua teoria como a "filosofia da práxis", e assumiu ser um desdobramento do marxismo. A teoria emergiu em oposição ao "materialismo vulgar" de Bukharin e à popular e influente versão da teoria da história de Marx que Bukharin tipificou.[9] Se a "base" determina a "superestrutura" – em outras palavras, se as obras do espírito são as derivações das transformações econômicas que elas não controlam – que lugar há para a ação política (e especialmente revolucionária)? E se a base move-se inelutavelmente em obediência ao crescimento das forças produtivas, como pode um sistema social sobreviver ao ponto em que entra em conflito com seu próprio crescimento? Como, por exemplo, pode a ordem capitalista sobreviver ao ponto em que ela começa a "emperrar" as forças produtivas? Estes

---

[8] Em *Selections from the Prison Notebooks* e também em *The Modern Prince and Other Writings*, editado pelo Instituto Gramsci de Roma. Trad. L. Marks. New York, 1957.

[9] N. I. Bukharin, *Historical Materialism, a System of Sociology*. Moscow, 1921.

problemas bem conhecidos instigaram a teoria da "hegemonia"[10] de Gramsci. Uma ordem social pode sobreviver através de crises, ele argumentou, por causa da natureza complexa da dominação de classe. Sob o capitalismo, a classe burguesa sustenta o poder não somente porque controla os meios de produção, mas também por que ela estabelece uma "hegemonia" sobre toda a sociedade civil e o Estado, reservando para si mesma os órgãos do governo e as posições-chaves de influência em todas as instituições da sociedade civil. Religião, educação, comunicação, quer dizer, toda atividade que traz embutida a ordem social existente recai sob o regime do controle burguês. Os resultados desta hegemonia são duplos. Primeiro, ela permite a uma classe exercer (conscientemente ou não) uma vontade política concertada, e, então, controlar os efeitos de uma crise econômica, e garantir a sobrevivência da ordem social da qual deriva seu poder. Segundo, ela coloca nas mãos de uma classe dominante os instrumentos de educação e doutrinação, pelos quais ela pode persuadir as outras classes a aceitar seu governo como natural e legítimo. Assim, os sacerdotes, ao inculcar os hábitos de obediência à autoridade, e por disfarçar todas as instituições existentes em um manto de ordenação divina, induzem a massa do povo a aceitar a ordem política que os governa. Em virtude dessa influência dual, a classe dominante pode empenhar-se por si mesma em superar as pressões que advêm da base econômica. Mudanças na superestrutura não são, portanto, determinadas somente pelas mudanças na base: a causalidade é, de fato, recíproca. Em outras palavras, a teoria marxista da história, que explica todo desenvolvimento histórico em termos econômicos, é falsa. O desenvolvimento histórico é tanto o resultado da vontade política (como

---

[10] Esta teoria deriva dos escritos da prisão e é apresentada em *The Modern Prince* e em outros escritos. A linguagem de Gramsci deixa muito claro que ele sempre tivera em mente o celebrado prefácio a *A Critique of Political Economy*, no qual Marx apresenta de forma aforística o esboço completo de sua teoria da história.

nossos historiadores "burgueses" sempre insistiram) quanto o resultado das transformações "materiais".

É claro, Gramsci não coloca isto deste modo – ele fala de uma relação "dialética" entre superestrutura e base,[11] usando, assim, o jargão marxista de forma a mascarar seu profundo acordo com a proposição fundamental do conservadorismo, a proposição de que a história não está do lado de ninguém. No entanto, a refutação de Gramsci do determinismo marxista é igualmente fundamental para sua própria "filosofia da práxis". Ela lhe permitiu fazer o que o marxismo clássico não pôde reabilitar a esfera política. A política é não mais uma resposta às forças econômicas que brotam da terra, mas um princípio ativo de mudança, que pode colocar-se contra aquelas forças e aplacá-las ou controlá-las. A política comunista envolverá a substituição sistemática da hegemonia dominante. Assim, a superestrutura será transformada de forma gradual, ao ponto em que a nova ordem social, cuja emergência foi permanentemente bloqueada pela velha hegemonia, pode finalmente de vir à tona sob seu próprio impulso. Este processo é chamado de "revolução passiva", e pode ser realizado somente pela conjunção de duas forças: a exercida de cima pelos comunistas intelectuais, que gradualmente deslocam a hegemonia da burguesia, e aquela exercida de baixo pelas "massas", que carregam em si mesmas a nova ordem social que cresce por seu trabalho. A transformação ocorre somente quando estas forças agem em harmonia, como um "bloco histórico": e o papel do partido é produzir esta harmonia, ao unir os intelectuais às massas em uma só força disciplinada. Este partido é o "Príncipe moderno", o único agente da mudança política verdadeira, que pode transformar a sociedade somente porque absorve em sua ação coletiva todas as menores ações da *intelligentsia*, e combina-se com a força das massas

---

[11] Ver também as discussões em Joseph V. Famia, *Gramsci's Political Thought*. Oxford, 1981, cap. 3.

proletárias, dando força a uma e orientação a outra. Assim, o partido deve ser integrado à sociedade civil – ele deve gradualmente impor sua influência em toda a sociedade e, na realidade, substituir toda organização que sustenta alguma posição dentro da hegemonia da influência política.

Gramsci pensava que este tipo de infiltração sistemática precipitaria a abolição do Estado. Os intelectuais comunistas e as massas estão, acreditava ele, vinculados por uma simpatia instintiva; isto removeria a necessidade do governo coercitivo e colocaria em seu lugar, por consenso, um governo ideal.[12] Assim como muitos intelectuais da esquerda, Gramsci não analisa este governo ideal (esta "administração das coisas", como Marx a descreveu). Ele, então, perde todo o poder de persuadir seu oponente, que é cético precisamente com relação aos *fins* do comunismo e não tem dúvida sobre os meios. Para o realista que pergunta como, nesta sociedade do futuro, conflitos devem ser acomodados ou resolvidos, Gramsci não tem resposta. Pois o comunista divide com o fascista um desprezo primordial pela oposição: a proposta da política não é viver com a oposição, mas liquidá-la. A questão da oposição é, no entanto, a mais importante questão da política moderna. Conflitos entre indivíduos levam, pela livre associação, a conflitos entre grupos, a rivalidades e facções, que inevitavelmente se expressam em competição por poder. Como essa competição pode ser acomodada? Em particular, como o Partido Comunista responde à oposição a seu governo? Conhecemos a predição leninista: não haverá oposição. E conhecemos também o método stalinista no qual tal predição se verificou.

A questão é absolutamente crucial para um "marxista humanista" que busca, como Gramsci, uma política que seja adaptada à realidade humana. Gramsci presume que as massas estarão unidas

---

[12] Ver, por exemplo, a carta para Tania (2 de maio de 1932) em *Letters from Prison*. Ed. e trad. Lynne Lawner, p. 234-35.

atrás dos intelectuais. Ao mesmo tempo, ele está ciente dos vários milhões (que por alguma razão não devem ser incluídos nas "massas") que alimentaram o fascismo com o tipo de suporte de massas que o comunismo nunca alcançou. E é na verdade a própria *realidade* histórica do fascismo que mostra a incoerência do sonho comunista – o sonho de uma sociedade sem conflito e oposição, não porque o primeiro é resolvido e o segundo acomodado, mas porque nenhuma das "condições" foram obtidas. Presume-se que as condições de conflito são sociais, e modificáveis, dependentes das "relações antagônicas de produção", estas relações contra as quais os marxistas tudo objetam. Mas se as condições de conflito residem, como elas evidentemente o fazem, na natureza humana, então ter esperanças por sua remoção é acalentar uma esperança inumana e ser levado a uma ação inumana.

O apelo da teoria política de Gramsci é evidente. Ela oferece a completa justificação para o intelectual de esquerda em sua ânsia por poder. A revolução, de acordo com Gramsci, não é uma força ineluctável que nos empolga, mas uma *ação*, levada a cabo por indivíduos heroicos. Além disso, o intelectual não precisa imergir no proletariado de forma a trabalhar pela revolução. Pelo contrário, ele pode tranquilamente seguir comodamente em qualquer cargo político ao qual tenha sido convidado, e trabalhar para a queda da hegemonia "burguesa" enquanto aproveita seus frutos. Uma tal filosofia é extremamente útil para o intelectual – cujas visão e paciência seriam severamente desafiadas fora da universidade – e é a filosofia natural da revolução estudantil. Adicione-se a isto a fascinante dicotomia do comunismo e fascismo – dicotomia ilustrada pela própria vida heroica de Gramsci –, e a imagem está completa. Um inimigo está identificado, uma "luta" definida e uma teoria oferecida, que mostra que, para lutar com os heróis, é preciso apenas permanecer no próprio posto.

Mas tudo isto – ainda que possa ser agradável para o homem que busca a "práxis indolor" – levanta considerável dúvida para as credenciais marxistas de Gramsci. Pois Gramsci não está simplesmente recomendando uma nova sociedade de classes, com o partido como um "rei filósofo" coletivo e com os intelectuais aproveitando os privilégios que uma vez foram usufruídos pelos oponentes "burgueses"? Em diversas passagens nos *Cadernos do Cárcere*, Gramsci enfrenta essa questão, argumentando, primeiro, que os intelectuais não são uma classe, e, depois, que os intelectuais, em virtude de seu papel educativo, serão capazes de persuadir as massas a aceitarem seu domínio, que então será inteiramente desprovido de uma base coercitiva.[13] Nenhum argumento é plausível, e o tortuoso raciocínio que o sustenta quase não esconde a consciência de Gramsci de que é isso mesmo. Pois a teoria da hegemonia implica a rejeição da definição econômica de classe apresentada por Marx – ou, no mínimo, ela implica o reconhecimento de que agentes coletivos existem, os quais têm o poder concedido às classes pelo marxismo, e, ainda, de que são formados precisamente pela unidade de seus propósitos, a qual caracteriza (na visão de Gramsci) a elite intelectual. Mais, a capacidade de uma classe dominante de persuadir as massas (através de seus braços sacerdotais) a aceitarem seu domínio é precisamente o molde de uma "sociedade de classes" que Gramsci desejou apresentar e analisar. Por que o novo sacerdócio é de algum modo diferente, em seus moldes estruturais, do velho? Em particular, por que é melhor para as massas serem dominadas por uma elite intelectual do que por uma hegemonia de burgueses honestos? A teoria do "partido como Príncipe" torna completamente claro que o futuro comunista exigirá uma disposição imensa do poder político por parte daqueles nomeados a "administrar" coisas. Argumentar que o poder não é exercido *sobre* as massas, só porque as massas devem aceitar e

---

[13] Ver, por exemplo, a passagem crucial "The Formations of Intellectuals". In: *The Modern Prince and Other Writings,* p. 118-25.

cooperar com ele, é tornar-se a vítima daquela ideologia burguesa que o marxismo científico intenta arruinar.

Para ser justo, tais problemas não são discutidos por Gramsci nos *Cadernos* com a assiduidade e coerência que lhe permitiriam resolvê--los. O melhor que poderia ser dito é que ele os mergulhou em uma tal obscuridade literária, suficiente para permitir ao crente encontrar qualquer resposta que eles possam atualmente exigir. Mas é interessante voltar e olhar para a teoria original de Gramsci sobre o partido. Os primeiros escritos de Gramsci mostram que ele dominou duas importantes verdades: primeiro, que há intelectuais que são ativos anticomunistas; e segundo, que há muitos não intelectuais que estão preparados a serem conduzidos por esses, em oposição aos objetivos do Partido Comunista. Ele inventou uma classe pela qual estas recalcitrantes pessoas poderiam ser designadas e, já que elas deviam ser rigorosamente excluídas das "massas" irrepreocháveis, elas teriam de ser membros da burguesia. Aqui nasceu a absurda teoria da natureza "burguesa" do fascismo – ou, antes, já que era muito claramente o caso de as ordens mais baixas da sociedade estarem mais dispostas a seguir o rival intelectual de Gramsci, Mussolini, a natureza "pequeno--burguesa" da ameaça fascista:

> O que é o fascismo italiano? É a insurreição dos estratos mais baixos da burguesia italiana, o estrato dos inúteis, dos ignorantes, dos aventureiros para os quais a guerra deu a ilusão de serem bons para alguma coisa e de necessariamente servirem para alguma coisa, que foram levados pelo estado de decadência moral e política [...][14]

Gramsci iniciou, assim, um padrão de evasão comunista: um vasto movimento popular que é anticomunista nunca é um movimento de "massas", ao passo que um golpe de Estado por intelectuais comunistas é sempre apoiado pelas "massas", não importa a força e a natureza da oposição. Movimentos como o fascismo são movimentos

---

[14] *L'Ordine Nuovo*, 11 de março de 1921.

da "pequena-burguesia" – e quão frequentemente encontramos esta bobagem nas páginas de nossos mais escrupulosos historiadores, quando escrevem sobre a ascensão de Hitler ao poder? James Joll escreve que Gramsci acreditou que o regime fascista não tinha uma base de classe (e por isso não era genuinamente "revolucionário").[15] Pelo contrário, Gramsci acreditou que, precisamente porque chegou ao poder, o fascismo deveria ter tal base. Ele inventou um nome para esta classe alienígena que, a despeito do fato de ter abarcado a maioria dos italianos, deveria ser considerada muito distinta das "massas", uma mera "fração" da oposição que, no final da luta de classes, seria certamente liquidada. E ele estudou a estrutura do partido que tinha chegado ao poder, guiado por um intelectual. Ele aprendeu a lição dos fascistas, a lição do "corporativismo" – que é a verdadeiramente original para a sua teoria da "hegemonia". A sociedade, ele percebeu, é composta por uma centena de pequenas instituições, de associações, de padrões de comunicação e reação. Ir atrás de cada um destes e impor sobre eles – salvaguardando o poder hegemônico que elas contêm – a disciplina de ferro da liderança do partido: este é o segredo da política. Isto é o que levou os fascistas ao poder e o que formou, pela primeira vez desde o nascimento do moderno Estado italiano, aquela unidade em busca de um propósito comum que deu forma e coerência para a massa de seguidores, bem como poder e princípio para a vanguarda do partido que os governou.

Em suma, a teoria dos *Cadernos do Cárcere* é a verdadeira teoria do fascismo: do poder que tomou conta da ambição de Gramsci, ao percebê-lo em outras mãos. Quando, em um de seus primeiros artigos,[16] Gramsci descreveu o proletariado como o modelo de uma unidade ideal, uma *fascio*, ele antecipou em sua esperança precisamente a forma da ordem social que foi mais tarde alcançada pelo

---

[15] James Joll, *Gramsci*. London, Fontana Modern Masters, 1977, p. 58.
[16] Citado em Joll, op. cit., p. 33.

seu rival. A filosofia da práxis – assim como o "dinamismo" filosófico de Mussolini e, como esta filosofia, muito influenciada por George Sorel – mantém seu charme para o intelectual precisamente porque lhe promete ao mesmo tempo o poder sobre as massas e uma unidade mística com elas. Mas esta é a promessa do fascismo, e se a esquerda precisa constantemente identificar o fascista como seu único inimigo, nós não precisamos de maiores explicações. Pois há modo melhor de esconder as intenções de alguém que as descreva como as intenções de seu inimigo?

Capítulo 9 | Louis Althusser

O entusiasmo esquerdista que arrebatou as instituições de ensino nos anos 1960 foi uma das mais eficazes revoluções intelectuais na história recente, e recebeu um tal apoio daqueles afetados por ele que pode ser comparável a poucas revoluções no mundo da política. Para uma bem-aventurada década, acadêmicos e estudantes enlouqueceram com fantasias de libertação, arremessando para longe suas tradicionais disciplinas e forjando novos laços, novas instituições e novas ortodoxias para além da matéria-prima do conhecimento. Esta foi a era da "produção intelectual", na qual a identidade do estudante, como membro honorário da classe trabalhadora, foi estabelecida – precisamente quando a real classe trabalhadora estava desaparecendo da história e sua sobrevivência poderia ser garantida somente nesta forma teatral.[1]

Enquanto toda revolução é essencialmente inquestionável – sendo uma comoção causada quando novas convicções preenchem um vazio que não pode mais ser tolerado –, é raro que uma

---

[1] Ao menos um revolucionário de Maio de 68 – André Gorz – percebeu na ocasião que a classe trabalhadora tinha efetivamente desaparecido, precisamente no momento em que os "intelectuais" faziam seu maior esforço para unir-se a ela. Compare seu *Revolution and Socialism*. Trad. N. Denny. New York, 1973; London, 1975; originalmente *Le Socialisme Difficile*. Paris, 1967 – uma enlouquecida exposição da versão de *Temps Modernes* da revolução estudantil – com seu recente *Adieu au Prolétariat*. Paris, 1984, uma renúncia melancólica do caminho revolucionário.

revolução apresente tão claramente o fato. Esta foi uma revolução conduzida em condições de laboratório, que dificilmente deu um passo fora do *campus*. Pela primeira vez, foi possível observar a "consciência revolucionária" tão de perto, ao mesmo tempo que não se corria risco de violência alguma, senão a das palavras. Foi possível, em particular, observar quão rápida e habilmente a mensagem de esquerda transformou-se em dogma e quão energicamente os novos revolucionários chegaram ao ponto de inventarem questões espúrias, controvérsias estéreis e pedantismos secretos, com os quais desviaram toda investigação intelectual das questões fundamentais que – oriundas da necessidade emocional – haviam sido clamadas em seu favor. Este "teologizar" da literatura de esquerda foi conduzido na Inglaterra pelas páginas da *New Left Review*, sob a editoria impressionante de Perry Anderson, e também através das casas editoriais associadas a ela, que começaram a trazer traduções dos novos marxistas continentais: Adorno, Horkheimer, Gramsci, Goldmann, Brus e muitos outros.

Um escritor em particular destaca-se entre estas figuras, como prova da capacidade heroica dos novos revolucionários para o tédio virtuoso. Os jovens dos anos 1960 e 1970 voluntariamente se sujeitariam a doses sobre-humanas de *nonsense*, contanto que estas servissem para aprofundar e confirmar sua percepção de que não poderia haver alternativa para o marxismo, e que era o marxismo que ditava a linguagem na qual toda "alternativa viável" é expressada. O escritor em questão é Louis Althusser, em cuja obra emergem, pela primeira vez, as novas espécies do dogma marxista: uma teoria, ou melhor, uma metateoria, que se reproduz em parágrafos alucinantes, em *forma* de dogma, enquanto procura meticulosamente velar seu conteúdo. Um tal metadogma, como se poderia chamá-lo, pretende uma tal sofisticação metodológica que o coloque fora do alcance de qualquer crítica de pontos de vista que não o seu próprio.

Ao examinar os escritos de Althusser, exploraremos uma das mais importantes expressões da teologia revolucionária e um modelo da nova linguagem revolucionária, sobre os quais nenhum questionamento pode ser colocado, e nenhuma resposta oferecida, exceto em termos que são pouco inteligíveis àqueles que renunciaram sua capacidade de pensar fora deles. Ou seja, nós nos confrontaremos com um tipo de doença mental, uma versão da "sedução da inteligência por meio da linguagem" de Wittgenstein. Para que o leitor não duvide da necessidade de tal confronto, vale mencionar que a influência de Althusser nos círculos marxistas contemporâneos não tem rival, que seus escritos proféticos permanecem um padrão em textos universitários em vários departamentos de filosofia e política, e que mesmo em 1978 ele foi considerado suficientemente importante para ser objeto de uma polêmica de duzentas páginas de E. P. Thompson (*The Poverty of Theory*). Mais ainda, os escritos de Althusser exemplificam, em seu modo não só peculiar, mas ricamente instrutivo, uma evasão que se mostrou decisiva na criação da ortodoxia de esquerda. Eles nem se vinculam com críticas do marxismo feitas por aqueles que estão fora do campo marxista, nem reconhecem a existência delas; tampouco eles reconhecem qualquer tradição real de pensamento social e político que não comece, em seus primórdios, com Hegel, ou que não traga, desde sua concepção, a estampa do dogma marxista em vista do que pretende. Quase toda objeção séria à teoria e à prática do marxismo de Althusser permanece calada. Mas sua quietude é eloquente e exige que nos esforcemos em interpretá-la.

Antes de começar, é útil considerar um exemplo do silêncio de Althusser: aquele concernente à teoria do valor do trabalho. Althusser não está sozinho em crer que este é um dos maiores princípios teóricos de *O Capital*, e em reconhecer que suas implicações para a economia, a política, a filosofia e a história são de tão longo alcance quanto qualquer outra coisa em Marx. Se isso fosse verdadeiro, a teoria transformaria todo conhecimento social, econômico e histórico. Contudo, parece ser falso. Antes, em resenhas contemporâneas da grande obra de Marx, os primeiros marginalistas já apontavam seus defeitos. Às suas críticas eram adicionadas aquelas da escola austríaca, de von Böhm-Bawerk e von Mises. Parece, por exemplo, que a teoria não consegue justificar as rendas escassas e que ela depende crucialmente de uma redução de diferenças qualitativas de trabalho para diferenças quantitativas – uma redução que poderia ser levada a cabo somente ao se abandonar os termos da própria teoria. E nos últimos cinquenta anos, tornou-se amplamente aceito que é impossível construir uma teoria do preço (ou do "valor de troca") que – como a teoria do trabalho – não faça referência à demanda como uma variável independente. Em quase nenhuma faculdade de Economia no Ocidente a teoria do trabalho é agora ensinada como uma explicação defensável do preço,[2] e mesmo no Oriente o que é ensinado em seu nome é amplamente reconhecido como sendo só a aparência de uma teoria. Houve, é claro, aqueles que desejaram defender a teoria. Economistas tais como Morishima, seguindo a dianteira de Piero Sraffa em *Production of Commodities by Means of Commodities* (1960), tentaram ressuscitar alguns dos princípios centrais da economia política marxista. Novamente, contudo, argumentou-se poderosamente (por Ian Steedman, *Marx after Sraffa*, 1977) que os pontos válidos da economia marxista podem ser usados precisamente para se *abrir mão* da teoria do valor de trabalho.

Althusser louva a teoria do trabalho e pretende ser persuadido por ela. O que então ele faz de toda esta copiosa e desafiadora literatura? A resposta é: precisamente nada. Já que ela começa e termina

---

[2] Há exceções, já que marxistas dogmáticos, de tempos em tempos, no curso natural da luta pela sobrevivência, de fato têm influência nos departamentos econômicos. Um exemplo interessante é o de Ben Fine, marxista cujos escritos neste campo floresceram diretamente de concepções da Nova Esquerda e que conseguiu tornar o estudo da economia marxista compulsório no mestrado do Birkbeck College, em Londres: ver R. Scruton, D. O'Keeffe e A. Ellis-Jones, *Education and Indoctrination*. London, 1985, p. 30-32.

com uma nota de refutação conclusiva, Althusser faz de conta que essa literatura não existe. Em vez de voltar-se a ela, ele prefere discordar, com observações críticas apressadas, de seus companheiros dogmáticos – Della Volpe e sua escola, o teórico soviético Ilienkov e "numerosos acadêmicos dos países socialistas".[3] Ele não faz uma pausa para nos contar o que estes escritores dizem, mas ele os coloca diante de nós como acessórios de cena enigmáticos, a serem interpretados como bem quisermos, ou de acordo com uma peça na qual ele sozinho é o ator principal. O trecho a seguir é típico:

> Não é caluniar a obra de Rosenthal reconhecê-la, em parte, como sem pertinência, já que ela meramente parafraseia a linguagem com a qual Marx designa seu objeto e suas operações teóricas, sem supor que a própria linguagem de Marx poderia estar aberta a essa questão.[4]

Qual questão? Você buscará em vão a resposta no texto. A sentença é meramente um gesto airoso, fingindo uma autoridade que está além de sua competência intelectual, e em todo caso despreocupada com as possibilidades de desacordo. Para o escritor que escolheu discutir somente com seus amigos, tais gestos parecem mais insultos camaradas lançados a uma confraria que sinais de verdadeira oposição.

O desacordo, quando aparece, toma a forma de total hostilidade, dirigida ao inimigo inominado, mas cruamente caracterizado:

> Sabendo que O Capital estava sob a égide ideológica política radical imposta pelos economistas e historiadores burgueses por oitenta anos, podemos imaginar o destino reservado para ele na filosofia acadêmica![5]

Para isso a resposta correta é: *nonsense*! A leitura atenta d'O Capital por aqueles economistas "burgueses" é precisamente o

---

[3] L. Althusser, *Reading Capital*, com uma sequência de E. Balibar. Trad. Ben Brewster. London, 1970, p. 77.
[4] Ibidem, p. 77.
[5] Ibidem, p. 76.

que levou à refutação de muitos de seus princípios centrais. Para Althusser, uma tal verdade não deve ser mencionada, e sim mantida à distância, silenciada por uma maldição ritual. Todo o exagero de seu estilo está relacionado à crença de que os textos de Marx têm um caráter sagrado e não podem ser debatidos nem entendidos, exceto por aqueles que já aceitaram – seja lá por que ato de fé – suas conclusões centrais. De que outra maneira devemos interpretar passagens tais como a seguinte?

> [....] Este estudo (d'*O Capital*) [...] só é possível dada uma referência constante e dupla: a identificação e o conhecimento do objeto da filosofia marxista em ação n'*O Capital* pressupõe a identificação e o conhecimento da diferença específica do objeto d'*O Capital* ele mesmo – que, por sua vez, pressupõe o recurso à filosofia marxista, e demanda seu desenvolvimento. Não é possível ler *O Capital* apropriadamente sem a ajuda da filosofia marxista, que deve ser lida, simultaneamente, n'*O Capital*.[6]

É difícil entender o sentido, mas nem um pouco difícil discernir o propósito de uma passagem como essa. A primeira frase deixa o leitor no escuro. Parece acusar-lhe de uma falta de agudeza, mas, ao mesmo tempo – com suas tecnicalidades e sua aura de argumento –, promete uma eventual iluminação. A segunda frase oferece a "conclusão" que o leitor deve tomar como "justificada". Em termos claros, a conclusão é esta: você pode entender *O Capital* somente se já acredita nele. Este é o critério da fé religiosa, que está lacrada inviolavelmente dentro do solitário pensamento de sua própria validade – o pensamento do tipo "eu entendo porque acredito". Para a mente científica, a crença é a consequência, e não a causa do entendimento. Mas é precisamente a falha científica do marxismo que exige o empreendimento de Althusser – esta sacralização dos textos de Marx e a transformação de seu conteúdo em dogma revelado.

---

[6] Ibidem, p. 75.

A peculiaridade estilística de Althusser é indicada nessas últimas duas palavras. Para Althusser, o dogma é "revelado" por ser velado. É o ato de velar, dentro de estruturas intelectuais de opacidade impenetrável, que garante a verdade de toda revelação. Os axiomas da teoria marxista aparecem na prosa de Althusser como lampejos que cegam numa total escuridão, em meio a nuvens cinzentas. Esta "visível escuridão" é como um negativo fotográfico, e Althusser afirma que há um processo que o reverterá, levando luz à escuridão e sentido àquilo que não tem sentido. Ler *O Capital*, insiste ele, olhar esse texto, olhar para ele com intenção, segurá-lo de ponta-cabeça, pelo lado, alto em direção ao céu, mas nunca afastar os olhos dele. Aí, e somente aí, ocorrerá a grande reversão.

Ao mesmo tempo, não é a reversão que é exigida do crente, mas a "revelação negativa" que a precede e que efetua a sacralização do texto de Marx. A verdadeira revelação consiste no *credo quia absurdum* do devoto althusseriano, que vê escuridão por toda a parte e então retorna ao texto marxista, de forma a converter tal escuridão em luz.

Naturalmente, nada disso seria capaz de atrair um seguidor sério, se não fosse possível vislumbrar as sombrias formas de teorias e atitudes na escuridão que nos rodeia. Althusser sustenta seu metadogma, então, com o que é, em efeito, a desencarnada forma de uma teoria marxista. Isto é apresentado em *For Marx* (1965)[7] e subsequentemente "assumido" – na medida em que nada mais, nada menos do que tudo é assumido – na obra que venho citando, *Reading Capital* (1968). É importante entender a natureza e o propósito desta metateoria, se quisermos entender a importância que Althusser teria para os estudantes radicais que estudaram seus textos.

Como muitos intelectuais comunistas, Althusser ficou desalentado com a interpretação que a jovem geração dos anos 1960 começava a fazer das primeiras obras de Marx – obras que haviam sido

---

[7] L. Althusser, *For Marx*. Trad. Ben Brewster. London, 1969.

recentemente desenterradas, depois de um século de negligência. Ele considerou esta nova interpretação como uma ameaça à ortodoxia, ou mais, à metaortodoxia, que deveria ser a postura assumida em toda discussão marxista séria. Ele era particularmente contrário à reescritura do materialismo histórico e da teoria do valor nos termos sugeridos pelo "humanismo marxista" dos manuscritos de 1844. Desde a publicação dos *Grundrisse*, tornou-se amplamente aceito que talvez até o próprio Marx pretendia uma tal reescritura e certamente não seria totalmente oposto a ela. Mas uma tal sugestão era intolerável para Althusser, que, em consequência disso, afastou-se totalmente da literatura que a sugere.

Em resposta aos jovens humanistas, Althusser argumentou a favor de uma "quebra epistemológica" entre duas fases distintas dos escritos de Marx, marcada por duas "problemáticas" separadas. Estas expressões técnicas – uma tomada de Gaston Bachelard, e a outra de Jacques Martin – não deveriam ser levadas muito seriamente. Althusser acha que o primeiro Marx e o último Marx têm preocupações intelectuais distintas, sendo o primeiro "ideológico", e o segundo "científico".[8] A fim de que o leitor saúde esta interpretação nada surpreendente (embora contenciosa) com a devida solenidade, Althusser imediatamente a encobre, incorporando os termos técnicos (que ele nunca explica) em parágrafos de deslumbrante encantamento:

> Entender um argumento ideológico implica, no nível da própria ideologia, simultaneamente, conhecimento conjunto do *campo ideológico* no qual um pensamento emerge e cresce, e a exposição da unidade interna deste pensamento: *sua problemática*. Conhecimento do campo ideológico em si pressupõe conhecimento das problemáticas que se opõem ou se combinam com ele. Esta inter-relação da problemática particular do pensamento do indivíduo em consideração com a problemática particular dos pensamentos pertencentes ao campo ideológico

---
[8] Ibidem, p. 32-33.

permite uma decisão quanto à diferença específica do autor, isto é, *se um novo significado emergiu*.[9]

A passagem ilustra perfeitamente a circularidade pesada e muito suspeita da prosa de Althusser, que se arrasta monotonamente em seus próprios calcanhares, como um lunático encerrado nas grades de uma cela imaginária. O conteúdo da passagem pode ser resumido em poucas palavras: entender um argumento é compreender seu significado. O círculo infinito que é construído nesta tautologia tem, contudo, uma qualidade hipnotizante, que pode ser tomada erroneamente como profundidade.

A partir deste começo, Althusser avança em direção à sua "interpretação" do materialismo histórico, apresentada simultaneamente como verdadeira em relação às intenções de Marx e verdadeira para a história humana. Como muitos marxistas continentais que permaneceram amplamente isolados das descobertas da lógica moderna, Althusser enuncia a teoria da história em termos "dialéticos", acreditando que ela representa a verdadeira "inversão" da metafísica de Hegel, a final e irreversível "reabilitação de Hegel". Althusser reconhece que não há explícita convicção na "dialética" do último Marx, mas o faz por uma obscura referência aos cadernos de Lênin e por elogios copiosos a *Sobre a Contradição*, de Mao-Tsé Tung. Toda mudança, parece, é o resultado de "contradições" que emergem das variadas estruturas da sociedade. Estas contradições podem aparecer como "luta de classes", ou como confrontações intelectuais e ideológicas. Não há *um* nível no qual elas emergem e exercem sua força transformadora: as contradições aparecem em todos os níveis e sob muitas formas. O que, então, permanece da tese marxista, de que a base determina a superestrutura – isto é, que as transformações na estrutura econômica da sociedade são a força motivadora das transformações por toda a parte?

---

[9] Ibidem, p. 70.

Duas emendas capengas à hipótese original de Marx provaram-se úteis em reconciliá-la com os recalcitrantes fatos da história humana. A primeira é a sugestão feita por Engels, que o fator econômico não determina o desenvolvimento social, mas somente o determina "em última instância"; a segunda é a teoria aludida por Marx e proposta formalmente por Trotsky como a "lei do desenvolvimento desigual". A primeira é equivalente à admissão de que a história *não* é movida pela mudança econômica, sendo a frase "em última instância" nada mais que uma desculpa para uma teoria que não ofereceu nada disso. A segunda de algum modo admite a não conformidade de processos históricos ao padrão marxista e argumenta que isto é assim porque muitas transições na estrutura econômica podem ocorrer simultaneamente. Isto é muito mais que um gesto ptolemaico, uma invocação dos "epiciclos econômicos" que podem, quando descobertos, servir para proteger a hipótese fundamental da evidência que presentemente parece refutá-la.

Ambas as frases de efeito – "em última instância" e "desenvolvimento desigual" – aparecem persistentemente na metateoria de Althusser. De acordo com Althusser, o motor da história é a "causa estrutural". A "contradição geral" ou "principal" (esta que é efetiva "em última instância") é aquela identificada por Marx e exemplificada pelo conflito entre as forças e as relações de produção. Contudo, esta principal contradição é inseparável da estrutura total da sociedade. O corpo social contém outras contradições, existentes em vários níveis distintos dentro da superestrutura e interagindo sistematicamente, na medida em que se esforçam para alinharem-se umas com as outras. Uma vaga sugestão é feita, a saber, que as contradições poderiam "passar" de um nível ao outro, como falhas geológicas. Porque as várias contradições se desenvolvem de maneira desigual, é possível que um país economicamente atrasado possa apresentar a súbita confluência de contradições necessárias para revoluções bem-sucedidas (o caso da Rússia). Althusser descreve esta "fusão de contradições acumuladas" como "sobredeterminação", tomando emprestado um termo de Freud.

Assim, a revolução – e, de fato, qualquer transformação social decisiva – deve ser vista como o resultado de muitos fatores confluentes, cada um determinando a sociedade na mesma direção da crise total:

> [...] toda a experiência marxista revolucionária mostra que se a contradição geral [... entre as forças e as relações de produção...] é suficiente para definir a situação quando a revolução está na "ordem do dia", ela não pode por seu poder simples e direto induzir uma situação revolucionária, nem *a fortiori* uma situação de ruptura revolucionária e o triunfo da revolução [...][10]

Em tais passagens de comparativa lucidez, Althusser trai seu real significado. Ao mesmo tempo, ele revela que sua metateoria não estabelece precisamente nada e que, na realidade, não é uma teoria de maneira nenhuma, mas um baú de encantamentos. Se a "contradição principal" fracassa em trazer a revolução, mas simplesmente leva a revolução "à ordem do dia", então o que *realmente* acontece é o desfecho da decisão humana. A história pode seguir em qualquer direção, dependendo dos objetivos, das forças e dos métodos dos protagonistas. A "contradição principal" não é realmente uma contradição, de forma alguma (de outro modo, ela *causaria* o colapso antecipado); ela é meramente um problema com o qual as pessoas – governantes e governados – têm de lidar.

O materialismo histórico exige que a "contradição principal" providencie uma *explicação* das contradições dentro da superestrutura. De outro modo, não temos direito à distinção entre superestrutura e base. A "teoria" de Althusser é, então, equivalente à *negação* do materialismo histórico (e quantas vezes se encontram estas assim chamadas emendas ao materialismo histórico, que são, na realidade, como na teoria da hegemonia de Gramsci, um modo particular de negá-lo?). Em outra passagem, Althusser argumenta – nos fundamentos da "tradição marxista" – que o materialismo

---
[10] Ibidem, p. 99.

histórico (caracterizado pela "famosa" frase "determinação em última instância") permite-nos acreditar na "relativa autonomia" da superestrutura e na "ação recíproca" da superestrutura na base.[11] Mas ao admitir que as transformações políticas têm causas políticas ("relativa autonomia") e que as estruturas econômicas podem ser geradas por escolha política ("ação recíproca"), ele permite que o pensamento humano e as intenções sejam as causas primárias da mudança histórica. Nesse caso, o que permanece do materialismo histórico? Somente uma forte dose de método científico poderia talvez resgatar Althusser deste impasse, mas nada em seus escritos sugere que ele tenha feito mesmo o primeiro contato seja com a teoria científica, seja com as discussões filosóficas que se dedicaram a tal.[12]

De fato, a "interpretação" que Althusser faz da teoria da história torna-a irrefutável. A teoria torna-se compatível com todo o curso dos eventos, contudo não explica nenhum. É uma mera "forma" de teoria, útil por seus termos incidentais ("contradição", "sobredeterminação", "revolução"), que servem para focar uma *atitude* particular aos eventos, mas inútil por seu poder preditivo. Ela simplesmente não tem poder preditivo. Mas, de outro modo, é exatamente por isso que é tão útil. Ela permite ao "crente" afastar sua mente dos fatos da história, salvar somente aqueles que parecem alimentar um fervor revolucionário preexistente. A teoria da história torna-se uma teologia da história, uma "hipótese" que, sendo compatível com todo curso de eventos, recoloca a "hipótese" da qual Laplace não tinha necessidade.

Mas, para que o drama das contradições acumuladas não pareça tão metafisicamente raso a ponto de montar uma congregação,

---

[11] L. Althusser, *Lenin and Philosophy and Other Essays*. Trad. Ben Brewster. London, 1971, p. 131.

[12] Isto não quer dizer que o materialismo histórico não possa ser apresentado como um hipótese científica sólida. Mas não é fácil desenvolver os conceitos necessários, como G. A. Cohen tenta demonstrar, de forma impressionante, em *Karl Marx's Theory of History, A Defence*. Princeton; Oxford, 1978.

Althusser submete sua metateoria ao ocultamento – ao processo da "revelação negativa" descrita acima. Ele toma as tecnicalidades-chaves e transforma-as em concentrados nós de deslumbrante escuridão. A seguinte passagem ilustra o processo em funcionamento:

> Sobredeterminação designa a seguinte qualidade essencial da contradição: a reflexão na contradição: suas condições de existência, isto é, de sua situação na estrutura de poder de todo complexo. Isto não é uma situação "unívoca". Não é só sua situação *"em princípio"* (aquela que ocupa na hierarquia das instâncias em relação à instância determinante: na sociedade, a economia) nem só sua situação *"de fato"* (se, na fase em consideração, é dominante ou subordinada), mas *a relação desta situação de fato a esta situação em princípio*, isto é, a exata relação que faz desta situação de fato uma *"variação" da – "invariante" – estrutura, dominante, da totalidade*.[13]

Há, contudo, ideias críticas que são indispensáveis para a exigência de estar oferecendo uma versão do materialismo histórico. Althusser trata essas ideias de modo um pouco diferente. Ele as "endurece" ao imergi-las em prosa enfática, como também por clamar "deixe *esta* como indubitável". Aqui está seu tratamento de "em última instância":

> Por toda parte, mostrei que de modo a conceber este "poder" de uma estrutura sobre as outras estruturas na unidade de uma conjuntura é necessário referirmo-nos ao princípio da determinação "em última instância" das estruturas não econômicas pela estrutura econômica; e que esta "determinação em última instância" é uma pré-condição absoluta para a necessidade e inteligibilidade dos deslocamentos das estruturas na hierarquia da efetividade ou do deslocamento do "domínio" entre os níveis estruturados do todo; que só esta "determinação em última instância" torna possível escapar do relativismo arbitrário dos deslocamentos observáveis ao dar a estes deslocamentos a necessidade de uma função.[14]

---

[13] Louis Althusser, *For Marx*, op. cit., p. 200.
[14] Louis Althusser, *Reading Capital*, op. cit., p. 99.

Nenhuma das passagens, é claro, chega próximo de contar-nos o que "em última instância" realmente significa. Podemos atribuir a Althusser a pervertida forma do imperativo de Wittgenstein: "Não busque pelo significado, mas pelo uso!". O uso é o que chamei "metadogma" – a forma de um dogma, sem conteúdo específico.

A crença religiosa possui a estrutura da aposta de Pascal, e isto é um modo pelo qual a reconhecemos. Ela postula um benefício inestimável para o crente e, então, por um tipo de engano, persuade-o de que o tal benefício é razão suficiente (e não só um motivo suficiente) para crer. Com uma previsão sagaz, Althusser segue o caminho de Gramsci, estabelecendo termos para a aposta revolucionária. Ao crer em Althusser, você se une aos eleitos: você, o intelectual urbano, está unido em "solidariedade" com os oprimidos.

É bem conhecida esta dificuldade para os dogmáticos dialéticos que, tomada seriamente, parece negar a eficácia do trabalho intelectual, ao dispensá-lo como um mero epifenômeno, um ramo nebuloso dos processos sobre os quais ele não reivindica influência ou controle. É de suma importância, portanto, devolver o "trabalho intelectual" ao seu lugar entre as "condições materiais" de existência, tornando-o, assim, uma genuína "força motora" da história e distinguindo-o da mera "ideologia" do inimigo burguês. Para encurtar esta longa história, é necessário estabelecer uma distinção entre "ciência e ideologia". Para o dogmático dialético, a primeira descreve o pensamento dele, e a segunda, o do outro. A primeira é necessariamente marxista (pois só o marxismo penetra o véu da ideologia); a segunda necessariamente não é. A primeira pertence às condições "materiais" de produção, e pode ser chamada "prática teórica"; a segunda é um ramo dos processos que a tornam inerentemente falsa.

Um marxista escrupuloso imaginaria o quanto a ideia de "prática teórica" é compatível com o materialismo histórico, de acordo com o qual a "vida determina a consciência, não a vida conscienciosa" (*A Ideologia Alemã*). De fato, ao dobrar as categorias marxistas à tarefa de dignificar o papel do intelectual, inevitavelmente os arrancamos de seu propósito explanatório. Mas para Althusser isso não tem consequências, já que a separação já ocorreu. O interesse da "prática teórica" é duplo. Ela situa a atividade intelectual dentro do processo de produção (Althusser então prefere falar de "produção intelectual"), assim unindo o intelectual com o proletariado. Ela também oferece um equivalente preciso da fé religiosa. Como na aposta de Pascal, crer torna-se um tipo de fazer, e neste fazer reside a salvação moral – a identidade interna com as forças da revolução – pela qual o intelectual anseia.

A doutrina da fé começa com uma simplicidade enganosa:

> [...] o que ganhamos com esta investigação "especulativa" que nós já não possuímos?
>
> Uma frase é suficiente para responder esta questão: a de Lênin, "Sem teoria revolucionária, sem prática revolucionária". Generalizando: a teoria é essencial à prática, às formas de prática que ela ajuda a brotar ou crescer, bem como à prática da qual ela é a própria teoria. Mas a transparência desta frase não é suficiente; devemos também saber seus *títulos de validade*, para que possamos colocar a questão: o que devemos entender por *teoria*, se ela deve ser essencial para a prática?[15]

Esse parágrafo mostra o pensamento de Althusser marcando tempo, na expectativa de uma nova consignação de tecnicalidades. Como ele reconhece, "a transparência desta frase não é suficiente". A consignação logo chega e, então, permite Althusser obscurecer-se nestes termos:

> Chamarei de Teoria (com T maiúsculo), teoria geral, isto é, a Teoria da prática em geral, ela mesma elaborada na base da teoria de práticas teóricas existentes (das ciências), que transformam em conhecimentos (verdades científicas) o produto ideológico de práticas "empíricas"

---
[15] Louis Althusser, *For Marx,* op. cit., p. 166.

existentes (a atividade concreta dos homens). Esta Teoria é a *dialética* materialista que nada mais é que o materialismo dialético.[16]

Tais passagens – que os althusserianos tomam como introduzindo uma importante noção de "níveis teóricos" – apresentam a vacuidade essencial do pensamento de Althusser. "Esta Teoria é a *dialética* materialista que nada mais é que o materialismo dialético." O neófito, contemplando tais expressões, repete-as para si mesmo em um espírito de fervor. Elas têm o mesmo efeito vertiginoso do pleonasmo de Stálin, "As teorias de Marx são verdadeiras porque são corretas", que já foi tão importante para encantar a noite escura da dúvida comunista.[17] Quanto mais tautológica a declaração, mais ela parece esconder, e mais efetivamente ela induz o estado de prontidão espiritual que é o prelúdio da fé. Depois de umas poucas páginas de densas circularidades, o leitor é finalmente trazido – por um acúmulo de não contradições – à crise da crença:

> A única Teoria capaz de levantar, se não de propor, a questão essencial do *status* destas disciplinas, e criticar a ideologia em todas as suas faces, incluindo os disfarces da prática técnica como ciências, é a Teoria da prática teórica (enquanto distinta da prática ideológica): a dialética materialista ou materialismo dialético, a concepção da dialética marxista em sua *especificidade*.[18]

Vamos levantar (se não propor) uma questão melhor: em que, de fato, estamos sendo convocados a acreditar? A versão althusseriana do materialismo dialético é, como vimos, nada mais que a forma de uma teoria, e as enfáticas conclusões nada mais são que metadogmas, despidos de conteúdo específico. O leitor curioso deveria, aqui, dirigir-se ao *Reading Capital*, onde ele encontra:

---

[16] Ibidem, p. 168.
[17] Sobre o significado espiritual do pleonasmo de Stálin, ver Ivan Volgin (pseudônimo), "The Magic World of Homo Sovieticus". *The Salisbury Review*, vol. 1. n. 4, verão de 1983.
[18] *For Marx*, p. 171-72.

[...] a *prática teórica* é seu próprio critério, e contém em si mesma os protocolos definidos com os quais *valida* a qualidade de seu produto, isto é, os critérios de cientificidade dos produtos da prática científica.[19]

Em outras palavras, mesmo a invocação da prática teórica não permite a Althusser descer do nível "meta" para o nível da "especificidade". Permanece impossível explicar a prática teórica, exceto em termos dela mesma.

De fato, nenhuma das estruturas althusserianas pode ser explicada em termos que não pareçam implorar todos os pontos concebíveis a favor de Althusser. Quando Althusser retorna ao texto d'*O Capital*, é parcialmente a fim de dar vazão ao seu fervor religioso, mas também para extrair uma frase ou parágrafo que ele enclausura em um *nonsense* metafísico, como um inebriante comentário místico sobre os evangelhos. Ao fazer isto, ele declara estar perseguindo o "objeto" d'*O Capital* – embora nunca esteja claro se ele entende esta palavra no sentido de objetivo, de tema central ou de conteúdo. Mais uma vez, o propósito maior é o da "revelação negativa"; é uma impressionante tentativa de apropriar-se do sentido d'*O Capital* velando-o. A busca pelo "objeto" é um exercício de catador: o objeto é a moeda de chocolate[20] no pudim de Natal, e a abordagem de Althusser em relação a seu leitor é a seguinte: coma este pudim, mastigue este texto, e por fim você encontrará o que escondi.

Ao mesmo tempo, Althusser se engaja em muitas fervorosas admoestações contra os inimigos da prática teórica. Sua caracterização totalitária desses inimigos oferece uma ilustração interessante do que Petr Fidelius chamou a "unidade do mal".[21] Para Althusser, os

---

[19] Louis Althusser, *Reading Capital*, op. cit., p. 59.

[20] No original, *sixpence*, moeda de chocolate que é escondida dentro do pudim de Natal servido na ceia inglesa, e que supostamente realizaria os pedidos daquele que a recebesse em sua porção. (N. T.)

[21] Petr Fidelius, "Totalitarian Language". *The Salisbury Review*, vol. 2, n. 2, inverno de 1984.

inimigos da prática teórica são todos "empiristas", caracterizados por sua crença na "abstração".[22] Como consequência disso, inimigos da prática teórica, tão díspares como o racionalista Descartes, o idealista absoluto Hegel e o devastador crítico do empirismo tradicional, Kant, são jogados em uma vala comum. Todas as diferenças entre suas filosofias são eliminadas, e todas são condenadas como representativas de "empirismo, seja transcendente (como em Descartes), transcendental (como em Kant e Husserl) ou 'objetivo'-idealista (Hegel)".[23] Um filósofo poderia ficar tão chocado com tal demonstração de ignorância, a ponto de esquecer o propósito de Althusser: dispensar sem discussão todos os pontos de vista outros que não a "prática teórica", cujo critério de validade é ela mesma.

Como devemos explicar a influência de Althusser? Não é suficiente, creio, mortificar-se com os contornos teológicos que ele dá ao materialismo dialético, ou com a recompensa paradisíaca que ele oferece ao intelectual urbano. É necessário também reconhecer dois outros fatores. Primeiro, como bons materialistas dialéticos, deveríamos examinar as condições materiais dos discípulos de Althusser. Pois a maior parte deles eram jovens radicais conferencistas em universidades e politécnicas, indicados apressadamente por conta de suas simpatias políticas, e que ainda precisavam estabelecer suas credenciais acadêmicas. Que melhor modo de fazer isso que cerrar suas alianças dentro de impenetráveis pedantismos? Por este simples dispositivo, uma geração de acadêmicos radicais foi capaz de apresentar sua deslumbrante ignorância como se fosse um tipo novo de academicismo, além de infinitamente mais "relevante", para aqueles que pudessem vê-lo, do que todos os que haviam sido previamente ensinados.

Segundo, e mais importante, devemos entender a "postura existencial" implícita em seu estilo. O mundo dos homens está fundamentalmente

---

[22] Louis Althusser, *Reading Capital*, op. cit., p. 35.
[23] Ibidem, p. 184.

oposto a Althusser. Toda instituição tem seu papel na conspiração "objetiva" que o oprime. A igreja, a família, a escola, os sindicatos, a cultura, a imprensa, o judiciário – todos pertencem ao "aparato ideológico de Estado" cujo propósito é a "reprodução" do poder repressivo.[24] Por todo lado, sobre nós estão as marcas da "ideologia dominante" ou da "violência do Estado" e da "opressão de classe". Indivíduos são controlados e sujeitados, ou pelo método "direto" do fascismo ou pelo "indireto" da democracia parlamentar (ou melhor, "democracia"). Althusser é uma voz solitária perseguida em um mundo onde os "aparatos de comunicação despejam sobre todo 'cidadão' doses diárias de nacionalismo, chauvininsmo, liberalismo, moralismo, etc.".[25] E assim por diante.

Não é o conteúdo dessas afirmações que nos convida à submissão – pois elas nada são senão as mentiras desgastadas da propaganda comunista –, mas o "tom de voz" no qual são afirmadas, e que é, na verdade, a única característica consistentemente transparente dos escritos de Althusser. Seu tom é o tom autodefensivo do paranoico – o tom de alguém que se trancafiou em seu próprio discurso e que pode comunicar-se somente com aqueles que aceitem seus termos ditatoriais. Dentro da linguagem de Althusser, o "outro" não existe a não ser como o inimigo obscuramente definido, cuja identidade pode ser adivinhada pelas bordas das quais o pensamento de Althusser recua para dentro de si mesmo, inderrotável, porque indisponível para o combate. Dentro desta escuridão interior, contudo, ferozes lealdades impõem sua lei: lealdade a Marx, Engels, Lênin, Mao, ao mitologizado "movimento operário" e, sobretudo, ao Partido Comunista Francês. Estas lealdades definem o real conteúdo da visão paranoica, cujo apelo não é intelectual, mas emocional. A chamada para a prática teórica é a chamada para a aliança, o clamor das armas, em um círculo autodefensivo de obscuridade que permanece fechado para

---

[24] Louis Althusser, *Lenin and Philosophy*, op. cit., p. 135.
[25] Ibidem, p. 145.

aqueles que o ameaçam. O processo althusseriano cria o equivalente intelectual de um Estado totalitário, no qual tudo é governado por uma simples ortodoxia, envolta em *slogans* hipnotizantes, sem oposição ou diversidade. Tudo neste Estado está atado por uma lealdade comum, e os "elementos hostis" foram devidamente liquidados. Althusser expressa, em seu metadogma, o incipiente totalitarismo da consciência revolucionária. Ele então mostra para os novos radicais que eles estão, por sua fidelidade à esquerda, suficientemente redimidos, até o ponto de não ser necessário entender ou se conciliar com seus oponentes. Seus oponentes já foram jogados à "poeira da história": só é necessário transportá-los até lá.

Diz-se que quando Althusser assassinou sua esposa, em 1978,[26] isso ocorreu em resposta ao "revisionismo" dela. Seja lá que verdade há neste rumor, ele certamente possui alguma lógica terrível. O resultado trágico da peregrinação de Althusser no coração da escuridão parece-se com a recriação doméstica da tragédia sofrida pelos povos da Rússia, da China, do Vietnã, do Camboja e do Leste Europeu. É a tragédia que inevitavelmente se segue quando a suspeita paranoica substitui a lei natural do compromisso. A mentalidade paranoica, buscando preservar a todo custo a ilusão de sua própria absoluta correção, torna-se uma superstição e persegue como perpetradores do mal todos aqueles que não aceitem suas pias mentiras. Ela inventa uma linguagem que é literalmente sem significado, já que todo significado constitui uma ameaça. E habita esta linguagem com a absoluta vigilância de um tirano, incessantemente trabalhando para liquidar os significados venenosos que escorrem do mundo "deles". Na prosa de Althusser, encontramos o equivalente literário do pesadelo do mundo do comunismo. E o mais chocante é que, para a consciência revolucionária, este pesadelo tem o aspecto de um sonho profético.

---

[26] Em 1978, Althusser estrangulou a própria esposa, diz-se, durante um surto psicótico. (N. T.)

Capítulo 10 | Immanuel Wallerstein

Um dos problemas mais importantes que se colocou para a Nova Esquerda nos anos 1960 e 1970 foi o da recriação da dimensão internacional de seu movimento. Lênin não tinha dúvidas de que o proletariado existia como uma "classe internacional". Além disso, havia chegado ao seu conhecimento a obra de J. A Hobson, que, em 1902, apresentara sua análise popular do imperialismo como a busca por monopólios. Esta ideia inspirou o que talvez tenha sido a falsa teoria mais influente e persistente na história do mundo moderno: a teoria do "imperialismo como a fase superior do capitalismo" (para citar o título do volume publicado por Lênin em 1917). De acordo com Lênin, a burguesia é, tanto quanto o proletariado, uma classe internacional, e o capitalismo é uma força internacional, assim como o socialismo, que tinha surgido em oposição àquele. O imperialismo, argumentou, é uma necessidade econômica para a economia capitalista, pois por meio dele se busca superar a, de outra forma inevitável, "taxa decrescente de lucro", que conduziria a economia capitalista a seu fim. O imperialismo, no entanto, conduz à competição internacional por mercados e recursos e, portanto, à "guerra imperialista" – e, por meio desta, ao colapso final do capitalismo.

Esta teoria é uma ortodoxia no mundo comunista. Ela foi especificamente readaptada para o mercado africano, no *slogan* "neocolonialismo como a fase final do imperialismo", para tomar emprestado o título de outro livro influente, escrito em 1965 por Kwame Nkrumah. Está claro, contudo, que as colônias não proveram um mercado real para os produtos europeus; se elas *forneceram* tal mercado, então os povos das colônias devem ter sido mais livres e mais prósperos do que admite a crença litúrgica em sua escravidão. Por estas razões, poucos socialistas no Ocidente puderam aceitar a teoria em sua formulação original. Foi necessário encontrar uma forma adaptada que fizesse o mesmo trabalho moral da versão de Lênin – representando o capitalismo como uma força internacional em eterna expansão e constante opressão –, sem ser tão explicitamente contrária ao preconceito daqueles destinados a consumi-la.

O problema ganhou nova urgência nos anos 1970, quando uma geração que não tinha conhecido a realidade da guerra mundial emergiu à conscientização política, uma geração que, consequentemente, não tinha (conforme os interesses da aliança contra Hitler) fechado seus olhos para a verdade acerca da União Soviética. Não parecia mais ser possível inspirar a lealdade dos jovens fazendo despertar suas simpatias por aquela famigerada "revolução em um só país", que já tinha de fato, e notoriamente, levado seus hábitos inatos de derramamento de sangue para tantos outros países. Em geral, era oportuno desviar a atenção das realidades do comunismo soviético, direcionando-a para aqueles outros lugares em que a revolução ainda não havia ocorrido: particularmente, o "terceiro mundo". Isto não apenas tinha a vantagem de dissimular o totalitarismo soviético, mas também propiciava à União Soviética uma imagem positiva, como o parceiro natural dos "movimentos de libertação" de todos os lugares, e como a única força capaz de iniciar o processo por meio do qual as terríveis injustiças do colonialismo poderiam ser remediadas.

Teoricamente, esta mudança foi enorme – ao ponto de não poder ser imediatamente abarcada nas categorias marxistas existentes. A esquerda adquiriu uma circunscrição totalmente nova e imprevista: o trabalhador proletário da cidade europeia deu lugar ao homem da tribo banhado pelo sol da selva africana, como o principal beneficiário da condescendência da política de esquerda. Apesar de a mudança teórica ter sido imensa, a mudança emocional foi, contudo, discreta. O camponês do "terceiro mundo" encaixava-se no papel dramático de vítima social tão bem quanto – ou talvez ainda melhor – e o proletário industrial. Em especial, seu estilo de vida, sua condição mental e suas circunstâncias geográficas, juntos, talvez façam dele um ser quase incognoscível. Desta forma, ele não apresenta qualquer obstáculo à imaginação simpatizante. Como o proletário do pôster soviético, ele se ajusta, em cada detalhe, ao sentimentalismo de seu defensor. Ele tem a suprema virtude política de estar escondido: é o *deus absconditus* da nova liturgia política. Além disso, ele empresta sua figura à crescente paixão por ecologia: ele consome apenas o que produz, e produz apenas o que precisa. Diferentemente do proletariado europeu, ele não é um desastre ecológico. Sua incognoscibilidade combina-se, portanto, com os rumores de sua qualidade atóxica para recuperar o mito do bom selvagem e libertar a torrente de sentimento rousseauísta que arruinou a Europa no século XVIII – e ameaça arruiná-la outra vez.

Não devemos nos surpreender, portanto, ao descobrir que padres cristãos, que no século XIX viajavam para divulgar a esta criatura as boas-novas da salvação, agora repitam a viagem não como missionários, mas como peregrinos, para louvar os que previamente tentaram converter. O camponês do terceiro mundo tornou-se o protótipo cristão da expiação de nossos pecados, a vítima pura e sofrida que pode nos redimir, desde que confessemos nossa falta mais grave. Ele passou de cordeiro pastoral a bode expiatório, sem atravessar qualquer período intermediário como ovelha complacente. A tarefa redentora do socialismo é refazer o mundo à imagem dele, e também a seu favor.

O "terceiro-mundismo", portanto, ajudou a preencher a lacuna criada pelo desaparecimento do proletariado industrial. Ele produziu uma vítima com a qual a classe média radical pode se identificar, bem como uma causa pela qual ela pode lutar. Ainda mais importante, pelo fato de tocar no motivo radical mais profundo, esta causa tem o poder de envergonhar nossos governantes. Ela sugere políticas nocivas aos interesses do mundo "capitalista" e favoráveis às "guerras de libertação" que prenunciam a transição das nações independentes ao irreversível pertencimento ao bloco comunista. Em outras palavras, o terceiro-mundismo confere aos gestos impertinentes dos radicais a dignidade de um propósito moral.

O efeito do terceiro-mundismo, ao prover uma causa socialista internacional, foi enorme. Encontrou corporificação em Willy Brandt, presidente da Internacional Socialista, o qual, como chanceler da Alemanha Ocidental, fez mais do que qualquer outro político do pós-guerra para enfraquecer a posição estratégica da Europa Ocidental. O Relatório Brandt[1] é talvez o documento mais entediante e imponderado a conquistar o estatuto de manifesto radical. De qualquer forma, sua autoridade é agora incontestada nos círculos radicais, ou, se questionada, é apenas por não ir longe o suficiente em seu radicalismo. Suficientemente interessante é o fato de ter-se tornado um dos poucos itens de leitura obrigatória no novo estilo de cursos acadêmicos politizados ("Peace Studies" [Estudos sobre a Paz], na University of Bradford, por exemplo, e agora – acredite se quiser – "World Studies" [Estudos de Mundo], no World Studies Teacher Training Center da New York University).[2] O Relatório Brandt apresenta os fatos importantes sobre os quais o terceiro-mundismo se fundamenta e, não obstante a fraqueza da teoria que estes fatos se propõem a sustentar, não há dúvida sobre a exortação política que se percebe em sua leitura.

---

[1] *North-South: A Programme for Survival*, relatório da Comissão Independente de Problemas de Desenvolvimento Internacional, presidida por Brandt, publicado em fevereiro de 1980.

[2] Sobre a literatura radical derivada do Relatório Brandt e seu papel na educação politizada, ver R. Scruton, *Thirdworldism: A Critical Survey*. London, IEDSS, 1985.

E quanto à teoria? Discutindo Gramsci, apontei a enorme importância da ideia de "correção teórica" dentro da política radical; deste modo, mesmo que a teoria em questão seja – como a de Althusser – tautológica e teológica, ela deve existir, desde que o radical identifique em seus sentimentos a ocasião certa para a ação política. Sem teoria, a legitimidade intelectual exclusiva do governo entra em colapso. Sempre que uma causa radical é encontrada, portanto, é preciso prover uma teoria que converta o sentimento ardente em práxis justificada.

Neste ensejo, devo discutir a teoria oferecida por Immanuel Wallerstein, professor radical de Nova Iorque que, depois de participar ativamente das galhofas de 1968 em Colúmbia, mudou-se inicialmente para a McGill University em Montreal e, a seguir, para a State University of New York, em Binghamton, presidindo o Fernand Braudel Center for the Study of Economies, Historical Systems and Civilizations [Centro Fernand Braudel para o Estudo das Economias, Sistemas Históricos e Civilizações]. Conhecedores da educação politizada naturalmente perceberão a mensagem contida nesse título. O conceito de "sistema histórico" é mais ou menos exclusivo de um certo tipo de teoria marxista. Fernand Braudel é o historiador francês que – em sua abrangente compilação da história humana – forneceu os conceitos fundadores do terceiro-mundismo, e, em especial, a teoria de que o maior obstáculo das "nações em desenvolvimento" é "a economia internacional em sua forma existente", com sua distribuição de tarefas econômicas desigual e opressiva.[3] A obra de Wallerstein é menos

---

[3] Fernand Braudel, *Capitalism and Material Life*. Trad. M. Kochan. London, 1973; ver também, do mesmo autor, *The Mediterranean and the Mediterranean World in the Age of Philip II*. Trad. Sian Reynolds, 2 vols. New York, 1972-1973; original de Paris, 1949. Como muitos historiadores franceses, Braudel distanciou-se nos últimos anos da orientação esquerdista de suas primeiras obras, e a perspectiva do "terceiro mundo" é, na verdade, a característica menos interessante na fascinante análise social contida no volume II de *Civilization and Capitalism*. Trad. Sian Reynolds. New York, 1982; original de Paris, 1979.

detalhada e menos cientificamente escrupulosa que a de Braudel. Ao mesmo tempo, tem ambições teóricas maiores, e seu tom soa mais absoluto. Na verdade, *The Modern World System* e o *Capitalismo Histórico e Civilização Capitalista*[4] contêm o que é provavelmente a tentativa mais dogmática, e sem dúvida mais assertiva, de fornecer uma análise do capitalismo internacional, sobre a qual sustentar uma política radical de terceiro mundo.

As "teorias sistêmicas" não são, de forma alguma, um monopólio da esquerda política. Tampouco é novo o seu uso como um instrumento anticapitalista. Europeus orientais começam a lamentar à menção da "teoria da convergência", proposta por Gordon Skilling (especialista em Tchecoslováquia, cuja experiência ainda precisa convencê-lo do óbvio).[5] De acordo com esta teoria, o "sistema" do capitalismo mundial e o "sistema" do socialismo mundial estão sob a pressão da mútua interação, e gradualmente convergindo; as diferenças entre a democracia americana e o totalitarismo soviético são cada vez mais "superficiais", disfarçando uma similaridade profunda e sinistra. Esta teoria mostra o uso que pode ser feito do pensamento sobre "sistemas". A crítica aos Estados socialistas torna-se ao mesmo tempo uma crítica às democracias ocidentais. Aquilo que é verdadeiramente terrível nos primeiros (controle totalitário) ou admirável nas segundas (representação sistemática) torna-se da mesma forma características "superficiais", irrelevantes para a realidade moral subjacente. Como é frequente entre os instrumentos teóricos que agradam à esquerda, uma realidade profunda é encontrada e tida como a verdadeira guardiã de atributos morais, para contrastar com a aparência superficial, em que o liberal ou o conservador colocam sua fé iludida. A resposta

---

[4] Immanuel Wallerstein, *The Modern World System* (vol. 1 de *Modern Systems Theory*). New York, 1974; *Historical Capitalism*. London, 1983.

[5] Ver o artigo de H. G. Skilling, em H. G. Skilling e F. Griffiths, *Interest Groups in Soviet Politics*. Princeton, 1971. Para uma discussão da teoria da convergência, ver capítulo 14.

correta, é claro, consiste em inverter o argumento: o que é ilusório é a aparência da profundidade, e o que carrega os atributos morais de um corpo político é precisamente o domínio "superficial", em que as pessoas vivem e agem como animais sociais.

Para entender a abordagem de Wallerstein, entretanto, devemos retornar ao paradigma da análise "profunda": a teoria da luta de classes como desenvolvida por Marx. O apelo perene da teoria de Marx – e a razão por que ela sobreviveu a tantas refutações – está na sua habilidade em capturar um sentimento socialista fundamental. Ela demonstra como redefinir a desigualdade social como uma forma de "opressão". Ela transforma desigualdade em injustiça e assim justifica aquela "violência por igualdade" que desperta as simpatias da classe média heroica.

Cinginda ao essencial, a teoria marxista diz o seguinte: em virtude da minha posição nas "relações de produção", pertenço a uma determinada classe. As duas classes primárias do "capitalismo" – as da burguesia e do proletariado – são formadas, respectivamente, por aqueles que controlam os meios de produção, e por aqueles que controlam apenas a sua força de trabalho e que, portanto, precisam fazer um contrato com os primeiros a fim de produzir alguma coisa. O proletariado é remunerado com o "valor de troca" da sua força de trabalho – que é o valor suficiente para reproduzi-la. O excedente de seu produto é apropriado pela burguesia. Sendo assim, uma parte acumula o excedente, enquanto a outra meramente sobrevive. O proletariado sofre um processo de "empobrecimento", enquanto a burguesia colhe sem restrições os frutos de seu "controle dos meios de produção". As "relações de produção" que unem as duas classes são, portanto, inerentemente antagônicas: qualquer vantagem de um lado se constitui numa desvantagem para o outro. A "luta de classes" representa a emergência, no cenário político, do antagonismo intrínseco às relações de produção. Assim, o proletariado tentará tomar posse dos meios de produção, a fim de retomar o controle do produto de seu trabalho.

O aspecto interessante da análise é a sua descrição das partes em "luta": não são indivíduos, mas classes. O indivíduo burguês não faz ao indivíduo proletário o que a burguesia como classe faz à classe proletária. A distinção é moralmente crucial. Pois não é preciso haver qualquer injustiça nas relações entre os indivíduos, não obstante a amplitude da disparidade de ganhos das respectivas classes. Em circunstâncias favoráveis, o trabalhador encontra-se livre para iniciar um processo de negociação e interrompê-lo perante qualquer violação de seus termos. As circunstâncias em questão são deveras complexas, envolvendo sindicalização, legislação que regule a jornada de trabalho e disposições de assistência social que assegurem ao proletário sua sobrevivência no período de recesso do trabalho. Mesmo assim, nas circunstâncias corretas, pode existir, entre as partes do contrato salarial, tanta liberdade e justiça quanto aquelas que sempre existem entre indivíduos que, mesmo separados por seus interesses diferentes, assinam contrato em vantagem mútua. É claro que a relação é em certo sentido desigual. Mas isto é inevitável. Um contrato só é possível quando um lado pode oferecer ao outro algo que este deseje ou de que precise. Em outras palavras, é apenas em uma situação de desigualdade que o conceito de "pura negociação" faz sentido.

É quando transferimos nossa atenção das relações entre indivíduos para as relações entre classes, argumentam os marxistas, que a "opressão" se torna aparente, visto que a *classe* burguesa tem competência exclusiva para determinar à *classe* proletária os termos por meio dos quais esta pode viver, trabalhar e satisfazer suas necessidades. Ou, pelo menos, assim parece ser. É justamente neste ponto, entretanto, que as percepções socialistas e não socialistas divergem. Para os socialistas, a burguesia age *como uma classe* para assegurar a permanência do equilíbrio social a seu favor, o mesmo equilíbrio de que o proletariado é vítima injustiçada (como classe e também individualmente). Supõe-se que a burguesia seja um tipo de agente moral coletivo, que realiza e sofre ações em conjunto, e que pode por estas ações ser louvada ou culpada. Sem esta suposição, torna-se incoerente acusar a burguesia de injustiça ou ressentir-se de seu domínio. Também se torna incoerente – e, na verdade, imoral – ressentir-se, punir ou (por exemplo) expropriar alguém *como* um membro da burguesia. Em outras palavras, sem o pressuposto da burguesia como um agente corporativo, a torrente de emoção radical fica obstruída. O fluxo livre de ressentimento radical requer a personificação da burguesia.

Dando-lhe crédito, Marx considerava que sua teoria destruía qualquer possibilidade de personificação. "Classe", argumentava, não é mais que a descrição teórica de uma estrutura material. Ao mesmo tempo, sua própria linguagem – e, em especial, a retórica incendiária do *Manifesto Comunista* – o trai. E é justamente esta linguagem incendiária que se imbricou no pensamento de esquerda. Ela criou a imagem do proletário como a vítima da injustiça e a imagem da burguesia como a opressora insolente do trabalhador – trabalhador do qual a burguesia retira seu sustento. Ademais, ser um proletário ou um burguês torna-se um atributo moral, parte de seu caráter: você é considerado virtuoso ou corrupto por pertencimento a sua classe social. (Para se chegar a essa conclusão emocional, a consciência socialista precisa evitar uma séria de fatos desconfortáveis: por exemplo, o fato de que uma pessoa pode ser ao mesmo tempo empregador e empregado; ou ser empregado hoje e empregador amanhã; e o fato de que a ordem "burguesa" madura lança toda propriedade num fluxo de titularidade mutável; e estabelece uma recompensa para o desenvolvimento de qualquer habilidade. Reconhecer estes fatos, no entanto, é olhar para além do mito da "luta de classes".)

Para personificar a burguesia é necessário associá-la a uma pessoa coletiva. Duas destas pessoas coletivas carregam grandes semelhanças: o Estado e a empresa. É um reconhecido princípio do direito que ambas devem ter personalidade jurídica, responsabilidade jurídica, bem como direitos e deveres jurídicos. E o que é possível no direito também é possível no âmbito dos princípios morais. O golpe de mestre do marxismo é identificar uma classe inteira com o Estado, e encontrar nas ações genuinamente atribuídas ao corpo político a realidade moral desta "classe dominante". Por esta estratégia, a "classe dominante" torna-se a *perpetradora* da "injustiça social", enquanto a classe mais baixa, que supostamente não ocupa posição alguma no aparato estatal, não é perpetradora de nada – visto que não possui personalidade. (Sendo assim, quando ela toma o poder, é para, paradoxalmente, abolir o poder e, assim, abolir a responsabilidade jurídica da qual ela poderia, de outra forma, vir a ser acusada.) Aqui é que encontramos a transformação emocional crucial, a qual enfeita a neutralidade das "relações de produção" com os atributos morais de injustiça e opressão.

A teoria é filosoficamente dotada de extrema dubiedade e pressupõe justamente o tipo de "atuação de classe" que a economia marxista repudia. É, também, acredito eu, moralmente perniciosa. Pois nos convida a culpar o que não pode ser culpado, e a nos vingarmos de erros imaginários cometidos contra inocentes. Foi a inspiração nestes sentimentos "classistas" que levou ao "massacre dos *kulaks*", à "revolução cultural", e à "purificação" da ordem social exercida por Pol Pot, no Camboja. Apesar disso, o charme da teoria permanece absoluto e avassalador. Foi por meio da extensão dela ao âmbito internacional que pensadores como Wallerstein dotaram o terceiro-mundismo com o substrato fundamental de indignação moral.

A nova teoria internacionalista requer apenas três estágios argumentativos:

1. Precisamos identificar, na situação internacional, um opressor coletivo e sua contraparte oprimida também agrupada num coletivo.

2. Precisamos encontrar uma ligação "material" entre a prosperidade de um e o empobrecimento do outro.

3. Precisamos demonstrar como o opressor *age* para sustentar esta ligação e, então, dotar as suas ações com o caráter da responsabilidade jurídica.

O primeiro passo é simples e óbvio. O segundo envolve alguma variação na teoria do "imperialismo capitalista". E o terceiro contém o truque retórico essencial: aquele da identificação de uma classe (e esta precisa, é claro, ser a mesma "classe dominante" contra a qual o radical conduz sua luta pessoal) com as devidas personalidades jurídicas. Estas personalidades são invariavelmente identificadas com os Estados capitalistas ocidentais e as empresas multinacionais.

O fio condutor do argumento de Wallerstein concentra-se inteiramente no terceiro passo. Isto porque ele se dá conta de que, sem esse argumento, os outros dois não possuem qualquer apelo emocional, e a acusação de injustiça não é sustentável. Sendo assim, seu ponto de partida é a mais extraordinária descrição daquilo que ele denomina "capitalismo histórico":

> O que distingue [este] sistema histórico [...] é que [...] o capital é utilizado (investido) de uma maneira muito especial. É utilizado com o objetivo ou intenção primária de autoexpansão [...] [Assim] ao longo do tempo, priorizou-se a acumulação de capital sobre os objetivos alternativos.[6]

Tais "observações" são um imenso absurdo em termos econômicos. Uma acumulação é capital apenas na medida em que representa, para o acumulador, um objeto de troca em potencial. A acumulação não é capaz de se tornar o objetivo *primário* da atividade econômica, sem o efetivo desaparecimento do capital. No entanto, Wallerstein não se interessa o suficiente pela análise econômica ao ponto de se incomodar com esta objeção. O que interessa em sua descrição do capitalismo é o fato de ela conter, de forma pré-moralizada, uma referência a uma finalidade maior (o "implacável e curiosamente autocentrado objetivo do dono do capital, a acumulação de ainda mais capital"):[7] objeto familiar à análise dos moralistas de todos os tempos, como o motivo da avareza

---

[6] Immanuel Wallerstein, *Historical Capitalism*, op. cit., p. 13-14.
[7] Ibidem, p. 14.

humana. Por meio disso, somos levados naturalmente à visão de que "em busca de acumular mais e mais capital, os capitalistas buscaram mercantilizar mais e mais destes processos sociais em todas esferas da vida econômica".[8] Este processo demarca as regras básicas da produção capitalista e, no decorrer do tempo, "os aplicadores de tais regras [tornaram-se] ainda mais intransigentes".[9]

Sem dúvida, as regras são absurdas: "Alguém acumula capital a fim de acumular mais capital. Capitalistas são como ratinhos brancos em uma esteira correndo mais rápido a fim de correrem mais rápido".[10] Por que brancos?, nos perguntamos. Mas a dúvida não demora a ser sanada. Pois enquanto "no processo, sem dúvida, algumas pessoas vivem bem... outras vivem miseravelmente",[11] e estes outros são constituídos, cada vez mais, pelos povos do terceiro mundo. Estes povos oprimidos não são apenas vítimas da expansão capitalista que causou o seu empobrecimento, mas também do racismo que compõe sua moldura ideológica, e que atribui a miséria dos povos negros do mundo à sua inerente degradação moral. "Racismo", insiste Wallerstein, não tem nada a ver com xenofobia:

> Muito pelo contrário. Racismo foi o modo pelo qual vários segmentos da força de trabalho dentro da mesma estrutura econômica foram obrigados a se relacionarem uns com os outros. O racismo [...] serviu para manter grupos desfavorecidos na linha, e para utilizar os setores médios como os soldados não pagos do sistema policialesco mundial.[12]

As citações dão mostras da tonalidade prevalecente na obra de Wallerstein: enraivecida, impetuosa, sedenta de punição ao opressor cuja natureza é tão parcamente descrita, como se fosse para evitar

---

[8] Ibidem, p. 15.
[9] Ibidem, p. 18.
[10] Ibidem, p. 40.
[11] Ibidem, p. 40.
[12] Ibidem, p. 79.

resistência a suas acusações. (Afinal, em última análise, quem é este desapiedado "acumulador" de capital? Você? Eu? A Sra. Thatcher?). A linguagem define o tom da teoria por meio da qual o primeiro e o segundo passos da visão socialista serão então desenvolvidos. Porque, estabelecido isto, fica aberto o caminho para Wallerstein apontar na "desigualdade econômica" entre nações ricas e pobres a maior fonte de opressão sistemática existente no mundo moderno. É opressão precisamente porque esta é a "finalidade maior" do capitalismo. A acumulação não requer mercados, mas mão de obra barata. E foi na busca por mão de obra barata que o capitalismo se espalhou pelo mundo, persuadindo os inocentes a abandonarem seus hábitos pastoris de produção, ocasionando a "proletarização" do terceiro mundo e a ruína de seu povo. Em comparação com a desigualdade entre Norte e Sul daí resultante, e o ultraje moral que ela atesta, a menor diferença entre o totalitarismo soviético (que é só uma forma específica de "capitalismo de Estado") e a democracia americana (que é o capitalismo na sua forma mais vil e desenfreada) desvanecem em insignificância.

Para engolir tudo isso, o leitor precisa passar muito rápido pelo estágio 2 do argumento: a assertiva de que a desigualdade entre ricos e pobres é resultante de um único processo, causador tanto da pobreza do pobre, quanto da riqueza do rico, de modo que a boa fortuna de um é obtida *ao preço da* miséria do outro. Neste ponto, Wallerstein é tão parcial na seleção de suas evidências que só soa convincente para aqueles que já se encontram persuadidos de antemão. Ele é relutante em apontar a real melhoria na situação econômica de muitos países do terceiro mundo, resultante da administração colonial, ou o subsequente colapso de alguns deles no momento em que deixaram de fornecer a "mão de obra barata", por meio da qual haviam prosperado. Ele sequer menciona que a prosperidade europeia precedeu a colonização da África, ou que o "empobrecimento" de países como Tchecoslováquia e Polônia foi precipitado por sua incorporação forçada ao bloco comunista. Ele não dá atenção ao empobrecimento similar desencadeado pelo comunismo no terceiro mundo – em Cuba, Etiópia e Moçambique, por exemplo. Tampouco presta atenção ao contraste mais revelador de todos: aquele existente entre Taiwan e a China continental (a qual se declarou um país do terceiro mundo em 1955 – observação esta que, dentre as definições oficiais da República Popular da China, foi a única que se provou verdadeira). Todos esses fatos, que claramente exigem uma análise muito mais cuidadosa do que a teoria essencialmente retórica do "capitalismo histórico" poderia lhes dispensar, são omitidos, assim como o são pelo Relatório Brandt e por quase toda a teoria internacionalista que bebeu destas fontes.[13]

Isto nem surpreende muito. Pois, na verdade, o segundo estágio do argumento internacionalista não é mais importante para a fundação moral do terceiro-mundismo do que foi o passo equivalente para o revolucionário marxista tradicional. Para a mentalidade socialista, é suficiente identificar os lugares de privilégio e desvantagem, e, disto, partir para a descrição da classe privilegiada como um agente corporativo, sempre em busca de obtenção e manutenção de suas vantagens. E dito isto, o "empobrecimento" da vítima figura como o corolário óbvio. Se a teoria que demonstra o processo exato por meio do qual a riqueza do *Überhund* resulta da pobreza do oprimido ainda não foi encontrada, isto é apenas um detalhe. Por que esperar pela teoria para sentir, em nome da vítima, o ardente ressentimento, que é, em todo caso, seu único bem?

Como muitos teóricos do ódio entre as classes, Wallerstein considera necessário "desmascarar" a face humana do capitalismo. Ele argumenta que a previdência social, a legislação empresarial, e até

---

[13] Uma poderosa crítica da tese central de Wallerstein, centrada no desenvolvimento da Europa, foi feita por Patrick O'Brien, 'European Economic Development: the Contribution of the Periphery'. *The Economic History Review*, 2nd series, xxxv, 1982. Para a réplica de Wallerstein, ver *ibidem*, 2nd series, xxxvi, 1983.

mesmo a representação da classe trabalhadora e o sufrágio universal não passam de sutis acréscimos na "maquinaria estatal", por meio da qual a força de trabalho é controlada. Aos olhos do inocente, pode até parecer que o Estado "burguês" tenha com frequência usado sua competência tributária em benefício dos fracos e oprimidos. Mas não se engane, alerta-nos Wallerstein: "O poder para taxar era um dos modos mais imediatos pelos quais o Estado assumia diretamente o processo de acumulação de capital em favor de alguns grupos e em detrimento de outros".[14] Esta afirmação é mera tautologia, tendo em mente o que Wallerstein entende por "acumulação", mas é uma tautologia que, sob a influência de sua retórica, abre caminho para mais um ataque às formas e meios daquela personalidade internacional corrupta, a classe capitalista.

A paranoia implícita na análise de Wallerstein surge, acredito eu, como reação defensiva a uma contradição fundamental do socialismo. É essencial que o objeto do ódio radical seja primordialmente identificado como uma classe, e não como um Estado. Um Estado pode facilmente ser odiado, visto que é uma personalidade jurídica, e toma decisões por conta própria. Mas aquele que toma decisões também pode ser influenciado e dissuadido por argumentos. (O Estado que não *permite* argumentação – o Estado totalitário – sofre *da mesma* insanidade de um indivíduo que não permite argumentação.) É um traço típico dos Estados "capitalistas" que eles sejam inteiramente governados sob critérios constitucionais: com liberdade de oposição e de expressão de opiniões divergentes. Estes Estados podem ser persuadidos, por pressão política e argumentos racionais, a renunciar a práticas injustas e encontrar meios de ação mais afeitos à justiça. Eles podem ser objeto de correções, como o nosso próprio Estado foi por meio de Shaftesbury, Manners, Disraeli e pelos Cartistas na questão da legislação fabril. O Estado revela sua identidade corporativa, e sua

---

[14] Immanuel Wallerstein, *Historical Capitalism*, op. cit., p. 53.

responsabilidade corporativa, precisamente em sua disposição para a mudança. Sendo assim, na mesma medida em que merece culpabilidade, também é capaz de evitá-la. Pois, desde que seja constitucional – aberto à persuasão política –, a percepção dos seus erros deverá desencadear a mudança.

É justamente desta visão do processo político que o radical pretende se esquivar. Visto que nada que não seja a revolução (a morte do Estado) pode satisfazê-lo, toda e qualquer mudança constitucional precisa ser descartada *ab initio*. E também é preciso deixar claro desde o começo que nenhuma mudança no repertório da burguesia é capaz de satisfazer suas exigências. É por estas razões que o radical direciona o seu ressentimento não para o Estado, mas para a classe que é supostamente representada por ele, e acredita que todas as grandes batalhas ocorrem entre as classes. (Este é o motivo verdadeiro pelo qual ele descreve os Estados ocidentais como "capitalistas". Não importa que eles tenham, como Espanha e França, governos socialistas; tudo isso é muito superficial para ser percebido pelo ponto de vista radical – que enxerga apenas as profundezas inacessíveis aos iludidos). Pondo isto em prática, o radical não precisa se dar o trabalho de se relacionar com seus opositores, e concede-se o direito de rejeitar qualquer mudança ou compromisso que lhe seja oferecido. Por isso, quando as instituições de ensino "burguês" produziram suas visões esclarecidas e "universalistas" do homem, contrastando-as com o "racismo" de que a sociedade burguesa tinha com tanta frequência sido acusada, os radicais antirracistas não puderam perceber esta mudança como uma virtude. Afinal, é uma demonstração de que os corações burgueses podem mudar, mas os burgueses não podem ter corações:

> O Universalismo foi oferecido ao mundo como um presente do poderoso ao fraco. *Timeo Danaos et dona ferentes!* [sic] O presente em si mesmo abrigava racismo, pois ele dava ao que o recebia duas escolhas: aceitar o presente, assim reconhecendo que alguém estava abaixo na hierarquia de sabedoria adquirida; ou recusar o presente,

assim negando a si mesmo as armas que poderiam reverter a desigual situação de poder real.[15]

Em outras palavras, não importa o que mude no Estado, as intenções da classe dominante permanecem inalteradas. A conclusão acertada que decorre desta mudança não é esta, mas uma que os radicais não conseguem admitir. A conclusão correta é que a classe dominante não é, no fim das contas, idêntica ao Estado: ela é diferente da personalidade jurídica que se pode culpar, e, nesse caso, o ressentimento pode ser razoavelmente aplicável. A classe dominante é revelada, nesse implacável ódio radical, pelo que ela é: uma força material que não faz sentido condenar ou louvar, um fato econômico a ser avaliado não por aquilo que ele faz (porque ele não *faz* nada), mas por aquilo que ele faz acontecer. Sendo assim, apesar da necessidade radical em personificar a classe, também se lhe exige preservar no cerne de seu pensamento a imagem da classe como algo essencialmente impessoal, além da esfera do julgamento moral. A contradição (que existe de forma análoga no pensamento sobre o "racismo") só pode ser evitada se houver o reconhecimento da diferença fundamental entre classe e Estado. Só que reconhecê-la, e atribuir-lhe o significado moral que ela demanda, é derrubar as bases do terceiro-mundismo. Se mesmo diante de tudo isso continuamos culpando os Estados ocidentais – qualquer que seja a casuística – pelo empobrecimento do bom selvagem, não podemos culpá-los por conta de seu "capitalismo", por conta disto que não pertence ao âmbito superficial da tomada de decisão política, mas apenas à estrutura "profunda" que está além do louvor e da culpa.

Podemos lamentar a confusão intelectual manifesta nesta contradição. No entanto, seu efeito moral é muito mais grave. Ela encoraja o radical a direcionar seu ódio àquilo que não possui nem vontade nem racionalidade. Motiva-o a se engajar não com o mundo real das negociações políticas e da tomada de compromisso, mas com o mundo

---
[15] Ibidem, p. 85.

ilusório e "profundo" das forças intransigentes, em que luz e trevas lutam por uma ascendência metafísica que não pode ser atingida por mera vontade humana. Este pensamento maniqueísta destrói no radical tanto o espírito de comprometimento em si quanto a habilidade de perceber o compromisso como um valor político. Deixa-o pronto para aceitar como sua forma predileta de política – uma que só pode ser "superficialmente" diferente daquela contra a qual ele se revolta – os procedimentos do governo totalitário, dos quais o compromisso, os ajustes, o criticismo e a reforma foram finalmente eliminados por uma mudança "irreversível".

Capítulo 11 | Jürgen Habermas

Um inglês ou um americano podem ocasionalmente se referir às "autoridades da esquerda política" fazendo menção não apenas aos socialistas mais influentes que ocuparam posições de poder, mas também à notável rede de comunicação e afinidade, que os permite agir como um corpo, bloqueando o saudável movimento de reação e mantendo o ritmo do "progresso social". Por mais curioso que este fenômeno possa ser, ele é, contudo, suficientemente novo e limitado em seus efeitos para escapar à percepção leiga, e a frase "autoridades da esquerda" ainda é pronunciada em tom de brincadeira, sem intenção de ser levada a sério. Não tanto na Alemanha Ocidental, onde o *etablierte Linke* domina a vida das universidades, e não pode ser motivo de riso sem que isto soe como uma blasfêmia ao deus supremo.

Depois da guerra, um certo tipo de marxismo, que se portava como o verdadeiro polo opositor do nazismo, deu voz às correntes intelectuais que tinham sido forçadas por Hitler a permanecer na clandestinidade – e as reivindicou como suas. De volta aos escritórios que tinham sido miseravelmente ocupados por uma década, a *intelligentsia* iniciou a longa tarefa de fumigação. Currículos, *syllabus*, literatura – a retórica pró-ariana foi eliminada de tudo, e os ídolos vulgares do nacional-socialismo foram lançados de seus pedestais acadêmicos de volta à sarjeta de onde tinham vindo. Em substituição, surgiu um novo ídolo – o humanismo marxista da Escola de Frankfurt.

De início, o ídolo foi toscamente forjado, com materiais que tinham sido embarcados às pressas em direção à América durante as turbulências anteriores à guerra. Mas gradualmente o processo de manufatura foi refinado, e, juntamente com o crescimento industrial alemão dos pós-guerra, veio o novo intelectual de Frankfurt, delicado, polido e reproduzido como o BMW em muitas variedades complementares, cada uma tecnicamente perfeita e com uma tabela de desempenho que superava a dos rivais franceses e ingleses. Ernst Bloch deu lugar aos modelos mais simplificados de Horkheimer e Adorno, os quais, por sua vez, foram substituídos por protótipos funcionalmente perfeitos – os burocratas acadêmicos da Nova Esquerda. Típico destes burocratas é o filósofo social Jürgen Habermas, cuja influência acadêmica hoje se espalha por todo o mundo civilizado.

Quando Habermas e sua geração chegaram ao poder nos anos 1960, as universidades alemãs já tinham sido efetivamente expurgadas de sua velha guarda. Novas instituições estavam sendo fundadas, e as indústrias que tinham se beneficiado da expansão econômica estavam cuidando de seu fortalecimento. Este dinheiro consciente era pago sob a perspectiva de que as universidades deveriam sustentar a oferta de intelectuais de esquerda, comprometidos com uma visão de mundo cosmopolita e aptos a representarem seu país nas conferências internacionais da *Geisteswissenschaften*. As fundações alemãs escoavam seus recursos para causas educacionais progressistas com uma generosidade e um espírito público que não se viam desde o período do rearmamento alemão. Na verdade, poderíamos dizer que este era o período do rearmamento moral alemão, o qual se baseava, seguindo a lógica da "dialética negativa", na sistemática negação do que tinha vindo antes.

As escolas, universidades e igrejas alemãs emergiram no processo como um "bloco histórico" solidamente composto, para usar o jargão de Gramsci. Uma autoridade de controle tinha sido formada, dedicando-se à sua própria reprodução mecânica e à erradicação das ideias "reacionárias". Sob a proteção deste bloco nasceram, primeiro, a *Ostpolitik* de Willy Brandt, e depois, a nova política de massas dos Verdes, ambas exibindo a espécie de otimismo imaturo que, em épocas melhores, os professores universitários consideravam-se no dever de destruir. As autoridades da esquerda, por outro lado, reconheciam apenas um dever intelectual, o de afastar o velho *Verdunklung* da cultura nazista e substituí-lo com uma visão radical da emancipação humana, sintetizando o novo destino histórico de uma Europa unida e progressista.

A parte difícil da tarefa, que não poderia ter sido realizada sem a indústria e o gênio organizacional herdados da Prússia, era a burocratização da ideia radical. A mensagem marxista estava enterrada em papéis; os estudantes eram obrigados a apresentar documentos e mais documentos de reflexões marxistas, e o dissenso e a divergência estavam restritos às diferenças mais superficiais, no resultado final do aprendizado. Por estes métodos, a visão radical foi fixada no *campus*, inamovível, tornando-se uma parte da ordem oculta da universidade, de forma análoga ao espírito da produção no mundo além de seus muros.

A Escola de Frankfurt forneceu um "ponto de regresso" favorável a este processo burocrático, e uma Constituição não escrita que pôde legitimar seus decretos. Primeiro, a Escola era um produto nativo alemão, um lembrete necessário da velha *Wissenschaftliche Gesellschaft* que os nazistas haviam tentado destruir. Segundo, ela tinha estabelecido ligações internacionais, assentando raízes na América e até mesmo fornecendo aos liberacionistas californianos seu principal guru, na forma de Herbert Marcuse. Terceiro, o "marxismo humanista", a verdadeira "alternativa" ao estilo soviético, foi em grande parte uma invenção da Escola de Frankfurt. Por fim, e mais importante, a Escola via em Marx não o profeta de uma nova ordem, mas o crítico das coisas como são, o qual dera seguimento a uma tradição germânica de reflexão sombria sobre a cultura e a sociedade adjacentes e que, além disso, resgatara a filosofia de sua impotência, fazendo dela um vigoroso agente da mudança.

A ideia predominante da Escola está contida no título de um livro escrito por Max Horkheimer durante seus anos de exílio na Colômbia: *Zur Kritik der Instrumentellen Vernunft* [Crítica da Razão Instrumental].[1] De acordo com Horkheimer, o mundo capitalista apresenta o triunfo da razão, ou melhor, de uma espécie tipicamente "burguesa" de razão, por meio da qual todas as coisas são recriadas à imagem da "classe média emergente". A "razão instrumental" considera todo problema como um problema de meios, e seu mundo é um mundo sem finalidade. Neste mundo, o trabalhador é alienado, fragmentado, apartado da verdadeira natureza humana por uma ordem social que o condena ao fardo da produção pela troca. Na ordem burguesa, o produto do trabalho é o meio para aquilo que por ele se troca, e o bem em si não tem qualquer significância além do seu valor de troca. O dinheiro, que nas palavras de Marx é "valor-de-troca cristalizado", simboliza o pensamento instrumental, e em um mundo estruturado pelo dinheiro, a vida humana é tiranizada pela autoridade das coisas. Esta tirania tem muitas formas: o "fetichismo da mercadoria" identificado por Marx, o ritual opressivo da produção industrial, a mortificadora obsessão por tecnologia. Mas em qualquer uma das formas, ela envolve o triunfo dos meios sobre os significados, e a marginalização da verdadeira vontade humana, a qual, descolada das finalidades de sua existência, vagueia livre e sem propósito de coisa a coisa.

A causa disto é multiforme, como seus efeitos. A culpa reside primeiro nas "relações burguesas de produção" e, por consequência, na "propriedade privada dos meios de produção", da qual as relações de produção dependem. Ela também reside nas instituições que compõem a base da economia, e que consagram as preocupações impessoais do trabalho e da tecnologia. A razão em si encontra-se corrompida pela

---

[1] Max Horkheimer, *Zur Kritik der Intrumentellen Vernunft*. Frankfurt, 1967. Originalmente publicado em tradução inglesa como *Eclipse of Reason*. New York, 1947, p. 20.

ordem burguesa e perde seu foco natural na vida humana. O humanismo não pode nunca ser apenas um meio: deve sempre ser entendido como um fim em si mesmo. Para a razão burguesa, portanto, o humanismo é estritamente *imperceptível*. A verdadeira filosofia crítica é aquela que, voltando o olhar da filosofia sobre ela mesma, consegue ver as fontes envenenadas de seu próprio raciocínio. Em outras palavras, a filosofia crítica é aquela de Marx – não o Marx tardio d'*O Capital* e de *Teorias da Mais-Valia*, mas o primeiro Marx, que tentou reconhecer no pensamento dos hegelianos a operação secreta de uma ordem social hostil. Ao levar a filosofia de volta à sua base "material", expondo os segredos de sua própria produção, vemos que um tipo de raciocínio pode não fazer outra coisa senão tacitamente reafirmar a ordem social corrupta que o produz. E, percebendo isto, vamos além da filosofia, chegando à "teoria crítica" para descobrir a verdadeira possibilidade de emancipação, que inicia com a emancipação do pensamento em si. O pensamento precisa ser liberto do domínio da razão instrumental e, portanto, da tirania oculta das coisas.

A ancestralidade intelectual desta visão (que apresentei em linhas gerais) é impecavelmente respeitável, impecavelmente alemã e, se quisermos usar o termo, impecavelmente burguesa. A "teoria crítica" de Horkheimer é de fato a filosofia crítica de Kant, reformulada como um instrumento de criticismo social e moldada por marteladas de Marx. Ao imperativo categórico, que nos obriga a tratar o humanismo sempre como um fim e nunca apenas como um meio, é adicionada a teoria marxista da produção intelectual (que em sua forma clássica condena o imperativo categórico, tachando-o de ideologia burguesa). Esta síntese já tinha sido feita anteriormente – notavelmente por Georg Simmel em seu grande tratado *The Philosophy of Money* (1908). Mas com Horkheimer, ela adquire uma melancolia moderna distintiva, assim como uma nova erudição, incorporando aos seus argumentos diversos conceitos da sociologia weberiana, juntamente com referências à cultura alemã que precedera o eclipse nazista, e reminiscências desta. Horkheimer aponta o caminho por onde o autêntico criticismo germânico pode retornar, revitalizando e adequando ao consumo as teorias de Hegel e Marx.

Devemos lembrar que o estilo é paroquial, mas a verdade é propriedade de todo homem. A "crítica da razão instrumental" contém *insights*, mas eles são desassociáveis da linguagem que os expressou. Para nós, estes *insights* vieram revestidos no idioma de Arnold e Ruskin. Foram associados, em nosso tempo, não com uma teoria marxista sobre a racionalidade burguesa, mas com o conservadorismo ansioso de F. R. Leavis, cuja crítica da civilização utilitarista expressa, numa linguagem mais concreta e historicamente embasada, o mesmo significado duradouro contido no desenraizamento do *homo technologicus*. Por ser comum a radicais e conservadores, esta crítica não serve para situar Horkheimer em nenhum dos campos. Apenas a marxização dela lhe assegura suas credenciais: sem isto, ele não diz nada inaceitável a um Ernst Junger ou um Heidegger.

A crítica da razão instrumental tem algo em comum não apenas com o criticismo social de Ruskin e Leavis, mas também com a teoria weberiana da burocracia, e possui um apelo àqueles que se sentem oprimidos pela vastidão do mundo moderno, cujas leis do movimento parecem nos negligenciar. Introduzida no ambiente receptivo do *campus* americano, a nova crítica teve sucesso imediato. Marcuse capturou o mercado de Frankfurt com *slogans* chamativos, tal qual "tolerância repressiva" e "o universo totalitário da racionalidade tecnológica".[2] Mas quando a novidade destes *jingles* – dignos do Ministério da Verdade de Orwell – passou, os discípulos de Marcuse viram a si mesmos diante de perguntas não respondidas e dúvidas insolúveis. As mesmas questões confrontam o leitor de Horkheimer, Adorno ou Habermas, cuja técnica de venda mais antiquada falha em dissimular a equivalente

---

[2] Herbert Marcuse, "Repressive Tolerance". In: Robert Paul Wolff, Barrington Moore Jr. e Herbert Marcuse, *A Critique of Pure Tolerance*. London, 1969, p. 93-137.

tacanhez de seu produto. De que forma o pensamento pode reformar a si mesmo, refletindo sobre o segredo de sua própria produção? Se a falsa consciência da burguesia envenenou sua filosofia, o que dizer da filosofia que afirma isto? Ela não é também um produto burguês? A esta altura, podemos identificar uma certa qualidade litúrgica nos escritos dos frankfurtianos. Discursos carregados de retórica encantatória são proferidos contra a ordem "burguesa" e o pensamento que dela advém, num tom de voz modificado, indicando a proximidade do mistério. Imensos esforços são necessários para resolver esse mistério: e o principal destes é o esforço de distração abusiva.

Assim, num tratado bem conhecido, Horkheimer e Adorno estendem sua crítica da razão burguesa ao Iluminismo em si: pois o Iluminismo é a expressão acabada de um mundo dominado por "justiça burguesa e troca de mercadorias".[3] Os autores não hesitam perante nada em seus esforços para desacreditar a racionalidade "burguesa". O Iluminismo foi o verdadeiro produtor (Hegel não disse isso?) "do rebanho"; "o Iluminismo é totalitário"; "a abstração, ferramenta do Iluminismo, trata os seus objetos como fez o destino, cuja noção ele próprio rejeita: ele os liquida".[4] E assim por diante. Diante disso, qualquer um – que não seja burguês demais para levantar as sobrancelhas – poderia protestar: "vocês não estão exagerando?" Porque afinal, o que é a confiança da Escola de Frankfurt no papel redentor da reflexão crítica, senão outra forma de superstição iluminista – assim como o marxismo histórico – ligada às circunstâncias peculiares do novo homem industrial?

A crítica da razão instrumental sobrevive em Habermas, mas numa forma minuciosamente burocratizada. Tornou-se parte de um pedante estudo sobre "ação estratégica", em trabalhos que cobrem quase todos os assuntos de interesse especulativo. O estilo é vago, irresoluto e sóbrio, como se espera de um Doutor em Sociologia:

---

[3] Theodor Adorno e Max Horkheimer, *Dialectic of Enlightenment*. New York, 1944; Frankfurt 1969, p. 7.

[4] Ibidem, p. 13.

> Como resultado de sua reflexão sobre as condição de sua própria aparência e aplicação, a teoria entende-se como um momento catalítico necessário dentro do nexo da vida social que ela está analisando. Na realidade, ela analisa isto como um nexo integral de limitações do ponto de vista de sua eventual *Aufhebung*. A teoria, assim, cobre uma dupla relação entre teoria e práxis: de um lado, ela investiga as condições históricas para a constituição de uma constelação de interesses para os quais a teoria ainda pertence através de seus atos de cognição; e de outro lado, ela investiga o contexto histórico de ação que a teoria pode influenciar através do modo como ela orienta a ação. De um lado, ela está preocupada com a práxis social que, como síntese social, torna o conhecimento possível; de outro lado, ela está preocupada com uma práxis política que está conscientemente dirigida a derrubar o sistema institucional existente [...][5]

Somente na última frase, quando a agenda secreta é momentaneamente exposta, Habermas assume sua posição. O resto é uma prodigiosa verborreia, e, na realidade, parcamente compreensível. Um leitor que se depara com Habermas pela primeira vez, confrontando-se com seus hectares de sociologismo vazio, pode muito bem se surpreender com a afirmação de que ali, diante dele, está o cerne intelectual da esquerda alemã. Por mais surpreendente que seja, é isso mesmo. E é importante compreender que o estilo burocrático não é, sob qualquer critério, dispensável. Ao contrário, ele é componente indissolúvel da mensagem. O estilo é o agente da legitimação – por meio dele é que a crítica habermasiana da sociedade burguesa garante suas credenciais acadêmicas. Aqui, o tédio é veículo de uma autoridade abstrata. O leitor espera nos corredores da prosa de Habermas como um suplicante a quem a verdade foi prometida, embora apenas sob forma abstrata, num documento que talvez já esteja obsoleto.

A dificuldade de extrair significado da obra de Habermas é, ainda, agravada pela estrutura de seus livros, compostos de capítulos desconexos e argumentos que não são sustentados por mais de um

---

[5] Introdução à 3ª edição de *Theory and Practice*, 1963, 1971. Trad. John Viertel. London, 1974.

parágrafo. Cada capítulo parece o "relatório" de uma comissão designada a tratar de um assunto ao qual é, em ampla medida, indiferente. Representativos desse efeito são três trabalhos relativamente precoces: *Teoria e Práxis* (1963), *Tecnologia e Ciência como Ideologia* (1968) e *Conhecimento e Interesse* (1968). O último destes inclui relatórios oficiais dos membros do panteão frankfurtiano – Hegel, Marx, Comte, Peirce, Dilthey, Freud, Kant e Fichte – e mostram-nos por que os deuses estão possivelmente descontentes. O que os desagrada é, mais uma vez, a "razão instrumental" que domina a vida dos terráqueos, um descontentamento eterno que Habermas assina e carimba com o jargão contemporâneo.

Nestes trabalhos, Habermas distingue dois tipos de conduta social: a "estratégica" e a "comunicativa". A primeira é a "razão instrumental" do homem comum; a segunda é a "produção intelectual" do homem do *campus*. A diferença entre se resignar e calar a boca é apresentada como um profundo *insight* teórico:

> Por "trabalho" ou *ação estratégica*, entendo ou a ação instrumental ou a escolha racional ou sua conjunção. A ação instrumental é governada por *regras técnicas*, baseadas no conhecimento empírico. Em todo caso, elas implicam predição empírica sobre eventos observáveis, sejam físicos, sejam sociais. Estas predições podem provar-se corretas ou incorretas. A conduta da escolha racional é governada por *estratégias* baseadas em saber analítico [...]
>
> Por "interação", de outro lado, entendo *ação comunicativa*, interação simbólica. Ela é comandada por *normas consensuais*, que definem expectativas recíprocas sobre comportamento e que podem ser entendidas e reconhecidas por, pelo menos, dois sujeitos atuantes [...][6]

A distinção é exaustivamente trabalhada, e aqui reproduzi apenas um fragmento da exposição de Habermas. Não obstante, ela

---

[6] Jürgen Habermas, "Technology and Science as 'Ideology'". In: *Theory and Practice*, op. cit., p. 91-92.

pode ser reescrita de maneira mais simples: o trabalho é medido por sua eficiência; o discurso, por sua inteligibilidade. Sendo assim, as regras que orientam o primeiro são técnicas, referindo-se à escolha de meios para um fim. As regras que orientam o segundo são constitutivas, como as regras de um jogo, e servem para definir o significado do que é feito.

Inegavelmente, há comparações interessantes a serem feitas entre os dois tipos de ação. Mas assumir que toda atividade humana é de um tipo ou de outro desmerece muitas questões importantes. (A associação política, para muitos conservadores, não deve ser nem comunicativa nem estratégica, mas meramente flexível.) É característico de Habermas não dizer se esta distinção é exclusiva, exaustiva ou absoluta. Também é peculiar que, mesmo deixando estas questões cruciais sem resposta, ele as utilize como o principal instrumento teórico de sua crítica anticapitalista. Quase tudo o que é apontado como errado na sociedade burguesa pode ser, no fim, reduzido à operação da ação e do pensamento estratégicos; enquanto tudo que nos dá esperança de um mundo melhor está contido, ainda que secretamente, no paradigma da "comunicação". A emancipação, sugere Habermas, é, em primeiro lugar, a emancipação da linguagem. Ao mesmo tempo que esta afirmação soa um tanto paradoxal, vinda de um escritor cuja linguagem se apresenta encarcerada por tecnicismos sem sentido, ela carrega a autoridade distintiva de uma tradição. Ela repete a aspiração original dos frankfurtianos; qual seja, a de romper as algemas da cultura burguesa, por meio de pura teoria.

Antes de examinar este programa revolucionário, no entanto, devemos observar um aspecto importante da definição supracitada. Ela é, na verdade, a combinação de obviedades inúteis ("estes prognósticos podem mostrar-se corretos ou incorretos") e saltos de pensamento radicais e injustificados. O que começa como "ação instrumental", de repente se transforma em "escolha racional", que, por sua vez, assume a forma de "regras técnicas", fundadas no "conhecimento empírico". Mais tarde, a definição ainda é ampliada para "regras de preferência" e "procedimentos de decisão". Movimentos associativos semelhantes ocorrem nos outros trabalhos de Habermas deste período. Por exemplo:

> A análise empírica revela a realidade do ponto de vista do controle técnico possível sobre os processos objetificados da natureza, enquanto a hermenêutica mantém a intersubjetividade do entendimento mútuo da ação possível [...] No sistema comportamental da ação instrumental, a realidade é constituída como a totalidade do que pode ser experienciado do ponto de vista do controle técnico possível. A realidade que é objetificada sobre estas condições transcendentais tem sua contrapartida em um modo de experiência especialmente restrito. A linguagem de expressões empíricas-analíticas sobre a realidade é formada sob as mesmas condições [...][7]

Ainda que seja difícil entender o significado destas passagens, é fácil adivinhar seu objetivo. Elas reúnem, no escopo de uma única dicotomia, todas as distinções subsidiárias que dão substância à crítica anticapitalista de Habermas. Pensamento radical é pensamento dicotômico; e "avanços" na teoria radical consistem no amalgamento de pares opositivos em um ou outro lado da dicotomia fundamental. A oposição será expressa em inúmeras formas: capitalismo *versus* socialismo, burguês *versus* produtor, razão técnica *versus* teoria crítica, objetivo racional *versus* comunicação. Mas o significado permanece o mesmo: o mundo real é a expressão acabada do mal, enquanto o mundo irreal do socialismo é onde se condensa o bem. Em Habermas, a dicotomia é burocratizada, e expressa na linguagem oficial da sociologia alemã. O instrumental é alinhado com o técnico, o empírico, o analítico, o comportamental, o "decisório", o "objetivo"; e confrontado com o comunicativo, o "hermenêutico", o intersubjetivo, o normativo. Mas o objetivo permanece inalterado. Por este alinhamento

---

[7] Jürgen Habermas, *Knowledge and Human Interests*. Trad. J. J. Shapiro. 2. ed. London, 1978, p. 191.

– que nada mais é, sem dúvida, do que um substituto para o pensamento – Habermas constrói algo como uma máquina judicial, que acusa a sociedade burguesa de toda falha desumanizante e atribui ao ideal secreto da ação comunicativa todos os sucessos humanos.

Assumindo esta "crítica" capitalista de vitória fácil, Habermas está apto a reafirmar a velha promessa radical, qual seja:

> A "busca da felicidade" poderia um dia significar algo diferente – por exemplo, não o acúmulo de objetos materiais dos quais alguém dispõe privadamente, mas algo sobre relações sociais nas quais a mutualidade predomina e a satisfação não significa triunfo de um sobre as necessidades reprimidas do outro.[8]

Esta é a feliz condição a ser alcançada pela emancipação da linguagem. Habermas acredita que é na linguagem e por meio dela que a base das estruturas sociais alienantes pode ser combatida e superada. Esta crença encoraja-o a embarcar em novas tarefas de longo alcance, de modo que seu mais recente trabalho consiste em uma adesão oficial aos trabalhos de linguistas e de filósofos da linguagem, disfarçada sob a forma de uma "teoria da pragmática universal".[9] Agora, Habermas introduz a utopia socialista no jargão incompatível de Oxford:

> A estrutura da comunicação em si mesma não produz limitações se e somente se, para todos os participantes possíveis, há uma distribuição simétrica de oportunidades para escolher e para aplicar atos de fala.[10]

Se levarmos estes pronunciamentos a sério – e, afinal, sua pretensão de linguagem "científica" pede que o façamos –, não podemos deixar de tirar conclusões singulares. Emancipação linguística significa

---

[8] Jürgen Habermas, *Communication and the Evolution of the Society*. Trad. Thomas McCarthy. London, 1979, p. 198-99.

[9] "What is Universal Pragmatics?". In: ibidem.

[10] "Vorbereitende bemerkungen zu einer Theorie der Kommunikativen Kompetenz". In: J. Habermas e N. Luhmann, *Theorie der Gessellschaft oder Sozialtechnologie: Was Leistet die Systems Forschung?* Frankfurt, 1971, p. 137.

calar a sua boca, num mundo em que todos têm oportunidades iguais. E aí está a armadilha em que caem os socialistas. Liberdade, definida como "oportunidades iguais" ("chances simétricas"), é, de fato, um tipo muito peculiar de liberdade, visto que você só pode alcançá-la assegurando que todos se encontrem igualmente constrangidos. Por assim dizer, a emancipação linguística de Habermas poderia ser obtida pela manutenção do silêncio universal.

Mas não está realmente nos planos de Habermas ser tomado ao pé da letra, e a linguagem científica não passa de um espasmo nervoso: um novo carimbo legitimador que ele não sabe manusear e aplica de cabeça para baixo. A verdadeira intenção de Habermas é argumentar a favor da "democratização" do discurso e do "consenso alcançado sobre um discurso universal e irrestrito".[11] No mundo ideal haveria uma espécie de impetuosidade expressiva universal, um grito desimpedido, no qual, no entanto, uma sinfonia poderia ser distinguida ao longe:

> Na medida em que dominamos os meios da construção [desta] situação de fala ideal, podemos conceber as ideias de verdade, liberdade e justiça que penetram umas nas outras – embora, é claro, somente como ideias.[12]

Mas a última frase contradiz a promessa radical. Qual o valor da verdade, da liberdade e da justiça se elas não passam de ideias? Mesmo assim, Habermas é determinado. Para ele, os hábitos de discurso existentes são, em comparação, constritos a um nível intolerável, em particular porque são capazes de "impedir até mesmo o surgimento de questões radicais acerca do processo de universalização de valores advindo da sociedade burguesa".[13] A partir daí, ele prossegue acenando

---

[11] "Towards a Theory of Communicative Competence". In: *Inquiry*. 1970, p. 370 (adaptação do capítulo referido na nota anterior).

[12] Ibidem.

[13] Jürgen Habermas, *Communication and the Evolution of Society*, op. cit., p. 198.

em direção à nova ordem comunicativa, em que todos serão iguais e todos serão livres. Nesta ordem, a comunicação não seria mais distorcida por preconceito, por respeito à autoridade, por vaidade ou insegurança; uma genuína "ética comunicativa" emergiria, a qual seria responsável por "garantir o espírito geral das normas admissíveis e a autonomia dos sujeitos ativos".[14]

Esta nova ordem é ocasionada pela adoção de normas "com que todos os afetados concordam (ou concordariam) sem imposição ao aderirem (ou se aderissem) a um processo de formação de vontade de discurso".[15] Concordam ou concordariam? Contrato efetivo ou hipotético? A resposta é imaterial, pois Habermas não está mais escrevendo sobre comunicação, e o seu falso pretexto de estar desenvolvendo uma teoria da *linguagem* poderia ser descartado sem prejuízo do que ele quer realmente dizer. Ele está tentando definir as condições necessárias para relações livres (e presumivelmente justas) e não para a livre comunicação. Ao enfatizar consenso, acordo e vontade, Habermas está repetindo, de forma confusa e burocrática, a velha teoria do contrato social. Ao mesmo tempo, seus parênteses, disfarçando a distinção real entre contratos efetivos e hipotéticos (a distinção, poderíamos dizer, entre Friedman e Rawls), servem para esconder o furo que faz esta teoria afundar. Ou as pessoas estão legalmente aptas a contratar na presente condição (e, neste caso, não poderíamos dizer que elas aceitaram implicitamente a ordem "capitalista"?), ou elas não possuem esta liberdade, e o critério de identificação da ordem social preferida é dado apenas pelo que as pessoas *escolheriam*, em circunstâncias ideais. Aqui surge outro problema: como definir estas condições sem cair na falácia do *petitio principii*?

Mas, para falar a verdade, o nível intelectual de Habermas não abre espaço para esta discussão. Sua teoria da emancipação

---

[14] Jürgen Habermas, *Legitimation Crisis*. Trad. Thomas McCarthy. London, 1976, p. 89.

[15] Ibidem.

linguística só lhe interessa na medida em que serve de prelúdio aos seus pensamentos sobre legitimidade, cuja grande maioria não deriva da análise do discurso, mas da sociologia Weberiana. Em *A Crise de Legitimação no Capitalismo Tardio* (1973),[16] Habermas argumenta que nossas sociedades estão sofrendo um "déficit de legitimidade" e não podem ser legitimadas por nenhum dos procedimentos sancionados no pensamento do "capitalismo tardio". A linguagem do título é ilustrativa. A deferência ritualística ao marxismo não ocorre nas conclusões do argumento de Habermas – pois estas são poucas e malfeitas –, mas na linguagem de seus questionamentos. Desde o início, assume-se como pressupostos que os termos "burguês" e "capitalista tardio" são adequados para os fenômenos sociais confrontados; que uma sociedade pode ser caracterizada por suas "relações de produção", seu "nível de desenvolvimento das forças produtivas", sua "ideologia dominante" e os procedimentos de "legitimação" de que dispõe. Estas premissas não são questionadas – ou são questionadas à maneira de um inquérito oficial tendencioso, feito por pessoas preocupadas em passar a limpo seus hábitos inextirpáveis. Tendo caído em argumentos circulares, Habermas passa a enfeitá-los com todo e qualquer trecho de teoria com que teve contato nos últimos tempos. Cibernética, antropologia funcionalista, estruturalismo, análise do discurso: todas são apropriadas por conta de seu jargão, o qual é usado para transformar os mórbidos resmungos do Bierkeller nas "perguntas de pesquisa" da sala de aula:

> Podem os novos potenciais para o conflito e a apatia, caracterizados pela retirada de motivação e inclinação a protestar e apoiados por subculturas, levar à recusa de executar funções designadas, em uma tal escala que possa ameaçar o sistema como um todo? Os grupos que colocam em questão, possivelmente de forma passiva, a realização de importantes funções do sistema são idênticos aos grupos capazes de ação política consciente em uma situação de crise? É o processo de erosão que

---

[16] Mal traduzido como na nota 15.

pode levar à desintegração das legitimações funcionalmente necessárias de dominação e motivações que conseguem ao mesmo um processo de politização que cria potenciais para a ação? [...] Não desenvolvemos ainda hipóteses suficientemente precisas e testáveis para sermos capazes de responder estas questões empiricamente.[17]

Mais uma vez, o estranho reconhecimento da ciência não deve ser levado a sério. Responder questões empiricamente é precisamente não respondê-las da maneira que Habermas exige. É permanecer no lado errado da dicotomia, o lado do comportamento estratégico, no qual tudo é empírico, analítico, objetivo, comportamental e ruim. Assumindo que o que Habermas desenvolveu constitua uma teoria da legitimidade, seu argumento é que a "razão instrumental" não tem competência para justificar a autoridade do governo. Ver o Estado como um meio para determinado fim é considerá-lo dispensável, e, portanto, abandonar a noção de sua necessidade.

Este argumento não é novo. Cada um à sua maneira, Hegel, Burke e Oakeshott mostraram a conexão entre a racionalidade instrumental e a perda do respeito por coisas instituídas. Nossa lealdade ao Estado é tão condicional quanto nossa lealdade à família, e o Estado não é mais justificável como instrumento de obtenção de objetivos do que o laço de amor que nos liga aos nossos familiares. Mas que outra conclusão se pode tirar disto, senão a conservadora, segundo a qual esta lealdade ao que é instituído é um fato *dado*, do qual parte o criticismo social? E que ela não é condicional, tampouco instrumental, mas uma demonstração de gratidão aos antecedentes a que cada um de nós deve sua vida?

É provável que, nesta observação sobre a crise de legitimidade advinda do pensamento estratégico, Habermas tenha sido influenciado por um pensador alemão que ousou tirar estas conclusões

---

[17] Jürgen Habermas, *Theory and Practice*, op. cit., p. 6-7.

conservadoras: Arnold Gehlen. Num ensaio relativamente lúcido, Habermas faz um tributo à Gehlen, ainda que criticando seu apego às instituições e sua "substancialidade imitativa".[18] Gehlen tivera a coragem de afirmar aquilo que na Alemanha contemporânea se tornou impronunciável. Seus pensamentos, absorvidos pela maquinaria do burocrata esquerdista, são regurgitados em forma tolerável, apartados de suas conclusões e oferecidos como uma "crítica" de outra "crise capitalista". Além disso tudo, a verdade é que apenas os socialistas tentaram encontrar a legitimidade do governo identificando suas funções como instrumentos. Apenas o socialismo instalou, no lugar do governo dos homens, aquela "administração das coisas", sem face humana, que deve ser julgada pelas "regras técnicas" da engenharia social. Se há, no mundo moderno, um "déficit de legitimidade", ele é maior ali onde o socialismo deixou sua marca. Vendo isto, também percebemos que o capitalismo descrito por Habermas não é o tardio, mas o primitivo.

Habermas não é um revolucionário apaixonado: na verdade, ele não é apaixonado por nada. Desde que acordou para as realidades do conflito social, ele só deu apoio aos objetivos "democratizantes" do movimento estudantil[19] – e um apoio modesto. Ele evita os "*slogans* marxistas", que, ao simplificarem as escolhas, dispensam a sabedoria prudente do burocrata de esquerda e confinam os seus pronunciamentos políticos num apelo generalizado pelo fim do "entrecruzamento do ensino e da pesquisa, com o poder e o privilégio dentro e fora da universidade".[20] Apesar disso, ele se permite acalentar uma certa esperança de que os estudantes conseguirão derrubar as estruturas opressivas do capitalismo":

---

[18] Idem, "Arnold Gehlen: Imitation Substantiality", 1970. In: *Philosophical-Political Profiles*. Trad. Thomas McCarthy. Cambridge Mass., 1983.

[19] Idem, *Towards a Rational Society*. Trad. J. J. Shapiro. London, 1971, p. 46.

[20] Ibidem, p. 46.

A longo prazo, um protesto estudantil poderia permanentemente destruir a ideologia conquistada e assim derrubar a já frágil base de legitimidade do capitalismo avançado, que reside somente na despolitização.[21]

O que foi dito até aqui nos basta para perceber que o caráter irresoluto desta exortação e o modo vago e distante em que o ideal da emancipação é descrito não são aspectos acidentais do pensamento de Habermas.

E não devemos esperar mais que isso. O *establishment* de esquerda da Alemanha está perfeitamente ciente de sua posição enquanto elite privilegiada. Ao mesmo tempo que repetem sua fastidiosa condenação da tecnocracia, eles sabem, do fundo de seu coração, que a "razão instrumental" – descrita por Habermas, num de seus momentos mais cândidos, como "trabalho" – é a condição social de que depende sua posição. Em última análise, a crítica do comportamento estratégico e a celebração do "ato comunicativo" não passam de ideologia: a ideologia de uma elite preocupada em desprezar a realidade da indústria moderna e preservar a dignidade de sua posição de classe ociosa. Como qualquer outra ideologia, sua manutenção depende do trabalho de persuasão dos estratos sociais mais baixos. Nesse sentido, foi uma jogada inteligente do esquerdista alemão emitir suas proclamações ideológicas na forma burocrática e misturar a elas uma mensagem obscura de emancipação final. O trabalhador e o administrador são assim intimidados pelo pensamento de que o esquerdista é um funcionário público superior, a serviço de sua indústria específica. O esquerdista detém o arquivo em que a verdade foi apreendida, e qualquer esclarecimento lhe deve ser solicitado com a mesma paciência que se dispensava aos oficiais da *bürgerlicher Gesellschaft*. Por sinal, não foi Hegel, ideólogo desta "sociedade burguesa", que identificou os funcionários públicos como sua classe superior?

---

[21] Ibidem, p. 122.

A linguagem marxizante do *establishment* de esquerda é um exercício de legitimação. O industrial trabalha para sustentar a tranquilidade do *campus*, ciente de que os sentimentos revolucionários da elite estão aprisionados na sala de espera da "teoria crítica" e só são liberados em doses inócuas. Indivíduos revolucionários, atraídos ao *campus*, são gradativamente neutralizados pelo tédio, nutridos por *insights* discretos e devolvidos ao mundo saudável das mercadorias com renovado apetite para o trabalho. Sendo assim, o *establishment* de esquerda não é apenas necessário para a autoimagem espiritual na nova república alemã, mas para o crescimento industrial do qual esta depende. E é nisto, creio eu, que se situa a explicação do fenômeno Habermas: um pensador de reputação mundial, que ainda nos deve um pensamento original.

Capítulo 12 | Perry Anderson

É uma característica singular da Inglaterra moderna que os críticos mais loquazes da classe dominante – com algumas exceções dignas de nota – façam parte dela. De Beatrice Webb a Tony Benn, os ruídos radicais do século XX tiveram origem nos altos escalões da sociedade, de onde denunciavam os mesmos privilégios de que se beneficiavam, sentados no sofá de suas salas de estar. Seu desprezo pelo "sistema" não procede de inveja ou sofrimento, mas da íntima confiança de que não precisam das garantias frágeis que ele oferece. Sua riqueza, seus títulos, seu *status* e seu poder são herdados, e podem ser denunciados sem a menor autocrítica, já que o trabalho sujo de adquiri-los não foi feito por suas mãos. Com um sorriso no rosto, eles fingem menosprezar as vantagens pelas quais a classe média os inveja, e, no entanto, detêm o controle cúmplice e secreto das coisas que são de seu direito nato e inalienável.

A antiga Sociedade Fabiana foi um exemplo vívido da política da "renúncia do privilégio", pela qual um privilégio desacreditado é ao mesmo tempo e discretamente reafirmado. Movendo-se ao redor da Sociedade Fabiana, vinha a nova classe de "Dons", que se beneficiava das últimas vantagens exclusivas das faculdades de Oxbridge, antes de estas abrirem suas portas à pequena burguesia. O novo "Dom" era em geral um emergente; no entanto, seu *status* de estudante de Oxbridge servia-lhe como um simulacro da classe e do estilo aristocráticos, e seu esquerdismo carregava um ar de "revolução a partir de cima" – em que o poder social é ao mesmo tempo denunciado com vigor e exibido com ostentação.

Na suntuosa fortaleza de Balliol, Christopher Hill – seu primeiro membro e depois seu Mestre – recriou o século XVII de acordo com os princípios socialistas. Suas motivações ideológicas foram reveladas num estudo idolátrico sobre Lênin publicado em 1949, pouco depois de um mandato no Ministério das Relações Exteriores. Seus estudos históricos são carregados de parcialidade, imprecisão e até mesmo hipocrisia: sustentam a visão do século XVII como o século da "revolução socialista", por meio da manipulação de fatos que refutam esta concepção. Apesar disso, seu estudo e suas credenciais acadêmicas não foram postos em dúvida sequer uma vez, nem por seus partidários, tampouco por seus opositores.[1] Faz parte dos direitos aristocráticos do Dom de Oxford que a história possa ser invocada ao seu dispor, e que a digna classe média seja erradicada de seus anais. (Apesar de, neste caso, precisarmos admitir que foi outro Dom de Oxford, Hugh Trevor-Roper, quem tentou trazer de volta a classe média.)

Hill, assim como seus contemporâneos Raymond Williams e Eric Hobsbawm, manteve ligações com os comunistas e seus aliados durante toda a vida. Cada um deles mudou de tom e de tática conforme requeria a situação, e todos devotaram seus maiores esforços à criação de um império de influência dentro da comunidade acadêmica, em Oxford, Cambdrige e Londres. Estas figuras, tendo atingido eminência acadêmica durante os anos cruciais do pós-guerra, efetivamente

---

[1] Nenhuma obra de Hill é mais flagrante em sua manipulação de fatos que o recente estudo de Milton – *The Experience of Defeat: Milton and some Contemporaries*. London, 1984 – no qual Milton, o defensor do governo parlamentar, da Constituição e da livre iniciativa, é retratado como um cripto-nivelador [referente aos *levellers*, partido de camponeses reformistas da Inglaterra (N. T.)], um radical ativista sofrendo junto aos protossocialistas de sua época a experiência de derrota nas mãos do *establishment* implacável.

consolidaram a posição da esquerda radical dentro das nossas maiores instituições de ensino. Começaram repudiando sua herança com o mesmo desdém aristocrático com que o Lorde Stransgate abdicou de seu título: toda esta "velha corrupção", o privilégio acumulado do qual eles então se beneficiavam, seria a partir daquele momento abolida graças ao poder de autoridade que estes mesmos privilégios lhe conferiam. Isto é, da mesma forma que os radicais aristocratas da Sociedade Fabiana, eles não poupavam energias para despojar as futuras gerações da cultura que tinham sob sua tutela, a qual, se dependesse de sua obstinação, estava sendo desfrutada pela última vez.

Não devemos nos surpreender, portanto, ao descobrir que os radicais privilegiados que sucederam estes pioneiros não possuíam qualquer inclinação especial por se estabelecer na universidade. Além disso, não obstante a manutenção de seus vínculos com a velha guarda, duas experiências críticas fizeram-nos abdicar do engajamento na política soviética, engajamento este que tinha sido um traço crucial da geração anterior. O primeiro deles foi o "discurso secreto" de Kruschev, em 1956, quando o novo líder soviético insinuou que Stálin tinha ido longe demais ao aniquilar não apenas os inimigos do socialismo, mas também os diligentes trabalhadores comunistas que estavam engajados na mesma causa sagrada. A partir daí, tornou-se possível admitir que as coisas tinham dado errado na União Soviética. Ademais, qualquer sensação de que o "erro" já havia sido corrigido foi desacreditada pela segunda calamidade, ainda maior que a primeira – a invasão soviética da Hungria, no mesmo ano, quando os principais representantes da classe governante comunista (com a significativa exceção de Lukács – ver capítulo 13) foram perseguidos e mortos. Mais uma vez, as leis de ferro da história socialista pareciam exceder a si mesmas, destruindo não apenas os agentes pequeno-burgueses da reação (que por alguma razão tinham se infiltrado em todas as casas, escolas e fábricas), mas também as forças progressistas que haviam lutado heroicamente contra eles.

Quando a nova geração de radicais começou a se reunir no final dos anos 1950, estava na ordem do dia estabelecer uma nova cultura e um novo programa divorciados de todos os antecedentes sórdidos. Ao seu desprezo pelas velhas instituições de ensino, somou-se uma nova descrença nas práticas comunistas e uma atitude progressivamente negativa para com as possibilidades de ações disponíveis. A simpatia pela União Soviética deu lugar a uma implacável hostilidade ao mundo circundante, enquanto as maiores energias da Nova Esquerda deixaram de ser devotadas a programas políticos, sendo direcionadas para o desenvolvimento de uma "contracultura", de uma "sociedade alternativa" – uma moralidade e uma política determinadas em todos os aspectos por uma mentalidade de oposição.

Esta mentalidade de oposição encontrou manifestação veemente e imaginativa na *New Left Review*, fundada em 1960, sob editoria de Stuart Hall. De acordo com o primeiro editorial,

> A tarefa do socialismo é encontrar pessoas onde elas *estão*, onde elas são tocadas, movidas, mexidas, frustradas, nauseadas – desenvolver descontentamento e, ao mesmo tempo, dar ao movimento socialista algum sentido *exato* dos tempos e dos modos nos quais vivemos.

Esta busca ao redor do mundo por frustração, ódio, náusea e descontentamento estava para se tornar uma singularidade da Nova Esquerda, que tentou forjar uma "aliança revolucionária" entre a sua "cultura alternativa" e a amargurada "classe trabalhadora". Perry Anderson, que assumiu a editoria da *New Left Review* no período que abriga os anos críticos do encantamento esquerdista, foi a fonte mais enérgica e influente da ideologia do novo "bloco histórico". Seu desprezo pela cultura estabelecida da Inglaterra e sua tentativa consciente de inspirar uma revolta estudantil para a derrubada desta traíam a inviolabilidade social da velha classe dominante. Educado em Eton e Oxford, erudito, enérgico e engajado, com talento para reescrever a história de acordo com os pré-requisitos marxistas,

Anderson poderia ter sido um valioso sucessor de Christopher Hill. No entanto, ele se identificava completamente com a mentalidade opositiva da *New Left Review*. Ao se tornar editor, ele usou a *Review* como plataforma para a cultura alternativa dos anos 1960 – uma cultura que deveria ser cosmopolita, sofisticada e desdenhosa de toda e cada coisa "estabelecida". Anderson teve papel fundamental na introdução de Althusser, Mandel, Medvedev, Adorno, Debray, Lacan e dezenas de outros autores ao leitor socialista, publicando suas obras tanto na *Review* quanto sob o selo editorial *New Left Books*. Ele foi, portanto, uma grande força de fundamentação do "programa alternativo" nas ciências sociais. Ele também assumiu a formidável tarefa de *marxizar* toda a história da humanidade e, numa série de polêmicas mordazes, tentou desestabilizar a cultura estabelecida da Inglaterra e substituí-la por sua própria cultura. O sucesso da *New Left Review* e da editora a ela associada deve-se em grande medida à visão erudita e imaginativa de Anderson sobre o papel do intelectual nas condições da Grã-Bretanha contemporânea.

Anderson sempre reconheceu que a esquerda só estaria preparada para discutir seriamente com aqueles que se dissessem parte dela. Charlatanismo e irracionalidade são defeitos pequenos num pensador de esquerda: o que importa é sempre a fidelidade primordial ao "bloco histórico" que une o intelectual e o trabalhador na oposição às "coisas estabelecidas pela lei". Não importa muito que as questões sejam respondidas de forma circular, que os argumentos sejam distorcidos ou que a linguagem seja abusiva – tudo isso é secundário num escritor com a verdadeira mentalidade opositora. Na verdade, foi precisamente enchendo as páginas da *New Left Review* com os trabalhos de charlatães que Anderson garantiu sua popularidade entre aqueles hostis às "estruturas" oficiais da educação, para os quais a ênfase tradicional na competência intelectual era um mero instrumento da reação burguesa. A *New Left Review* forneceu, portanto, a base de poder ideal para a mentalidade radical dos anos 1960: antiacadêmica, ainda que com enormes pretensões intelectuais; cultivada, mas impaciente com a cultura prevalecente; dogmática, e ainda assim imaginativa e ampla na escolha de seus inimigos. Dentre seus escritores estiveram os revolucionários da velha guarda – Hill, Williams, Hobsbawm e Deutscher –, assim como as estrelas ascendentes da revolução cultural – Tom Nairn, Alexander Cockburn, Juliet Mitchell, Terry Eagleton, e o próprio Anderson. Artigos e entrevistas de Castro e Mao figuravam ao lado de efusões tolas de Michael Foot e Eric Heffer, enquanto – este era o extraordinário temperamento dos anos 1960 – figuras respeitáveis como Conor Cruis O'Brien e Richard Hoggart se digladiavam com os rebeldes como Werner Fassbinder e Régis Debray.

A *Review* conquistou seu reconhecimento em 1968, e foi nesse ano de grandes ilusões que Perry Anderson publicou o ataque à cultura britânica que fez o seu nome. Num extenso artigo intitulado "Components of the National Culture",[2] Anderson faz um levantamento de toda a cultura "oficial" da Grã-Bretanha do pós-guerra e a acusa de ser uma cultura de reação, dedicada a escorar as ruínas de uma ordem social destroçada e implacavelmente hostil à cultura vital e emergente da elite revolucionária. O diagnóstico de Anderson sobre nosso declínio cultural é simples:

> A cultura da sociedade burguesa inglesa está assentada sobre nada – uma teoria total de si mesma, que poderia ter sido ou uma sociologia clássica ou um marxismo nacional. A trajetória da estrutura social inglesa – acima de tudo, a não emergência de um movimento revolucionário poderoso da classe operária – é a explicação deste desenvolvimento arrastado.

Esta tese extraordinária foi aproveitada por outros – notavelmente por Terry Eagleton. Mas repare na consequência: uma cultura salutar só pode ser garantida por uma "teoria total de si mesma": a

---

[2] Perry Anderson, "Componentes of the National Culture". *New Left Review*, n. 50, jul. 1968.

coruja de Minerva, parece, começou a bater as asas no amanhecer. Como isso se aplica às culturas salutares de outras eras permanece, é claro, um mistério. Mas que esta observação não se aplica à nossa cultura é evidente. Nossa cultura tem sido *asfixiada* por teorias sobre si mesma. Nunca antes houve tantas teorias, tão assiduamente repetidas, escritas por aqueles sem o talento ou a vitalidade para enriquecer a cultura que eles investigam. E por que nossa "teoria totalizante" deveria ser o marxismo? Por acaso ela salvou a cultura da Rússia, da Polônia, da Tchecoslováquia, da China ou do Vietnã?

Anderson, entretanto, está menos preocupado com a sugestão positiva incorporada em seu diagnóstico do que com os intrigantes sintomas de declínio. Graças à nossa falta de teorias marxistas, "uma imigração branca espalhou-se pelos lares da vida intelectual inglesa, capturando setor atrás de setor, até que esta cultura tradicionalmente insular foi dominada por expatriados de calibre heterogêneo". Os emigrados vermelhos (Brecht, Lukács, Horkheimer, Marcuse) foram para lugares menos sufocantes (Rússia, por exemplo): o que recebemos foi o pior da burguesia lacaia, a qual, deslocada primeiramente pelos nazistas e depois pela "vitória do comunismo na Europa Oriental", fugiu para a Grã-Bretanha em busca da ordem reacionária pela qual ansiavam. Nossa fragilizada cultura nacional foi de pronto tomada por eles – a filosofia, por Wittgenstein; a antropologia, por Malinowsky; a história, por Namir; a "teoria social", por Popper; a teoria política, por Berlin; a estética, por Gombrich; a psicologia, por Eysenck; e a psicanálise, por Melanie Klein.

A tese, por si só extraordinária, ainda é sustentada pelo mais débil raciocínio. A filosofia britânica deve tanto a Russell e Austin quanto a Wittgenstein; a historiografia, tanto a Toynbee, Tawney e Trevor-Roper quanto a Namier; e assim por diante. Mas tal é a paixão de Anderson por sua certeza indubitável, que a identificação do inimigo e a rejeição da cultura árida que este inimigo tentou nos impor derrotam por si mesmas qualquer objeção. Anderson só pausa para fazer uma consideração especial, sobre um caso complicado, que é o da crítica literária – a defesa da cultura em si – personificado em Leavis. Anderson está pronto a admitir que Leavis não é um "emigrado branco" (embora o nome soe um pouco suspeito, não é?). De qualquer forma, "carecendo de qualquer formação sociológica, registrando um declínio, mas sendo incapaz de fornecer uma teoria sobre ele, Leavis estava, no fim das contas, aprisionado na lógica cultural que ele detestava". Esta rejeição é significativa. Um dos pontos reconhecidamente fortes da cultura britânica é o fato de ter tradicionalmente produzido não teorias sociológicas de si mesma, mas teorias de *criticismo* social e cultural. Sendo assim, menosprezar Leavis é menosprezar Burke, Coleridge, Arnold, Hazlitt, Ruskin e Eliot, todos os quais cumpriram melhor que os teóricos da *Geisteswissenschaften* o papel de incentivadores e vigilantes da cultura. Tais pensamentos, contudo, vão muito além da agenda de Anderson: eles são fonte de hesitações demais, de escrúpulos intelectuais demais para serem considerados na sua intenção de polemizar.

Há outra maneira de vermos a lista de "emigrados brancos" fabricada por Anderson. Namier, Wittgenstein, Gombrich, Popper, Klein, Berlin, etc. – o que estas pessoas têm em comum, além de seu sangue judeu? Isto também pode ter sido levado em consideração quando Anderson os caracterizou como "não britânicos", e a cultura que eles trouxeram, como uma cultura de "reação", uma contaminação da nossa vitalidade socialista nativa. O desprezo de Anderson por evidências e sua identificação imprudente do inimigo deixam-no em maus lençóis. Ter descoberto uma conspiração cultural, liderada por emigrados brancos, judeus e plutocratas, corruptores de nossa cultura "nacional" com sua herança intelectual poluída, foi a realização de uma das maiores ambições do nacional-socialismo. É isso que devemos esperar do nacional-marxismo que Anderson defende? Certamente, o veneno do nacional-socialismo está ali na retórica de Anderson:

O efeito clorofórmico de tal configuração cultural, seu silente e constante apoio do *status quo* social, é mortal. A cultura britânica, como ela está agora constituída, é uma força sufocante e profundamente perigosa, operando contra o crescimento de toda esquerda revolucionária.

Como o nacional-socialista, Anderson olha para a juventude em busca de nossa redenção, esperando mobilizar os camisas-negras da cultura contra o *status quo* reacionário:

> A história deu este nó; somente a história poderia em última instância desfazê-lo. Uma cultura revolucionária não é para amanhã. Mas uma prática revolucionária dentro de uma cultura é possível e necessária hoje; a luta dos estudantes é sua forma inicial.
>
> [...] Por suas lutas, os estudantes podem minar um bastião importante do poder da classe dominante (a educação superior) e ajudaram a detonar conflitos sociais mais amplos.

Em textos subsequentes, no entanto, a acidez tornou-se menos flagrante, e a luta revolucionária foi adiada gentilmente para aqueles que vierem depois de nós, já que Anderson tem a história a seu favor e o tempo em suas mãos.

Nos anos 1970, portanto, Anderson lançou-se a enfraquecer gradualmente a cultura burguesa por meio da expropriação de seus recursos e a transferência destes para o uso de uma historiografia marxista. Em dois volumes impressionantes e influentes – *Linhagens do Estado Absolutista* (1974) e *Passagens da Antiguidade ao Feudalismo* (1974) – ele forneceu à Nova Esquerda um manual indispensável sobre o passado. O alcance do conhecimento histórico de Anderson é extraordinário: nenhuma sociedade sobre a Terra e nenhum período parece escapar a sua atenção, e mesmo que suas fontes sejam em grande parte secundárias, é difícil não se impressionar pelo fato de elas incluírem autoridades francesas, italianas, alemãs e russas, muitas das quais permanecem sem tradução. Há, de fato, muito a se aprender com esses trabalhos, tanto sobre os assuntos de interesse da história mundial, quanto sobre a aplicação da teoria marxista à narrativa deles. Anderson tenta fazer pelos marxistas aquilo que Spengler e Toynbee fizeram pelos historiadores "burgueses" da cultura: fornecer uma só morfologia à qual todo o desenvolvimento histórico possa ser adequado.

Seu sucesso dependerá dos objetivos da historiografia marxista. Um historiador marxista tentará cumprir pelo menos uma – preferivelmente todas – as incumbências a seguir:

1. Explicar o movimento de instituições, leis e religiões, com relação às transformações da "base econômica" – isto é, conforme o desenvolvimento e o controle dos meios de produção.

2. Identificar períodos "revolucionários", nos quais as "forças de produção" entram em conflito com as "relações de produção" e eventualmente as derrubam; e mostrar que estes períodos são períodos de "luta de classes".

3. Demonstrar que durante esses períodos revolucionários há descontinuidades radicais em todas as instituições sociais da forma descrita e prevista por Marx.

4. Concordar em alguma medida com a morfologia marxista, dividindo o mundo em períodos de "comunismo primitivo", "escravidão", "feudalismo", "capitalismo" e "socialismo", cada um se distinguindo por suas "relações de produção" prevalecentes.

5. Substanciar a asserção *ideológica* de que o movimento da história é em direção ao socialismo, já que o socialismo é pressuposto tanto como a consequência natural da história precedente, quanto como a solução efetiva para os conflitos desta.

Apenas o marxista mais puro se disporia a tentar cumprir cada uma destas cinco tarefas. Mas é desonesto considerar como um historiador marxista aquele que não consegue se engajar em alguma delas, e um historiador marxista sério deve engajar-se em mais de uma. É um fato curioso, porém, que a historiografia "marxista" se dedicava quase exclusivamente à segunda tarefa: aquela de identificar e descrever os períodos "revolucionários". Além disso, nem todas as formas de identificar estes períodos eram genuinamente marxistas – isto é, genuinamente comprometidas com a teoria marxista da revolução como o embate entre forças e relações de produção –, e é significativo que os historiadores "marxistas" da "revolução" raramente demonstrassem qualquer ligação com as teorias de Marx. Consideremos Christopher Hill, cuja análise da "revolução" inglesa estava preocupada com a *ideologia* dos protagonistas e apenas vagamente com os conflitos materiais nela expressos.[3] Porque, na verdade, os levantes do século XVII não podem ser explicados sob o ponto de vista do confronto entre forças e relações de produção prevalecentes. Os conflitos eram o que pareciam: ideológicos, políticos e pessoais, e também econômicos. Até mesmo a identificação de "antagonismo de classes" é extremamente artificial nesse caso, já que sob qualquer ponto de vista marxista as forças que estavam em oposição pertenciam à *mesma* classe.

Anderson tentou remediar essa fraqueza na historiografia marxista – esta preocupação quase "burguesa" com ideologia, instituições e direito. Por isso, ele adota uma terminologia marxista que por si só sugere a interpretação desejada. As classes mais baixas são as dos "produtores"; as mais altas, as dos "exploradores"; a ordem econômica é um "modo de produção"; religião, direito e política são "superestruturas"; a atividade econômica consiste na "extração de mais-valia"; e assim por diante. Isto implica um compromisso profundo com a teoria marxista da história, incluindo tudo o que nela é controverso, como a teoria da exploração e a distinção entre base e superestrutura. Como soa, então, a história escrita dessa maneira?

Nas páginas finais de *Linhagens do Estado Absolutista* somos informados de que:

---

[3] Ver, especialmente, *The Century of Revolution, 1603-1714*. London, 1961.

> O capitalismo é um primeiro modo de produção na história no qual os meios pelos quais a mais-valia é arrancada do produtor direto está em sua forma "puramente" econômica – o contrato salarial: a troca igual entre agentes livres que reproduz, a cada hora e a cada dia, a desigualdade e a opressão. Todos os outros modos prévios de exploração operam através de sanções *extraeconômicas* – familiares, costumes, religião, leis ou política [...] As "superestruturas" de parentesco, religião, lei e de Estado que necessariamente entram na estrutura constitutiva do modo de produção nos modos pré-capitalistas de produção não podem ser definidas *senão* via suas superestruturas políticas, legais e ideológicas.

Em outras palavras, somente o capitalismo é realmente passível de descrição e explicação em termos marxistas: apenas neste sistema a "base econômica" é genuinamente precedente à "superestrutura". Na sociedade pré-capitalista, a "superestrutura" *constitui* a própria base – ou, para simplificar, os critérios de distinção entre base e superestrutura são invalidados, e com eles a teoria marxista da história. Com a "historiografia burguesa" – a história de leis e instituições (cujo exemplo magistral é a *Constitutional History of England*, de Maitland) – acontece o mesmo quando aplicada às formações "pré-capitalistas" da historiografia marxista. E se isso acontece, então a grande moldura da historiografia marxista está arruinada. Já não é possível, por exemplo, ver o capitalismo como o *resultado* das formações "pré-capitalistas", já que as "leis do movimento" que explicam o primeiro não podem explicar o outro. Da mesma forma, é impossível demonstrar que o capitalismo vai se desenvolver em direção a uma formação "pós-capitalista", ou prever como será esta formação – visto que as leis de movimento da sociedade capitalista permanecem peculiares a ele e aplicáveis apenas à reduzida esfera do "contrato salarial".

É preciso dizer que nenhum membro da Nova Esquerda ficaria preocupado com estas críticas. A "declaração de princípios" no parágrafo de Anderson não reside no reconhecimento de que a teoria marxista da história é falsa, mas em dois elementos textuais: o vocabulário marxista e o tom de voz oposicionista. Os dois elementos se relacionam. As referências a "sociedades de classe", "produtores imediatos", "extração" de "trabalho excedente", "exploração" e todos os outros termos são reunidas por um *sentimento* agregador – expresso na afirmação de que o capitalismo "reproduz, a cada dia e a cada hora, a desigualdade e a opressão". (A expressão patética "a cada dia e a cada hora" não é só característica de Anderson, mas sim de toda a Nova Esquerda.) Nenhum dos fatos narrados nos livros de Anderson *comprovam* essa conclusão: pois a causalidade implicada no termo "reprodução" não pode ser operacionalizada com base nos parcos fragmentos de teoria oferecidos por Anderson. Apenas o vocabulário marxista concede substância à assertiva, ao revestir a premissa do argumento de Anderson com a carga sentimental de suas conclusões.

Em termos gerais, a tese do livro – de que o Estado "absolutista" se desenvolveu associado com o crescimento do capitalismo e é a verdadeira superestrutura requerida por esse sistema de "relações de produção" – é tão plausível quanto a explicação do despotismo oriental por suas "políticas de irrigação" feita por Wittfogel.[4] Apesar disso, e mesmo diante da conclusão absurda de que a América moderna é mais absolutista – e também mais opressiva – que a França de Luís XIV, a Nova Esquerda é instintivamente inclinada a concordar com a interpretação de Anderson. Ao caracterizar o "capitalismo" como uma forma de opressão *política,* ou seja, ao traduzir a misteriosa "opressão econômica" da teoria marxista num sistema de governo concertado, ela oferece o catalisador para a ação. O capitalismo, como absolutismo político, é algo *instituído,* e a libertação do "produtor imediato" torna-se a matéria de uma postura coerente de confrontação.

---

[4] Karl A. Wittfogel, *Oriental Despostism: A Comparative Study of Total Power.* New Haven, 1957.

Em *Passagens da Antiguidade ao Feudalismo*, Anderson volta-se para uma das questões persistentes na historiografia marxista – a transição dos "modos de produção" antigos aos feudais. Esse livro é um magnífico esforço de erudição e detalhismo. Sempre que possível, Anderson reproduz a interpretação tradicional de outros marxistas. Mas a escassez de tais informações já prontas para seu uso obriga-o a depender amplamente de fontes "burguesas". O resultado – tirando uma ou outra digressão *marxizante* – é história burguesa. O desenvolvimento do mundo antigo é descrito em termos de leis e constituições, e o que deveria ter sido a transição "revolucionária" da "economia escrava" do mundo antigo à "economia servil" da Idade Média é representado tal qual aconteceu: um processo de emancipação regular, interrompido por facções beligerantes e por choques de civilizações. Anderson reconhece que o Direito Romano resistiu à transição, assim como muitas outras instituições políticas, religiosas e sociais: fatos que são estritamente *incompatíveis* com a teoria marxista. Ele reconhece também que a Igreja Católica influenciou e transformou a cultura do império sem modificar consideravelmente sua "base material": fato que, mais uma vez, é incompatível com a teoria marxista. Ele reconhece a realização civilizacional da sociedade carolíngia como "a nova síntese por meio da qual se preservou a realidade política e legal da Europa". E por tudo isso ele repete a visão "burguesa" da história europeia como um desenvolvimento gradual de instituições, perturbado, como todas as coisas o são, pela ganância, pela violência e pelo zelo religioso de desordeiros e pelos ciclos de agitações populares. Anderson chega a reconhecer que o feudalismo era um sistema *judicial* mais que um sistema econômico, e que a sua essência reside na hierarquia de instituições por meio das quais a soberania era "mediada" ao sujeito. Nada pode ser mais distante de Marx do que isso, a não ser talvez a última concessão à verdade, qual seja, que as relações "feudais" de produção são na verdade "capitalistas".

Anderson ainda tenta se manter coerente com a teoria marxista, por meio da clássica técnica dos epiciclos ptolemaicos. Ele admite:

> Ao contrário das crenças estabelecidas amplamente entre os marxistas, a "imagem" característica de uma crise em um modo de produção não é aquela na qual as vigorosas forças (econômicas) de produção explodem triunfalmente através de relações (sociais) de produção retrógradas, e prontamente estabelecem uma sociedade e produtividade mais alta das suas ruínas [...][5]

Mas longe de reconhecer com esta observação a morte da teoria marxista da história, ele restabelece o *status quo*. As relações de produção

> devem elas mesmas primeiro ser radicalmente modificadas e reordenadas antes que novas forças de produção possam ser criadas e combinadas para um modo de produção globalmente novo.[6]

Esta emenda, porém, inverte precisamente a causalidade postulada por Marx. Estamos livres para nos juntar ao historiador burguês e argumentar que as "relações de produção" devem elas mesmas ser "determinadas a partir de cima" pelas leis e instituições que as sobrecarregam. Essa é a conclusão mais razoável que se pode tirar dos argumentos de Anderson. Sob qualquer ponto de vista, não podemos mais diferenciar a "base econômica" da "superestrutura sociopolítica". E é justamente o estudo da passagem da "antiguidade" ao "feudalismo" que evidencia a invalidade dessa distinção. Isso também relega à linguagem do marxismo – "relações de produção", "forças produtivas", "produtores", e todo o resto – uma função inútil e cientificamente perniciosa, pela suposição de que uma elucidação teórica infundada ainda poderia ser salva (por uma distorção ptolemaica qualquer).

No entanto, como já sugeri, o que importa para a Nova Esquerda é muito mais a linguagem marxista do que as teorias para as quais

---

[5] Perry Anderson, *Passages from Antiquity to Feudalism*, p. 152-53.
[6] Ibidem, p. 204.

outrora ela costumava ser utilizada, visto que a linguagem só é aparentemente científica e disfarça, com seu ritmo monótono, a energia de um distúrbio político. Reescrever a história burguesa em linguagem marxista, como fez Anderson, é como reescrever uma sinfonia de Haydn com o ressoar dominante de um tambor, de modo que tudo fica permeado por um tom premonitório de catástrofe, e nada se resolve. Dizer que a descoberta da "base" explica a existência da superestrutura – de outra forma ininteligível – é uma vil mentira: ao contrário, uma perturbação desconcertante foi introduzida nas profundezas, tornando a superfície incompreensível. O trabalho intelectual da Nova Esquerda não foi o de comprovar a teoria marxista, mas o de descrever o mundo em termos marxistas, de modo que cada aspecto da realidade pareça ecoar a voz distante dos oprimidos, convocando-nos ao bom trabalho de destruição. Provavelmente, era isso que Anderson tinha em mente quando escreveu que "a linguagem, além de sempre acompanhar as transformações materiais, pode, algumas vezes, antecipá-las".[7] Pois a linguagem forma nossos pensamentos, nossos pensamentos conformam nossas ações, e – com *todo o respeito* ao materialismo histórico – nossas ações transformam o mundo. Se isso é "idealismo", tanto melhor para o idealismo.

Nesse ponto, contudo, Anderson hesita. Porque agora se confronta com o problema da ação. A linguagem da Nova Esquerda é acusativa e desafiadora. Mas – como vimos ao considerar a indignação sentimental de Wallerstein (ver capítulo 10) – essas emoções só fazem sentido se os seus objetos são vistos como agentes capazes de responder pelas transformações que causam. E. P. Thompson, para lhe fazer justiça, sempre acolheu essa consequência, e argumentou que se existe algo como uma "luta de classes" é porque as "classes" são *protagonistas* na história, motivadas por um senso de identidade, responsabilidade e vida coletiva. Para E. P. Thompson, a classe proletária da

---

[7] Ibidem, p. 127.

Inglaterra *era constituída,* precisamente pela consciência de sua identidade de classe, e por sua intenção de fazer de si mesma um "nós". (A classe "em si mesma" e "por si mesma" são, portanto, uma só e a mesma.) Como já argumentei, as consequências disso são radicalmente antimarxistas, tanto teórica quanto – por assim dizer – sentimentalmente. Não surpreende, portanto, que a atitude de Thompson decepcione Anderson. Em uma dessas polêmicas memoráveis, em que a Nova Esquerda manifesta sua convicção de que todas as discussões válidas são internas ao seu campo, ele se volta para o problema da agência, tomando Thompson como seu alvo. Em tom moscovita decidido, ele expressa a linha partidária:

> O problema da *ordem social* é insolúvel, desde que a resposta para ela seja buscada no nível da intenção (ou avaliação), embora complexa ou atada à volição, embora definida pela luta de vontades, embora alienada pelo final resultante de todos os atores imputados. Ela é, e deve ser, o *modo de produção* dominante que confere unidade fundamental em uma formação social, alocando suas posições objetivas para as classes dentro dela, e distribuindo os agentes dentro de cada classe. O resultado é, tipicamente, um processo objetivo de luta de classes.[8]

E, no entanto, ele não está nem um pouco satisfeito com esta assertiva, a qual, ao negar a capacidade de ação, transforma tanto a classe quanto seus partidários em "objetos", e a "luta de classes", em algo meramente "objetivo". Capturado por esse dilema, Anderson experimenta um de muitos lapsos de honestidade burguesa, confessando, por exemplo, que a "Revolução Russa é [...] a manifestação inaugural de um novo tipo de história, fundamentada sobre um tipo de agenciamento sem precedentes" – em outras palavras, que a revolução não foi sofrida, mas *feita*. E ainda assim, ele não consegue admitir a conclusão geral de que a história moderna resulta mais de

---

[8] Perry Anderson, *Arguments within English Marxism*. London, 1980, p. 55.

um padrão de escolhas coletivas do que de transformações materiais. O dilema de Anderson só consegue ser resolvido pela adoção desesperada da opacidade de Althusser. Sobre o erro conceitual de Thompson, ele argumenta:

> é amalgamar estas ações que são na realidade volições conscientes em um nível local ou pessoal, mas cuja incidência social é profundamente *in*voluntária (relação entre idade matrimonial e, digamos, crescimento populacional) com *aquelas ações que são volições conscientes no nível de sua própria incidência social*, sob a rubrica da atuação.[9]

Vê-se nessa frase como foi útil à Nova Esquerda a técnica althusseriana do discurso sem sentido, mas empático e apelativo. Thompson foi castigado, sobretudo, por ter se dado conta de que Althusser é na verdade um charlatão.[10]

É inútil discordar de Anderson. A própria qualidade do seu discurso de confrontação ideológica mostra a medida em que as tecnicidades se tornaram para ele não um instrumento para o pensamento, mas uma defesa contra a realidade. O ultraje cometido por Thompson

---

[9] Ibidem, p. 21.

[10] Curiosamente, em sua mais recente e polêmica obra – *In the Tracks of Historical Materialism* (London, 1984) – Anderson retorna aos modelos continentais com os quais ele uma vez lotou a *New Left Review*. "Estruturalismo" e "pós-estruturalismo" – aquelas escolas de pensamento às quais falta tudo exceto um nome – são agora vistas como hostis à infinita busca por uma filosofia marxista. Paris tornou-se a "capital da reação europeia"; toda a alternativa trotskista é manchada pela "exorbitância da linguagem" francesa, assim como os mitos e as ilusões que cresceram de sua posição teórica unilateral. Mesmo Habermas – respeitado pela reiteração obstinada de seu compromisso – no fim cedeu e ofereceu esta ponte necessária ao verdadeiro agente da emancipação: a classe operária revolucionária. E assim por diante. O que é notável em tudo isso não é a mudança de foco, ou a mudança de inimigo; é mais o que permaneceu imutável, e o que é na verdade a maior ilusão de tudo: o mito da classe operária revolucionária, que não só deseja "emancipação", mas a deseja na forma que o intelectual poderia ao mesmo tempo entender e proporcionar.

é precisamente o fato de que ele não se submeteu a tal nível de desonestidade intelectual, no qual a diferença entre ciência e alquimia não lhe importaria mais. Thompson está até mesmo preparado para insistir[11] "sobre o detalhe óbvio – negligenciado pelos marxistas modernos – de que existe uma diferença entre poder arbitrário e Estado de direito". Essa observação provoca uma explosão de cólera em Anderson, que ataca com todos os subterfúgios a seu dispor, argumentando no fim das contas que "uma tirania pode perfeitamente governar conforme a lei: suas próprias leis".[12]

Qualquer um que tenha estudado esse problema entenderá a irrelevância desse argumento. Mas a questão levantada por Thompson é perigosa demais – ela abre as portas para a verdade sobre "o socialismo existente", isto é, que ele não pode ser governado por leis, nem *mesmo* por suas próprias leis, das quais a polícia secreta e o partido comunista têm, e devem ter, isenção. Se Thompson se mostrou tão perturbador para a Nova Esquerda, isso se deve em parte à sua habilidade de afastar a tralha ideológica empilhada na frente das portas, pelas quais os fatos poderiam entrar. Por trás da polêmica de Anderson está a tentativa desesperada de salvar a "verdade socialista" das intromissões de uma realidade hostil. Afinal, a postura oposicionista da Nova Esquerda não foi suficiente para garantir sua sobrevivência emocional. É necessário, ainda, aceitar os desacreditados mitos da história moderna – por exemplo, o mito de que a classe proletária inglesa foi *traída* por sua autoconsciência, que a levou a escolher o caminho parlamentar, e não o "caminho revolucionário para o socialismo".[13] É preciso concordar com a visão enganosa de Trotsky sobre a "Revolução Traída":

---

[11] E. P. Thompson, *Whigs and Hunters: The Origin of the Black Act*. London, 1975, p. 266.

[12] Perry Anderson, *Arguments within English Marxism*, op. cit., p. 198.

[13] Ibidem, p. 46.

como todo estudo marxista sério da Revolução mostrou, foi o ambiente interno cruel da escassez generalizada, aliado com a emergência externa do cerco militar imperialista, que produziu a burocratização do partido e do Estado na URSS.[14]

A escolha da linguagem é reveladora: não fornecer a conclusão certa é simplesmente demonstrar que não se é um marxista sério. Além disso, revoluções posteriores se beneficiaram da mudança no equilíbrio de forças ocasionado pela stalinização; logo, podemos ficar tranquilos por saber que esse processo, no longo prazo, mostrou-se pelo bem.

Poderíamos continuar por muitas páginas citando as inverdades e apologias que tumultuam a argumentação de Anderson. Sua degradação moral não é redimida, mas agravada pelos ocasionais espasmos de denúncia do stalinismo:

> [...] o leninismo que Althusser buscava reatualizar foi trucidado pela manipulação burocrática do conluio das massas e da diplomacia com o imperialismo do Partido Chinês que ingenuamente o projetou. No Ocidente, o maoísmo provocou uma grande fuga para a direita. Glucksmann e Foucault, anteriormente saudados por Althusser, competem hoje no ardor da Guerra Fria com Kolakowski, uma vez saudado por Thompson. É difícil pensar em qualquer partidário do humanismo socialista que tenha afundado tanto como literatos a exemplo de Sollers, últimos defensores do anti-humanismo materialista [...][15]

Mas essa escrita vituperante aponta para uma conclusão encorajadora. O fracasso teórico da Nova Esquerda – a incapacidade de fornecer uma teoria marxista da história que fosse coerente, e uma teoria da ação que justificasse sua postura oposicionista – também é um fiasco moral. A nova filosofia, que tinha prometido libertar-se do compromisso com a tirania e a degradação, vê-se compelida – por

---

[14] Ibidem, p. 121.
[15] Ibidem, p. 110.

seus conflitos com a realidade – a assumir a mesma atitude paranoica e totalitária que encontra encarnação no Estado soviético. A Nova Esquerda não conversa com mais ninguém que não partilhe de sua cegueira moral, e a promessa que ela antes proclamava – a de oferecer uma sociedade alternativa e uma contracultura – finalmente mostra sua verdadeira face: é mais um pacto com o diabo.

Capítulo 13 | György Lukács

Muitos pensadores da Nova Esquerda são de uma época recente, produtos da prosperidade do pós-guerra e da paz europeia. Alguns, contudo, pertencem a tempos violentos – à própria guerra ou ao período da "luta comunista" que a precedeu. Entre as testemunhas desta época "heroica", poucos foram mais influentes nos círculos acadêmicos que o húngaro György Lukács, que, à época de sua morte em 1971, tornara-se o maior crítico literário da esquerda internacional e o principal expoente da teoria neomarxista da sociedade.

Lukács combinava o fervor iconoclasta dos bolcheviques com uma distinta cultura austro-húngara. Amigo de escritores, músicos, pintores e filósofos e membro da elite habsburga, Lukács pertenceu ao mundo que logo naufragou. Ele nada estimava, contudo, da herança habsburga: nem a doce nobreza de Strauss e Hofmannsthal, nem a " ordem espontânea" de Hayek e Wittgenstein. Experimentava somente uma ânsia fanática de livrar-se de tais relíquias, e também de toda instituição, leis ou preceitos que as sustentavam ou eram oriundos delas. Este desprezo pela a realidade social existente não era, em hipótese alguma, peculiar somente a Lukács: sentimentos similares estão expressos nas obras de seus contemporâneos austro-húngaros – na sátira niilista de Karl Krauss, nos gritos vampirescos de Schoenberg, na fria arquitetura de Loos e nas leis e ofícios sem sentido imaginados por Kafka e Musil. Contudo, Lukács deu a tais sentimentos uma virada original e perigosa, afastando-os da aura da especulação e atrelando-os ao atentado de Sarajevo.

A autodestruição do Império Habsburgo encontra sua expressão física nos escritos de Lukács e seus contemporâneos. Mas Lukács adicionou um ódio vingativo próprio. Nada real tinha sentido para ele: somente o futuro era real e o futuro pertencia ao proletariado. A tarefa do crítico era desvelar o proletariado e estabelecer-se como o verdadeiro inquisidor da cultura. Por seu sucesso em cumprir tal tarefa, Lukács é agora tão respeitado. Não fosse por Lukács, não haveria uma coisa tal como a crítica proletária; na realidade, não haveria uma coisa tal como o proletariado, como a Nova Esquerda veio a conhecer e adorar.

Lukács não inventou a crítica socialista da cultura. Como ele repetidamente reconhece, a ideia era uma das ideias favoritas de Lênin. No entanto, Lukács foi o primeiro expoente desta ideia que era suficientemente bem-educado para realizá-la e, assim, atingir resultados que pareceriam críveis àqueles a quem a cultura permanecia como uma fonte de validade secular. Quando os acadêmicos radicais dos anos 1960 começaram a procurar as autoridades que justificariam seu natural criticismo, foi Lukács que eles buscaram. Não somente ele tinha compilado o primeiro índex marxista da moderna literatura que fosse confiável, ele também concebera uma inventiva crítica que situava a cultura no centro da "luta de classes" entre as forças da revolução e da reação. Ele mostrou a seus seguidores literários que a preocupação intelectual destes era idêntica ao intento universal do proletário: a liquidação dos elementos reacionários. Em suma, ele justificou a cultura para o marxista, ao mostrar como condená-la em termos marxistas.

Como muitos bolcheviques, Lukács era oriundo das classes mais altas. Seu pai era um bem-sucedido banqueiro judeu, que fora enobrecido pelo imperador e usou sua influência para obter privilégios para o filho – entre elas, a isenção do serviço militar durante a Primeira

Guerra Mundial. Lukács emergiu de sua prolongada adolescência com um ódio ardoroso a qualquer coisa possível. Este ódio foi fomentado pela leitura dos clássicos marxistas e do anarco-sindicalismo de George Sorel, cuja apologia da violência lhe causou profunda impressão, sendo, mais tarde, frequentemente utilizada na defesa do terror revolucionário. Lukács filiou-se ao Partido Comunista Húngaro logo após sua fundação em 1918 e serviu como vice-comissário para Educação no breve "soviete" húngaro; mais tarde, ele veria com satisfação os atos heroicos daquele tempo, quando iniciou a obra de demissão de todos os professores não comunistas das universidades húngaras. Forçado ao exílio em 1919, Lukács começou a se dedicar mais intensamente a sua carreira literária, e em 1923 lançou a coleção de ensaios seminal intitulada *História e Consciência de Classe*.

Em uma entrevista autobiográfica, Lukács fez duas observações que são epítomes do seu olhar de juventude:

> Naquele tempo sentíamos todos um ódio amargo pelo capitalismo e todas as suas formas. Queríamos destruí-lo a todo custo e o mais rapidamente possível.[1]

> Você não pode só provar o marxismo [...] você deve se converter a ele.[2]

Estas duas coisas podem ser compreendidas juntas. Depois de sua "conversão" ao marxismo – quando ele se tornou, como ele mesmo diz, um "sectário messiânico"[3] –, Lukács pôde ver somente a presença odiosa do "capitalismo", e nada no mundo ao redor tinha qualquer validade independente. Para Lukács, a Monarquia Dual não era mais um sistema de leis e instituições; despida de sua verdadeira identidade, como uma solução cuidadosamente negociada para um problema recorrente de governo, não tinha nenhum aspecto além daquele do

---

[1] György Lukács, *Record of a Life*. Org. Istvan Eörsi; trad. R. Livingstone. London, 1983, p. 60.

[2] Ibidem, p. 63.

[3] Ibidem, p. 76.

"sistema" econômico ao qual pertencia. Deste momento em diante, o mundo circundante perdeu todo o clamor sobre a consciência de Lukács. Tudo deveria ser varrido e aprimorado pelas chamas da revolução. A lei não tinha validade maior que qualquer outro aspecto do processo político: "a questão da legalidade e da ilegalidade resume-se [...] para o Partido Comunista a uma *mera questão de tática*", ele escreveu, adicionando que "nesta solução completamente inescrupulosa reside a única rejeição prática e moral possível do sistema legal burguês".[4] E o que era verdadeiro sobre o sistema legal era verdadeiro também com relação a todas as outras características do mundo "burguês": práticas econômicas, relações sociais, emoções, ambições, mesmo a própria moralidade. Em resposta a uma indagação, Lukács asseriu que a "ética comunista toma como seu dever maior a aceitação da necessidade de agir perversamente", e prosseguiu: "este é o maior sacrifício que a revolução exige de nós".[5] "Perversidade", antes de tudo, é uma concepção burguesa, e todo burguês deve ser derrubado. Na realidade, toda a psiquê humana está tão deformada pelo capitalismo que "não é possível ser humano na sociedade burguesa",[6] e isso porque "a burguesia possui somente a aparência da existência humana".[7] No tempo em que Lukács escreveu esta última nota, Hitler estava falando em termos similares sobre os judeus; mas Lukács escolheu sua linguagem deliberadamente.

É importante, então, reconhecer o sentimento subjacente às palavras de Lukács. Não se trata do esnobismo antiburguês de um Foucault, tampouco do desdém pelas coisas estabelecidas por lei como em Thompson, Williams ou Galbraith. Esta é a verdadeira voz do

---

[4] György Lukács, *History and Class Consciousness, Studies in Marxist Dialectics*. Trad. R. Livingstone. London, 1971, p. 264.

[5] Franz Borkenau, *World Communism*. New York, 1962, p. 172-73.

[6] György Lukács, *History and Class Consciousness*, op. cit., p. 190.

[7] Idem, *Essays on Realism*. Org. R. Livingstone; trad. D. Fernbach. London, 1980, p. 133.

ódio; e enquanto esse ódio abarca todas as "aparências" do mundo "burguês", ele é dirigido para além e para baixo delas, para o demônio oculto que elas escondem. O demônio é o "capitalismo", e o ódio pelo capitalismo é total e incondicional, justificando toda violação moral.

Mas por quê? O que é tão mal no "capitalismo"? A maior conquista de Lukács foi ter encontrado a resposta que se tornou – para a Nova Esquerda – canônica para esta questão. Lukács descobriu a linguagem na qual o capitalismo poderia ser representado como o maior dos males sociais, para um geração que experimentava a abundância, a liberdade, os benefícios sociais e as oportunidades de uma "economia capitalista mista". E Lukács era capaz de apresentar sua crítica do capitalismo como a verdadeira "agenda oculta" do *Das Kapital*. Pois ele tinha descoberto a sobrevivência, à guisa da teoria econômica, do criticismo do "jovem hegeliano" com relação à juventude de Marx.

A economia marxista é um confuso mas fascinante conglomerado de ideias, tomadas parcialmente da economia política de Ricardo e parcialmente do que Lukács chamou de "filosofia clássica alemã" – isto é, de Kant, Fichte, Hegel, Schiller e seus contemporâneos. *Das Kapital* se inicia com um argumento desastroso, para demonstrar que, quando duas mercadorias são trocadas, uma pela outra, seu "valor de troca" pode ser

> o modo de expressão, a forma fenomenal, de algo contido [nelas], ainda que distinto delas.[8]

Este comentário, já apresentado no tendencioso idioma da "filosofia clássica alemã", é justificado com uma importante falácia:

> Tomemos duas mercadorias, por exemplo, milho e ferro. As proporções nas quais elas são trocadas, sejam lá quais forem, podem ser

---

[8] Karl Marx, *Capital* (Standard Edition), vol. 1. Moscow, 1962-1966, p. 45.

representadas por uma equação, na qual uma dada quantidade de milho é equacionada a alguma quantidade de ferro, por exemplo, 25 libras de milho = x 100 libras de ferro. O que nos diz esta equação? Ela nos diz que em duas coisas diferentes – em 25 libras de milho e x 100 libras de ferro – existe em quantidades iguais algo em comum entre elas. As duas coisas podem, então, ser iguais a uma terceira, que em si mesma não é nem uma nem outra. Cada uma delas, na medida em que é um valor de troca, pode, então, ser reduzida a esta terceira.[9]

Assim Marx se lança no caminho que leva ao "trabalho socialmente necessário", como o valor "oculto" dentro de toda equação de troca. Agora, a única conclusão *lógica* a ser tirada do fato de que duas mercadorias são trocadas a uma taxa determinada é que elas são trocadas a esta taxa. Se um valor monetário é conferido à equação dada, então isto é simplesmente outro fato do mesmo tipo. O valor de qualquer mercadoria pode ser visto como uma "classe de equivalência". Assim como o moderno geômetra definiria a direção de uma linha como o conjunto de todas as linhas que têm direção idêntica, e assim como Frege e Russell definiram o número de uma classe como a classe de todas as classes que são iguais em números a ela, assim poderia o economista definir o valor de uma mercadoria como a classe de todas as mercadorias que são trocadas igualmente por ela. A assunção de um "terceiro" item fantasmagórico, em termos dos quais esta equivalência deve ser definida, é estritamente redundante – um comentário puramente metafísico sobre fatos que de nenhum modo lhe dão suporte.

Por este falacioso argumento *a priori*, a economia marxista toma como seu assunto principal não um dado empírico, mas uma entidade oculta que de nenhum modo é implicada por eles. Ele então faz desta entidade oculta ("valor") o objeto central de uma nova pseudociência – uma "ciência" que, na natureza das coisas, pode estar a um passo dos dados empíricos que poderiam confirmar ou

---

[9] Ibidem.

refutar seus achados. Enquanto o economista moderno toma o *preço*, empiricamente definido, como seu explicador, Marx tenta explicar através de outra variável oculta, da qual o "preço" é a mera "forma fenomenal". Não é de surpreender que tais entidades "fenomenais" como oferta e procura (que explicam preço) não possa explicar a "essência" oculta de "valor", nem mesmo nos oferecer fundamentos razoáveis para sua existência.

Dado o sucesso da teoria moderna do preço – e, em particular, da teoria da utilidade marginal decrescente, cuja emergência no fim do século XIX destruiu muito do impacto do *Das Kapital* – poderia parecer surpreendente que o interesse na teoria do valor de trabalho de Marx se mantivesse. Mas a falácia de Marx permanece atraente. Ela abre a perspectiva filosófica, crítica e política, sem as quais a paisagem da teoria econômica pareceria desoladora e sem sentido. A promessa de Marx de uma "economia política" é cumprida desde o início de seu argumento, precisamente em seu uso da linguagem da "filosofia clássica alemã". Marx, então, sugere que os dados da economia escondem um *significado* verdadeiro. A tão falada "ciência" da economia "burguesa" segue necessitando de *interpretação*, se nos dispusermos a entender a realidade à qual ela se refere. Marx, então, faz seu movimento intelectual decisivo, argumentando que economia "burguesa" precisamente *não* explica a realidade econômica, mas, antes, esconde-a ao retirar sua atenção da essência oculta. A economia "burguesa" não é ciência, senão ideologia, e a economia verdadeira – a política econômica do *Das Kapital* – assenta seus parâmetros científicos precisamente no método *filosófico*, que lhe permite ir além das aparências, até a essência social que elas escondem.

Se o argumento fosse correto, então poderia ser repetido em toda teoria científica conhecida pelo homem. Todas seriam abandonadas como dispositivos ideológicos, precisamente dada sua disposição (implicada na exata ideia de um método científico) para explicar aparências e ignorar seu núcleo "metafísico". A teoria dos conjuntos, por exemplo, poderia ser abandonada como a "ideologia" da matemática, já que ela estuda não os números (as "essências" platônicas que nossas equações ocultam), mas a "equivalência de classes" que efetivamente as substituem em toda fórmula com significado. A física também se tornaria a "ideologia" da matéria, e a biologia, a da "vida". Na verdade, não há melhor argumento que o dado por Engels para sua "dialética da natureza" – por sua absurda substituição das leis da física pela estrutura arruinada da "dialética" – que este: que a "dialética" revela o significado que a física "burguesa" esconde.[10]

A vergonhosa argumentação – que justifica a ideologia como "ciência" e condena a verdadeira ciência como mera "ideologia" – tinha grande apelo para Lukács, que fez dela, com efeito, a pedra angular de sua filosofia. "A verdadeira teoria da 'utilidade marginal descrescente' do período imperialista", escreve ele, "é o cume da evacuação abstrata e formalista dos conteúdos reais da economia"[11] – e na palavra "imperialista" ele tentar resumir e condenar uma era inteira de esforço intelectual. Ele segue:

> Enquanto no período clássico o esforço prevalecente era direcionado em busca do entendimento da conexão entre os problemas sociais e econômicos, a era de decadência construiu uma barreira artificial, pseudocientífica e pseudometodológica entre os dois.[12]

Assim, esta parte da economia que se justifica como ciência, através do seu poder preditivo real, é condenada como "pseudocientífica". Nos mesmos termos, Lukács explicou a ciência burguesa da sociologia:

---

[10] F. Engels, *Anti-Dühring* e *The Dialectics of Nature*. Alain Besançon chamou a atenção para a alegria que Flaubert poderia ter tido à custa de Bouvard e Pécuchet, tivessem seus personagens decoberto estas obras: *The Intellectual Origins of Leninism*. Trad. Sarah Matthews. Oxford, 1981, p. 49.

[11] György Lukács, *Essays on Realism*, op. cit., p. 127.

[12] Ibidem.

> A nova ciência da era da decadência, a sociologia como uma ciência especial, surgiu porque os ideólogos burgueses queriam ver as leis e a história do desenvolvimento social separados da economia.[13]

O significado desta afirmação (levemente paranoide) não poderia ser tomado ligeiramente. Na realidade, vemos nela uma das razões pelas quais Lukács tem apelo: sua provisão dos instrumentos inquisitórios nos quais o pensamento não marxista, intimado para o tribunal da análise crítica, pode ser forçado a confessar seus crimes. É em vão que o cientista "burguês" consulta os fatos: na ausência da visão "total" do marxismo, ele, que se refere ao fato meramente, condena-se a si mesmo como um empirista, e o empirismo é uma "ideologia da burguesia".[14]

> A asserção fundamental do método dialético é a teoria hegeliana do conceito concreto. Esta teoria postula, resumindo, que o todo é anterior às suas partes: a parte deve ser interpretada à luz do todo, e não vice-versa [...][15]

Se os fatos servem para refutar a teoria "total" do marxista, então "muito pior para os fatos".[16]

Filósofos da ciência estarão familiarizados com a tese de Quine e Duhem, segundo a qual qualquer teoria, adequadamente revisada, pode ser tornada consistente com qualquer dado, e qualquer dado pode ser rejeitado conforme os interesses da teoria. No entanto, o que Lukács propõe é a rejeição do dado, não nos interesses de uma teoria científica, mas nos interesses de uma filosofia que deprecia a observação empírica como o último refúgio do ideólogo. Assim ele é capaz de resgatar o marxismo de sua vã disputa com os dados empíricos e colocá-lo acima dos domínios da ciência, sobre a qual ele pode doravante dominar em seu triunfo imaginário.

---

[13] Ibidem.
[14] *New Left Review* (1971), reeditada em *Record of a Life*, op. cit., p. 174.
[15] *Tactics and Ethics: Political Essays, 1919-29*. New York, 1975, p. 25.
[16] Ibidem, p. 30.

Leitores filosóficos da economia moderna frequentemente simpatizam com o empreendimento marxista. Pois os simples fatos de "preço", "lucro", "oferta" e "procura" são também realidades humanas, conectadas com nossas mais profundas experiências sociais: trabalho, troca, talento, propriedade, moradia, consumo e paz. O filósofo é conduzido a concepções que comemoram aquelas experiências fundamentais e que as marcam indelevelmente em nossa álgebra econômica, como a efígie do soberano impressa na moeda. Assim, um filósofo pode ser seduzido pela leitura que Lukács fez de Marx, na qual a teoria do valor-trabalho é representada em sua verdadeira coloração – não como uma continuação da economia empirista, mas como um reaparecimento, sob roupagem "científica", do maior tema da "filosofia clássica alemã": o tema do sujeito e objeto. Ao restaurar esta significação perdida da álgebra marxista, Lukács a moralizou de um modo favorável à paixão revolucionária. Atrás da máscara da teoria econômica, ele viu o drama vívido do sujeito humano, preso em sua luta de vida e morte com o "objeto" que sempre ameaça superá-lo e destruí-lo.

Para entender o sistema capitalista, argumenta Lukács, devemos vê-lo em sua totalidade, e pode-se fazer isso somente com a ajuda de uma teoria "total" – uma teoria que apreende o todo das coisas, e as vê por completo. Esta teoria total é o marxismo, concebido de acordo com a interpretação "dialética". Deste ponto de vista da teoria "total" da produção capitalista, somos capazes de ver que as "relações de produção" do capitalismo são refletidas, não somente nas leis, instituições e ideologia capitalistas, mas exatamente na estrutura da consciência capitalista. O capitalismo não está somente em nossos corpos: ele está em nossas mentes. Em particular, a consciência capitalista inclina-se a "ilusões fetichistas". O efeito dessas ilusões é introduzir uma condição que Lukács chamou a "reificação da consciência".

O termo "reificação" (*Versachlichung* ou *Verdinglichung*) é tomado de *Das Kapital*, assim como as teorias de "mercadoria" e "fetichismo do capital" usadas genericamente. Estes dispositivos intelectuais ganharam somente um papel secundário em Marx; Lukács, contudo, converte-os nas ferramentas principais de seu argumento. De acordo com Marx, o capital não é "uma coisa, mas uma relação social entre pessoas, mediada por coisas".[17] Contudo, o capital aparece como uma *força* objetiva, que age independentemente das "relações sociais" das quais emerge. Atribuir esta força a uma entidade chamada "capital" é tornar-se vítima do fetichismo; é atribuir poderes puramente humanos a sujeitos inumanos – notas bancárias, maquinaria e moedas. A forma mais perniciosa deste fetichismo, aquela que mais completamente mascara a realidade social da produção capitalista, é a que o vincula aos juros. Sob o capitalismo, Marx argumenta, é

> como se os juros fossem o produto típico do capital, a questão principal, e o lucro, no modelo de lucro de uma empresa, fosse um mero acessório e um subproduto do processo de reprodução. Assim, temos uma forma fetichista de capital, e a concepção de capital fetiche. Em M-M^1 [isto é, o processo no qual o capital (M) se torna capital mais juros (M^1)] temos a forma sem sentido do capital, a perversão e a objetificação das relações de produção em seu mais alto grau, a forma de juros, a forma simples do capital na qual ela antecede seu próprio processo de reprodução. É a capacidade do dinheiro, ou de uma mercadoria, de expandir seu próprio valor independentemente da reprodução – que é uma mistificação do capital em sua forma mais flagrante. Para a economia política vulgar, que busca representar o capital como uma fonte independente de valor, de valor de criação, esta forma é naturalmente um achado valioso, uma forma na qual a fonte de lucro [isto é: a "exploração" do trabalhador, da qual a "mais-valia" é expropriada] não é mais discernível, e na qual o resultado do processo capitalista de produção – divorciado do processo – adquire uma existência independente.[18]

---

[17] Sobre o significado do conceito de "totalidade" para o neomarxismo, ver o capítulo 15.

[18] Karl Marx, *Capital*, op. cit., vol. 1, p. 766.

A força emocional por trás do argumento de Marx é mais evidente que sua estrutura intelectual, e é esta mesma força que anima Lukács, em seu empréstimo entusiasta da terminologia de Marx. A "reificação", a "alienação" e o "fetichismo" tornam-se pecados que afligem o sistema capitalista.

Assim como há "fetichismo do capital", então também há "fetichismo da mercadoria", que mistifica as relações humanas do mercado e esconde a "exploração" das quais as mercadorias se alimentam. A vítima do fetichismo da mercadoria vê as mercadorias como dotadas de um poder peculiar, trocadas sob a influência de leis autônomas e "objetivas". Vistas deste modo, as mercadorias realmente têm poder – poder sobre o homem que as fetichiza e que vê a si mesmo em termos similares. Sob o capitalismo, o homem também é uma mercadoria, cambiável de acordo com as leis "objetivas" do sistema. Assim, Lukács argumenta, o mundo "objetivo" é fetichizado, enquanto o mundo subjetivo é "reificado". Os objetos desfilam diante de nós como que dotados de poderes dominadores, enquanto o sujeito humano é degradado ao *status* de coisa, arrasado pelas leis "objetivas" do mercado:

> *Objetivamente*, um mundo de objetos e relações entre coisas se revela (o mundo de mercadorias e seus movimentos no mercado). As leis que governam esses objetos e seus movimentos são gradualmente descobertas pelo homem, mas mesmo assim elas o confrontam como forças invisíveis que geram seu próprio poder. O indivíduo pode usar seu conhecimento destas leis para sua própria vantagem, mas ele não é capaz de modificar o processo por sua própria atividade. *Subjetivamente* – onde a economia de mercado foi completamente desenvolvida –, a atividade de um homem torna-se alienada de si mesmo, tornando-se uma mercadoria que, sujeita à objetividade não humana das leis naturais da sociedade, deve seguir seu próprio caminho independentemente do homem, assim como qualquer artigo de consumo.[19]

---

[19] Ibidem, vol. III, p. 384-85.

O mesmo inexorável processo da produção capitalista força o desenvolvimento do trabalho detalhado e, assim, a fragmentação do sujeito – sua divisão em habilidades e funções separadas e a absorção de sua vida em alguma habilidade particular que determina seu valor como uma mercadoria. De acordo com Lukács, esta fragmentação do trabalho transforma a produção em uma espécie de contemplação. Como um mero dente na engrenagem que o domina e controla, o trabalhador perde seu estatuto enquanto agente humano e adota com relação a seu próprio comportamento a postura puramente contemplativa do anatomista, que estuda o funcionamento de um corpo.[20]

Pela constante repetição de tais argumentos, Lukács é capaz de persuadir a si mesmo de que o fetichismo, a alienação e a reificação definem a condição espiritual prevalecente da sociedade capitalista. Eles são manifestos na escravização da classe trabalhadora, na degradação da arte e da linguagem, na perversão das relações sexuais – ou seja, na separação universal entre o homem e sua essência. Tais *insights* sugerem que os pecados e os sofrimentos do homem não precisam de nenhuma outra explicação além da persistência do sistema capitalista. Mas esses *insights* estão longe de terem sido conquistados arduamente. Lukács busca apoio na "filosofia clássica alemã" e sua representação da vida moral nos termos do drama "sujeito--objeto". E é nos termos desta filosofia que seu sentido (e o de Marx) deve ser compreendido.

O sujeito, disse Kant, é essencialmente livre, e exercita sua liberdade na razão prática, que é a fonte do imperativo categórico que motiva e justifica sua conduta. Hegel concordou, mas seguiu Fichte ao argumentar que o sujeito não é dado absolutamente, mas, antes, é autogerado, através de um processo de definição negativa. O sujeito percebe-se e, então, alcança sua felicidade, somente através de um sucessivo movimento em relação ao objeto outro que não ele mesmo

---

[20] György Lukács, *History and Class Consciousness*, op. cit., p. 87.

e que oferece seu campo de ação. Este processo de *Selbstbestimmung* é social: eu percebo-me através das relações com os outros, dos quais minha liberdade é conquistada. Da luta de "vida e morte" com o outro, um de nós emerge como senhor; o outro, como escravo. O escravo é um mero objeto para o senhor, mas, diz Hegel, o senhor também se torna mero objeto para si mesmo, sendo arrancado do mundo da ação pela constante mediação de seu escravo, e forçado a tomar uma posição puramente contemplativa em relação à sua própria existência. A verdadeira liberdade advém somente pela restauração da unidade entre contemplação e ação, e pela superação da relação antagônica que priva tanto o senhor quanto o escravo do reconhecimento que eles anseiam.

O processo de autorrealização exemplifica a estrutura da dialética. O "imediato", o sujeito "indeterminado" – o "I" vazio – ultrapassa a si mesmo, é "objetificado" e alienado. Em todo autoconhecimento há este primeiro momento de negação – a conversão do sujeito em "objeto" de sua própria consciência contemplativa. Somente na completude da dialética o *self* é restaurado a si mesmo, de forma a tornar-se consciente e determinadamente o que ele era antes somente abstrata e potencialmente. Assim, eu ganho minha consciência moral e minha liberdade em dois estágios. Primeiro, passo do imediato "eu quero" da infância para a terrível percepção de mim mesmo escravizado pelo desejo; então, incorporo esta autoconsciência em minha própria natureza subjetiva, como uma qualificação da minha vontade. Assim alcanço uma unidade de contemplação e ação; torno-me um verdadeiro agente, motivado pela concepção de mim mesmo, e o objeto de meu próprio respeito e também dos outros.

As ricas implicações filosóficas deste argumento não podem nos deter. O que é de importância imediata é sua história subsequente, e, em particular, sua caricatura de Feuerbach. Em sua exploração da "consciência infeliz" – "espírito em autoalienação" –, Hegel tinha muitas coisas interessantes a dizer sobre religião. Ele argumentou que um tipo particular de religião – aquela que considera Deus como irremediavelmente transcendente, o *locus* de toda virtude e sacralidade, e o mundo como eternamente separado de Deus, testemunho do estado de queda do homem – era o reflexo de um espírito "autoalienado". Feuerbach aplicou esta observação a toda religião e ao cristianismo em particular. Na cristandade, o homem situa toda virtude em uma esfera paradisíaca e assim não encontra virtude em si mesmo. Feuerbach, então, adiciona uma nova torção ao argumento, tomando emprestado da filosofia da religião de Kant o crucial conceito de "fetiche". No fetichismo, Kant diz, o homem atribui seus próprios poderes a objetos que estão fora dele e é então levado a removê-los de sua vontade. A cristandade também é fetichismo, afirmou Feuerbach, em que o homem atribui sua virtude, liberdade e felicidade para uma esfera "espiritual" irreal e então vive sua existência material em um estado de separação desesperançosa de sua verdadeira natureza e poder. A virtude poderia ser recuperada, se reconhecêssemos que sua realidade está aqui, em nossa existência social, material – em nosso "ser espécie" (*Gattungswesen*) –, como Feuerbach tendenciosamente chamou. Na religião, transformamos nossa virtude num objeto e então o adoramos como nosso senhor. Aqui, estamos "alienados" de nós mesmos e separados de nossa tarefa pela consciência fetichista que desloca nossos poderes.

Nos manuscritos de 1844, Marx adiciona mais uma torção à "moralidade alemã clássica". A mesma intoxicante retórica é agora feita para servir como uma crítica da propriedade privada. Na propriedade, diz Marx, o homem torna-se um mero objeto com atributos de direito e vontade. Ele adora este objeto, que se apodera dele em virtude do poder que retira de sua própria atividade. Na propriedade, então, o homem dota os objetos de uma alma e torna-se um mero objeto para si mesmo. Ele é "restaurado a si mesmo" somente ao superar a instituição da propriedade, tal que suas relações com os outros não mais são mediadas pelo mundo alienante das coisas. O homem retorna de "objeto" a "sujeito", ao reunir-se em um nível mais alto e autoconsciente, com o "ser espécie" do qual a propriedade o tinha tão miseravelmente afastado.

Os manuscritos de 1844 foram descobertos somente depois de Lukács escrever *História e Consciência de Classe*: ele mesmo ajudou a preparar a primeira edição deles durante seu período de exílio na União Soviética. Contudo, a parábola hegeliana da jornada espiritual do homem – da inocente autoimersão, através da alienação, para a autorrealização na verdadeira vida social – permaneceu a verdadeira força motriz por detrás de todas as especulações de Marx. Lukács percebeu isso, e trouxe o significado de Marx à luz do dia. E ele mesmo estava enfeitiçado pela força encantatória da parábola hegeliana. Enquanto ciência, a teoria do fetichismo da mercadoria e do capital é vazia: ela nada adiciona à explicação da acumulação de capital ou da troca de mercadorias. Mesmo como crítica social ela é tendenciosa e mais sensacional que sensível. Pois quem realmente *está* enganado pela ilusão de que as mercadorias e o capital têm poderes autônomos, o primeiro para a troca e o segundo para o crescimento? O economista "burguês" explica estes fenômenos em termos de oferta e demanda agregadas: em outras palavras, em termos das ações sociais dos seres humanos. Então, que força reside na reivindicação de que as "leis" da "economia política vulgar" representem o capital como uma "fonte independente de valor"?

No entanto, o conceito de "consciência fetichizada" continua a inspirar a confiança revolucionária. A teoria da alienação hegeliana não é meramente um relato do caminho de um homem à autoconsciência. É um substituto para a teologia. Nas mãos de Hegel e de Feuerbach, ela oferece uma teoria secular do pecado original. O mal que está "sobre" o mundo, que nos assombra e vicia nossas ações, é um sinal e produto da autoalienação do homem. O homem é um objeto, que deveria ser um sujeito, e sua consciência está mais e mais permeada pelo "triunfo das coisas". Todo poder parece residir fora dele, e em nenhum lugar ele encontra a espontaneidade, a validade interna, de uma vontade humana livre. Mostrar que o capitalismo é a condição suficiente e necessária para este estado de autoalienação é justificar a raiva sacralizada do revolucionário, mesmo (e mais especialmente) em uma época que viu os confortos materiais que o capitalismo pode trazer.[21]

Isto, então, é a conquista central de Lukács: ter revelado e endossado a significação teológica da economia marxista e ter adaptado as teorias marxistas para o novo clima emocional. Ele tornou o marxismo clássico disponível para uma geração ansiosa por uma "liberação" interna, "subjetiva". É claro, falando racionalmente, a teoria da "reificação" não é mais capaz de gerar um programa político que qualquer outro dos críticos românticos do domínio da propriedade. Pois qual é a alternativa? Sob que condições o homem escapará da prisão da consciência "reificada", e como estas condições serão asseguradas? Por que, em particular, a propriedade pública – ou mesmo a "propriedade social" – deveria ser uma mudança decisiva? De que modo a crítica socialista do capitalismo realmente avançou para além da formulação kantiana do pecado da mundanidade? Considere as palavras de Kant: "No Reino dos Fins tudo tem ou um *preço* ou uma *dignidade*. Se tem um preço, algo mais pode ser colocado em seu lugar como um *equivalente*; se é exaltado acima de todo preço e portanto não admite equivalente, então tem uma dignidade".[22] E de que modo a crítica marxista da troca capitalista traduziu esta máxima moral em política real? É verdadeiro que o idioma metafísico do "sujeito" e "objeto" revitalizou a *retórica* do socialismo – em tal medida que a "reificação" se tornou uma palavra importante durante o Maio de 68 em Paris. Mas as discussões deste termo na *New Left Review*[23] não adicionaram à retórica nada

---

[21] Ibidem, p. 89.

[22] Kant, *Groundwork of the Metaphysic of Morals*.

[23] A discussão efetivamente foi iniciada por Peter L. Berger, Stanley Pullberg e Ben Brewster, na *New Left Review*, n. 35, jan-fev. 1966.

senão pseudoteoria: um moroso farejar do intelecto ao redor de um santuário inatingível. A afirmação capenga, expressa na linguagem de sujeito e objeto, poderia animar o mais solene respeito. A observação de Marx de que "o burocrata relaciona-se com o mundo como um *mero objeto* de sua atividade" é típica: banal, esnobe e levemente preciosista em sua sugestão de que alguém é menos um objeto quanto mais tempo dispende no British Museum. Mas a observação é acolhida por Erich Fromm – o grande vulgarizador do humanismo marxista – como "uma profunda definição", da qual o todo da moralidade pode emergir.[24]

Lukács não é melhor que seus sucessores: ele também acredita que a teoria da reificação *diz tudo*, tal que deixa de ser necessário mergulhar nos trâmites do capitalismo. A besta foi mais e mais anatematizada, e deve assim ser arrancada da mente. Mas onde encontraremos alternativa? Lukács assenta seu comunismo em uma curiosa adição à teoria, que é sustentada, se não para justificar um lapso de fé, no mínimo para iluminar o abismo que habita abaixo. De acordo com Lukács, a consciência reificada da burguesia neutraliza a ação humana e previne a mudança genuína, ao representar o mundo social como vinculado por leis inexoráveis e "objetivas". Enquanto permanecermos confinados no pensamento burguês, estaremos atados ao *status quo* do capitalismo, incapazes de lutar pela condição social que dissipará a nuvem do não saber, ou mesmo de percebê-la. Na escuridão capitalista, contudo, outra consciência está crescendo – a consciência do proletariado –, que possui um privilégio epistemológico único. Em virtude de sua proximidade ao processo de produção,

---

[24] Erich Fromm, *The Sane Society*. London, 1956, p. 127. Para uma crítica da fácil retórica da "objetificação" e "alienação" e um útil lembrete da tese hegeliana segundo a qual o homem pode existir e ser feliz somente se ele liberta a si mesmo *dentro* do mundo e torna-se um objeto de sua própria percepção. Ver Helmuth Plessner, "De Homine Abscondito". *Social Research*, vol. 36, n. 4, 1969. Ver também R. Scruton, *The Meaning of Conservatism*. 2. ed. London, 1984, cap. 6.

os operários "podem tornar-se conscientes do caráter social do trabalho"; assim, para sua consciência, "a forma abstrata e universal do princípio social como ele se manifesta pode ser cada vez mais concretizada e superada".[25] Portanto:

> O conhecimento produzido pelo ponto de vista do proletariado ocupa um plano científico objetivamente mais alto: antes de tudo, ele oferece um método que torna possível a solução de problemas que os maiores pensadores da era burguesa lutaram de forma vã para resolver, e, em sua substância, ele oferece a análise histórica adequada do capitalismo, que deve permanecer além do alcance dos pensadores burgueses.[26]

Lukács estende esta ideia de forma considerável, em uma prosa exageradamente obscura. Mas o que ele quer que creiamos? Aparentemente, a classe trabalhadora, diferente da burguesia, "*sempre aspira à verdade*, mesmo em sua 'falsa' consciência e em seus erros substantivos".[27] Para entender nossa situação, então, devemos vê-la através do olhar dos proletários. Quem poderia, então, ser nossa autoridade – a descendência articulada da verdadeira classe trabalhadora? D. H. Lawrence, Pinter, Conrad, Céline? Não seja ridículo!, diz Lukács, que dedica várias páginas a anatematizar tais lacaios contrarrevolucionários da burguesia. Parece que o pensamento proletário não pode ser encontrado em obras de escritores proletários, mas somente nos marxistas clássicos. O "método" prometido – o *eleutherion* que une nossos remendos epistemológicos – é a dialética, cujo legado atravessou de Fichte a Hegel, e a Feuerbach e Marx, e de Engels a Lukács e Lênin. E quando Marx sujou suas mãos com o trabalho manual? Ou Engels, o proprietário de fábrica, ou Lênin, o cavalheiro no exílio? Ou mesmo Lukács –

---

[25] György Lukács, *History and Class Consciousness*, op. cit., p. 171.
[26] Ibidem, p. 164.
[27] Ibidem, p. 72.

barão hereditário do Império Habsburgo, herdeiro de uma fortuna bancária, acadêmico, esteta e implacável conspirador dentro das elites dominantes? Um pensador *proletário*? Considere seu remédio para a reificação:

> Ela pode ser superada somente pelos *constantes e constantemente renovados esforços para corromper a estrutura reificada da existência relacionando-a às contradições concretamente manifestadas do desenvolvimento total, tornando-se consciente dos significados imanentes destas contradições para o total desenvolvimento.*[28]
> (Grifos de Lukács)

Isto é uma afirmação proletária autêntica? Sai fora, camarada!

As coisas na realidade são piores que parecem. Não só o proletariado está identificado com o marxismo. Todo pensador moderno que discorda de algum princípio crítico do marxismo é denunciado como "burguês", enquanto todo verdadeiro escritor marxista é elogiado como "proletário". Estes rótulos não são de fato os nomes das classes sociais, de maneira alguma, mas termos de uso largamente expletivo. E porque o rótulo "burguês" concentra em si mesmo toda a maldade humana, e o rótulo "proletário" toda a bondade humana, Lukács imagina que ele se proveu do perfeito instrumento da censura. Mais ainda, ele deixa claro que o proletariado, que fala historicamente através das obras dos pensadores burgueses como Marx e Engels, no presente se expressa somente através do Partido Comunista, que é sua igreja institucionalizada. Somente no Partido, com sua estrutura essencialmente *organizada*, a unidade entre teoria e prática é conquistada. Por isso

> é a maior conquista do bolchevismo russo a incorporação, pela primeira vez desde a Comuna de Paris, da consciência do proletariado e de seu autoconhecimento em termos de história mundial.[29]

---

[28] Ibidem, p. 197.
[29] Idem, *Tactics and Ethics*, op. cit., p. 36.

Para coroar isso tudo, qualquer um que realmente consulte as ideias do proletariado comete um erro comunista hediondo, o erro do "oportunismo". Isto consiste em

> confundir o estado da consciência real e psicológico do proletariado com a consciência de classe do proletariado.[30]

É fácil ver que esta retórica é outra máscara para a velha mentira comunista: que o Partido é infalível. A práxis – a nova forma de conhecimento que se mostra simultaneamente na dissolução da consciência reificada e no engajamento revolucionário – é o equivalente puro da fé, e a obediência ao Partido, o resultado de uma aposta pascaliana. E, contanto que você não cometa o supremo erro "oportunista" de consultar os membros reais do proletariado, você pode se persuadir de que, ao executar tal contorcionismo mental, renega a consciência poluída da burguesia e une-se à luta revolucionária da verdadeira classe operária.

Como refugiado nazista, Lukács estabeleceu-se em Moscou e preparou-se através de um ato humilhante de autocrítica. *História e Consciência de Classe* foi veementemente condenado por Bukharin e Zinoviev no V Congresso da Internacional Comunista em 1924. As acusações usuais – "revisionista", "reformista", "idealista" – foram lançadas, e Lukács mesmo as repetiu no início dos anos 1930. *História e Consciência de Classe*, disse ele, é uma obra "idealista", e afirmou que o idealismo é o aliado do fascismo e seus "camaradas" social-democratas e, por isso, o verdadeiro inimigo do proletariado.[31] Anteriormente, o "oportunismo" era o principal "inimigo". Mais tarde, era o "niilismo",[32] enquanto raiava a aurora da paranoia de Stálin

---

[30] György Lukács, *History and Class Consciousness*, op. cit., p. 74.

[31] Ver Leszek Kolakowski, *Main Currents of Marxism,* vol. 3. Oxford, 1978, p. 279.

[32] György Lukács, *The Meaning of Contemporary Realism*. Trad. J. e N. Mander. London, 1963, p. 63.

em relação ao "trotskismo" como o modelo da classe reacionária.[33] Em *The Meaning of Contemporary Realism* (1957), Lukács fornece uma instrutiva história dos disfarces do Inimigo:

> O inimigo, no tempo de Heine, era o Chauvinismo Alemão. Mais tarde, foi o Imperialismo agressivo; mais tarde ainda, o Fascismo. Hoje é a ideologia da Guerra Fria e a preparação para a guerra nuclear. A luta contra o inimigo comum, que levou à formação de alianças políticas estreitas em nossa época, permite ao realista crítico assumir sua perspectiva socialista da história sem renunciar a sua própria posição ideológica.[34]

Nenhuma destas mudanças na descrição do inimigo mostra uma real mudança de mentalidade. Pois embora o inimigo possa mudar de nome, ele não muda de natureza. Ele permanece o burguês, senhor do mundo real, preso em uma luta de vida e morte com o proletário, que é o guardião do futuro. Mesmo depois da morte de Stálin, e da subsequente invasão da Hungria (quando Lukács, a despeito de ser um membro do governo de Nagy, caracteristicamente escapou com vida) ele continuou a dividir o mundo em dois campos: o "burguês" e o "proletário",[35] e a aplicar suas energias nas denúncias da literatura realmente existente e do modernismo em particular, a favor do ideal oculto do realismo socialista. É verdade que, em seus últimos anos, ele não mergulhou nas profundezas de *The Destruction of Reason* – o documento maior do período "stalinista" –, no qual virtualmente tudo da filosofia alemã pós-romântica foi abandonado como protonazismo. Na realidade, ele produziu alguma crítica que não é sem mérito, reconhecendo, por exemplo, a significação história e a penetração psicológica de Balzac e Scott. Contudo, esta leniência em relação a tais observadores "reacionários" foi possível somente por suas circunstâncias históricas – pelo fato de que eles viveram e escreveram antes do

---

[33] Idem, *Essays on Realism*, op. cit., p. 34.
[34] Idem, *The Meaning of Contemporary Realism*, op. cit., p. 109.
[35] Ibidem, p. 14.

marxismo. Sua crítica "reacionária" dos valores da Revolução Francesa poderia, então, ser apropriada pelos novos revolucionários, que seriam capazes de limpar a mancha da falsa consciência.

A mesma leniência não poderia ser estendida a nenhum escritor moderno – daí o longo tormento causado por Thomas Mann, o antigo amigo que retratara Lukács (de um modo distintamente lisonjeiro para sua inteligência) como Naphta em *A Montanha Mágica*, e cujas novelas poderiam certamente ser consideradas, por qualquer um com uma módica sensibilidade literária, entre as grandes conquistas do nosso século. Mann era um problema antigo, correspondente ao problema que Eliot colocou para Leavis. Mas ele era um problema que Lukács decidiu tirar da mente, em prol da crença necessária de que, desde Marx, a literatura é ou revolucionária ou reacionária, ou proletária ou burguesa, ou socialista ou pronta para as chamas. O fervor da censura com a qual suas visões foram expostas e a extraordinária propensão para condenar através de rótulos, justificam as acusações de Kolakowski (em *Mains Currents of Marxism*, vol. III), segundo as quais Lukács era um intelectual stalinista, para o qual o oponente sacrifica, por sua oposição, o direito de existir. Considere as seguintes passagens de suposta crítica literária:

> Vimos como a ideologia antiviolência se estende da fase pretensamente revolucionária [do expressionismo] até a explícita capitulação contrarrevolucionária diante do terror branco da burguesia.[36]

> Com Malthus [...] [a] decadência da crítica romântica do capitalismo aparece muito cedo em suas formas mais más e repulsivas, como expressão da ideologia da seção mais reacionária da burguesia inglesa. A crise [subsequente] reduziu um dos mais talentosos e brilhantes representantes do anticapitalismo, Thomas Carlyle, a um decadente aleijado, um mentiroso apologeta do capitalismo [...][37]

---

[36] György Lukács, *Essays on Realism*, op. cit., p. 101.
[37] Ibidem, p. 121.

Passagens inteiras dos escritos críticos de Lukács mostram esta visão unidimensional, dominada pela invectiva dicotomizada, e escrita no estilo da menina albanesa *au pair*, imaginada por Peter Simple. A crítica literária não é nada senão o engajamento ativo com o intelecto e a sensibilidade de outrem. Para Lukács, como para todos os comunistas verdadeiramente ortodoxos, tal engajamento é impossível e seu criticismo é, então, nulo, irrefletido e, em última análise, repulsivo em seu zelo inquisitorial. Em todo ponto onde o argumento é necessário, uma nuvem sufocante de rótulos é amaldiçoada diante do inimigo, e o tradicional lamento comunista – "quem não está conosco está contra nós; não importa sua intenção!" – salta da página.

Lukács é pouco convincente tanto em sua denúncia da política ocidental quanto em sua condenação da literatura que floresceu sob os céus do Ocidente. Em uma entrevista para a *New Left Review* em 1969, que só foi publicada depois de sua morte, ele dispensa a "democracia burguesa" com as seguintes palavras:

> Seu princípio definidor é a divisão do homem em *cidadão* da vida pública e *burguês* da vida privada [...] seu reflexo filosófico deve ser encontrado em Sade.

Ele então opõe a "democracia burguesa" e a "democracia socialista":

> Porque a economia socialista não produz e reproduz espontaneamente o homem apropriado para ela, como a sociedade capitalista clássica naturalmente gerou seu *homo economicus*, a divisão *cidadão/burguês* de 1793 e de Sade, a função da democracia socialista é precisamente a educação de seus membros em direção ao socialismo.[38]

Aqui Lukács apresenta o método stalinista de inquisição em sua realização máxima. Com a estúpida alusão a Sade, ele é capaz de abrir mão de todas as instituições políticas ocidentais com um

---

[38] Idem, *Record of a Life*, op. cit., p. 172.

simples gesto, e retornar ao domínio das dicotomias brutais: capitalismo *versus* socialismo, reação *versus* revolução, reprodução *versus* educação, burguesia *versus* proletariado, Lukács *versus* o Inimigo.

Seguro atrás de tais cercas de arame farpado, Lukács continuou a ruminar sobre o verdadeiro significado da "filosofia alemã clássica". Em sua última obra – *The Ontology of Social Being*, uma estranha e lúgubre dança de sombras no cemitério da metafísica alemã –, ele toma nota da religião verdadeira e atribui a descoberta deste fenômeno a Hegel. Em uma frase que não é menos significativa que qualquer outra nesta obra curiosamente escrita, ele observa que

> O reconhecimento histórico hegeliano da religião como uma realidade mental efetiva constantemente se aperfeiçoa, mas, mesmo assim, isto nunca resulta em uma relação interna mais profunda com seus conteúdos.[39]

Tivesse Lukács se interessado pelo proletariado, não como o veículo imaginário de seu próprio ódio glorioso, mas como uma classe real de seres humanos verdadeiros, ele poderia ter encontrado a religião não somente nas páginas de Hegel, mas também na realidade. E confrontando a fonte honesta da moralidade proletária, ele poderia ter reconhecido em si mesmo uma forma invertida e destrutiva da mesma emoção. Ele poderia ter percebido seu próprio ódio a Deus, sua recusa da confiança, da humildade e da expiação, bem como sua violência presunçosa em relação ao mundo criado. Mas ele perceberia, também, o quanto seu "sectarismo messiânico" permaneceu atado ao espírito de Sarajevo; o quanto os rótulos aniquiladores – "ideólogo", "niilista", "reacionário", "nostálgico" – que ele lançou tão indiscriminadamente ao Inimigo imaginário poderiam ter sido corretamente vinculados a si mesmo, e o quanto ele permaneceu, até o fim de sua vida, igual ao que havia sido desde o início: um monstro representativo da burguesia habsburga.

---

[39] György Lukács, *Hegel's False and his Genuine Ontology*. Trad. D. Fernbach. London, 1978, p. 59.

Capítulo 14 | J. K. Galbraith

Tal é a força da Constituição dos EUA, que nenhum americano influente discorda muito de qualquer dos princípios fundamentais de sua realidade política: liberdade, justiça, oportunidade e prosperidade formam o clamor de todo cidadão e a justificação de toda mudança. Seja democrata, seja republicano, o cidadão americano vota pela implementação de seus direitos fundamentais: o direito de propriedade e autodeterminação, o direito ao livre contrato, à livre expressão, à livre organização ou (na esteira do New Deal) à livre educação, livres disposições de bem-estar social e mesmo refeições gratuitas ocasionais. A inclusão gradual das disposições de bem-estar social na lista de garantias constitucionais não mudou a ênfase da política americana, ou a principal concepção através da qual ela é experimentada: a concepção de liberdade, como a condição natural e o objetivo último de todo homem e toda mulher.

O cidadão americano é por constituição um individualista, que, crendo que a Constituição não é de seu país, mas sua, toma seus privilégios por direitos naturais. Não há, talvez, refutação melhor do individualismo que a América moderna – nenhuma prova melhor de que o indivíduo livre não é o produtor, mas o produto de sua condição política, gerado por uma constituição cujas origens estão perdidas nas brumas do tempo e cuja autoridade sobre sua conduta transcende os limites de qualquer escolha contratual livre. Para o mundo afora, o individualismo americano expõe, na realidade, uma face *coletiva*: animado, autoconfiante, conciliatório e ávido por intercâmbio. É a face do vendedor, oferecendo os belos riscos da liberdade a um preço competitivo, e incapaz de acreditar que a massa da humanidade prefere as formas sombrias e gastas da escravidão.

O corpo político americano expressa nesse animado semblante a condição saudável de suas partes vitais. Ao mesmo tempo, floresce aí dentro do organismo outro corpo igualmente saudável de educada dissensão. Este parasita bem nutrido move-se através dos canais internos quentes do sistema, reproduzindo-se alegremente nas universidades, irrompendo nos periódicos da Costa Leste e, de tempos em tempos, precipitando uma rachadura na legislação que a polidez americana arranha até ela brilhar. Outra marca da saúde do organismo é que ele pode tolerar uma tal quantidade de parasitas provocativos e ainda funcionar – lívido, mas animado – nos negócios infindáveis do dia.

Seria errado descrever a crítica parasita do sistema americano como "esquerdista": a palavra "liberal" é agora usada localmente para denotá-la. No entanto, ela partilha duas características vitais com o esquerdista europeu: desprezo pelo "sistema" vigente e uma dose de "zelo compassivo" à moda de Rousseau. A ideia da "vítima" está sempre presente em seus pensamentos, e ela vê o destino dessa vítima – seja ela um negro da classe operária, seja um camponês do terceiro mundo – como inextricavelmente ligado ao destino do sistema americano que "lucra" com sua labuta. Não importa quão implausível é a conexão, o sistema americano é culpado por todo o desastre humano – tão somente porque não ofereceu o remédio. Mais importante, o dedo é apontado não às leis e instituições da nação americana, mas à riqueza que elas abrigam e à classe privilegiada que ganhou acesso às suas dádivas.

A atitude em relação a este privilégio de classe é de um sarcasmo sublime, um despejo de escárnio das alturas acadêmicas sobre as ordinárias cabeças do povo dos negócios, não importa seu objetivo, realizações ou capacidade. Embora o professor radical seja o verdadeiro beneficiário do sistema americano – e, portanto, o verdadeiro sustentáculo dos privilégios que são gerados pelo poder americano –, ele indica que toda vantagem é do homem de negócios, que ele condena por seu amor dedicado à luxúria, profundamente imerecida. Não surpreende, então, que o "liberal" atribua muito valor à disciplina acadêmica da economia, que, por estudar as leis do negócio, também pode ser usada para descreditá-los. O professor de economia olha para sua vítima de um ponto de vista que domina e condena sua vida. E quanto maior a inteligência e o charme do economista, mais é o homem de negócios um pretendente de sua aprovação, esperando, como todo bom americano, concordar com seu antagonista em termos.

A América produziu uma impressionante tradição de tais sarcásticos economistas: comentadores espirituosos e espertos da grande fonte de produção que pagou tão generosamente por seu escárnio. Thorstein Veblen começou a tradição, com um estudo clássico – *A Teoria da Classe Ociosa* (1899) –, no qual ele elogiava a utilidade daqueles vícios peculiares às classes superiores. Sua ironia era da mesma verve da de Mandeville; mas havia aí uma nova torção. O "consumo conspícuo" da "classe ociosa" de Veblen é útil precisamente para a perpetuação da classe ociosa, por reciclar os lucros adquiridos do trabalho de outros. Não que Veblen visasse uma alternativa ou, de algum modo, um esquema de coisas sem classes. Muito cético para abarcar uma tal solução e impiedosamente mordaz com relação à fraude intelectual do marxismo, ele permaneceu altivo diante da realidade americana, rindo em surdina da perfeição simbiótica pela qual o organismo impróprio infinitamente se renova.

Não é pouco elogio dizer de Galbraith que ele é, em sua melhor forma, tão espirituoso e engajado quanto Veblen. O que ele perde em *insight* sociológico ganha em audácia, e, como seu grande predecessor, ele constantemente expande sua perspectiva, através da deliberada busca da controvérsia. Sua teoria é global, com todas as amplas referências que uma "economia política" requer. Galbraith não é um pensador da "ala esquerda", como tampouco Veblen. No entanto, suas conclusões, e os argumentos que ele utiliza para tais, foram da maior importância estratégica na formulação da ideologia da ala esquerda. Em particular, Galbraith oferece um vigoroso suporte para o implacável antiamericanismo que forma ao mesmo tempo a premissa maior da política contemporânea da esquerda e também o *leitmotiv* da propaganda soviética.

Galbraith acredita que a teoria econômica tradicional, com suas ênfases nos mercados competitivos, não pode ser aplicada para a dinâmica do "novo Estado industrial" (e ele expressamente inclui sob tal rótulo as economias "capitalistas" do Ocidente e as "economias socialistas" do império soviético). Mais ainda, argumenta ele, a tradicional ênfase na produção, como a maior conquista humana e o verdadeiro critério de sucesso social e político, nada mais é que ideologia, uma crença conveniente que lubrifica as engrenagens da sociedade industrial e envenena a fonte da satisfação humana.

No lugar da teoria tradicional ("neoclássica"), Galbraith oferece uma análise de todo o sistema econômico de produção industrial, levando em conta um conjunto de fatores que ele diz terem sido previamente ignorados: "oligopólio", "poder compensatório", tomada de decisão centralizada e o declínio gradual no estímulo do lucro e na efetividade da competição. Emerge, então, desta análise – difundida em muitos livros importantes – uma imagem lentamente focada no "novo Estado industrial", como um sistema impessoal, controlado por uma "tecnoestrutura" com o interesse voltado à produção. A legitimidade deste sistema é derivada largamente da propagação de mitos políticos – em particular, o mito da "Guerra Fria", no qual a corrida armamentista e a consequente superprodução de tecnologia, com todos os seus benefícios incidentais para a produção de tudo o mais, está firmemente incorporada na Constituição.

Mas esta mudança no clima político não é mais que um epifenômeno, um subproduto de mudanças estruturais profundas dentro de economias subjacentes do mundo "capitalista". Essas economias afastaram-se progressivamente do paradigma empresarial suposto por Marx, Marshall, Böhm-Bawerk e Samuelson. Cada vez mais, Galbraith argumenta, o "mercado" foi suplantado como o determinante fundamental de preços e da produção. Enquanto a capacidade se desenvolve para controlar e manipular a demanda, a indústria livra-se de sua influência limitadora. As empresas começam a obedecer, não ao consumidor (que é reduzido de soberano a sujeito), mas a um processo autogerado de planejamento, que se espalha por todo o sistema industrial e que não tem nenhum outro propósito fundamental além de sua própria sobrevivência e expansão.

Desta imagem chocante da economia moderna, Galbraith é capaz de dar crédito para duas ideias vitais da esquerda: primeiro, a teoria da "convergência", de acordo com a qual as diferenças reais entre o mundo comunista e o mundo da democracia liberal são, moral e estrategicamente, menos significantes que as similaridades cada vez maiores. Segundo, a teoria marxista que diz que o direito e a política são amplamente determinadas pelas necessidades de um "sistema" econômico subjacente, que é ao mesmo tempo o motivo das decisões políticas e o gerador das crenças e aspirações as quais eles regulam.

Muito do que Galbraith diz é interessante e verdadeiro. Um argumento é particularmente importante repetir, não por causa de sua originalidade, mas porque, se fosse tomado seriamente pela esquerda, significaria o colapso da ilusão socialista crucial. O argumento é que na economia "capitalista moderna" a propriedade e o controle estão quase inteiramente separados: aqueles que tomam decisões quanto às atividades de uma empresa não são aqueles para quem os lucros advêm, nem são eles pessoalmente responsáveis pelas consequências de suas ações. Ninguém rende a *eles* a "mais-valia" não paga de seu trabalho, e ninguém é compelido por suas necessidades a submeter-se aos termos que *eles* ditam. Pelo contrário, os termos são fixados independentemente, pelas forças impessoais que estruturam a empresa e que determinam as múltiplas recompensas de todos os seus membros. Nada em princípio previne que as recompensas oferecidas ao trabalhador manual sejam tão altas quanto a recompensa oferecida ao chefe que o controla, ou mesmo mais altas que esta. Neste e em outros modos, então, a apreciada imagem da exploração "capitalista" deixa de aplicar-se, e com ela a simplória teoria de conflito de classes que Marx e seus seguidores derivaram dela. Há, na realidade, duas classes no Estado capitalista moderno: a classe dos empregados e a classe dos desempregados. Nenhuma tem o monopólio do poder sobre a outra, já que cada uma comanda – através do processo político e do revisionismo institucional implícito nele – uma poderosa defesa contra qualquer monopólio da coerção; e entre as duas classes há mobilidade social.

A economia resultante é analisada por Galbraith sob o nome de "poder compensatório". Para entender a estrutura do lucro e da recompensa, diz ele, não devemos olhar nem para a propriedade nem para o controle, mas para a interação do poder dos produtores com os poderes "compensatórios", que apontam suas exigências no produto e negociam uma parte. Estes poderes não são forças de mercado, mas, pelo contrário, forças que inerentemente distorcem a configuração do mercado. Duas em particular se colocam como politicamente significantes: os sindicatos, que negociam o preço do trabalho, e os oligopolistas, que negociam o preço pelo qual um produto será vendido. Sem dúvida, há "exploração" no resultado de sua barganha coletiva; mas, no mínimo, se *está* barganhando, de forma que nenhuma parte pode ditar os termos. Neste sentido, no máximo, retém-se um dos componentes fundamentais de uma solução justa. Mais ainda, é difícil, se não impossível, dizer em geral e com antecedência de circunstâncias particulares, onde alguma injustiça reside. Se dissermos uma tal coisa, é nos fundamentos de algum preconceito igualitário que esbarra toda desigualdade.

Um socialista sério, confrontado com o argumento de Galbraith, seria levado a revisar várias de suas concepções fundamentais. Ele se sentiria, por exemplo, menos persuadido de que qualquer sentido é atribuído à ideia de "exploração de classe". Ele também seria forçado a reexaminar a "alternativa socialista" para o capitalismo moderno. Torna-se extremamente questionável que o controle centralizado de um sistema que já se emancipou do controle do capitalista alteraria a real posição do trabalhador. Seja lá o que se possa dizer sobre as injustiças sofridas pelo trabalhador em uma corporação moderna poderia ser igualmente dito sobre sua situação em uma indústria nacional: e nenhum plano socialista fez algo mais que perpetuar este sistema de controle, enquanto aperfeiçoava o anonimato e a irresponsabilidade de seu exercício.

Galbraith encara exatamente as dificuldades reais enfrentadas por aqueles socialistas que ainda estão abertos a algum tipo de argumento. "O socialismo", escreve ele, "passou a significar governo pelos socialistas que aprenderam que o socialismo, entendido à moda antiga, é impraticável".[1] Ademais, a visão socialista é dependente, para sua persuasão, de uma forma de capitalismo que não mais existe: ela depende da imagem do implacável empresário, motivado somente pelo lucro, que emprega somente aqueles que são compelidos pelas circunstâncias a aceitarem seu salário. O socialismo sempre se definiu por *contraste* a uma tal ideia, e assim "o infortúnio do socialismo democrático foi o infortúnio do capitalista. Quando o último não pôde mais controlar, o socialismo democrático deixou de ser uma alternativa".[2]

Tais argumentos são inevitavelmente simplórios. Mas o mínimo que se pode dizer é que, se a visão de Galbraith do capitalismo moderno é verdadeira, então a crítica socialista não é mais relevante.

---

[1] J. K. Galbraith, *The New Industrial State*. London, 1972, p. 101.

[2] Ibidem, p. 104.

E já que a visão de Galbraith é essencialmente a de Max Weber, a crítica socialista tem sido irrelevante por muito tempo. Ao mesmo tempo, contudo, Galbraith elabora uma crítica abrangente, e com uma força retórica que desafia a força do socialismo tradicional. Galbraith busca destruir a imagem da economia capitalista como um mecanismo autoequilibrado, estruturado por "forças do mercado". O poder compensatório, ele diz, do tipo exemplificado pelos sindicatos, os oligopólios e as novas "tecnoestruturas" dentro das corporações, é autogerado, enquanto o poder de competição não é. Assim, no longo prazo, a economia capitalista será dominada pelos poderes com uma tendência inerente a crescer, e será anulada da competição que os disciplinaria no interesse público.[3] O mercado é transcendido, o planejamento toma a precedência sobre a interação, e o planejamento deixa de contentar-se com a visão de curto prazo que é essencial ao livre mercado. A "tecnoestrutura" que sustentará a corporação moderna torna-se ainda mais ambiciosa, ligando firmas com outras firmas, com o governo e com toda empresa que poderia servir para ampliar seu poder. Por uma variedade de dispositivos – entre os quais os "lucros acumulados" são os mais importantes – a corporação evade toda responsabilidade para seus diretores e acionistas[4] e embarca na busca autônoma de seu próprio engrandecimento. Nem o lucro da empresa, nem os incentivos pecuniários do executivo contam muito para determinar a direção da tomada de decisão:

> [...] a realidade é que o presente nível de renda do executivo leva em consideração a identificação (com os objetivos da empresa) e a adaptação (dos objetivos da empresa com os seus). Estas são as motivações operantes. Elas também são as únicas pessoalmente reputáveis a alguém. O executivo não pode se entregar ao pensamento de que seu compromisso com os objetivos da corporação é menos que completo,

---

[3] J. K. Galbraith, *American Capitalism: The Concept of Countervailing Power*. Cambridge Mass., p. 104.
[4] J. K. Galbraith, *The New Industrial State*, op. cit., p. 81 ss.

ou que ele é de todo modo indiferente à oportunidade de modelar estes objetivos. Sugerir que ele subordina estes motivos a sua resposta para pagar seria confessar que ele é um executivo inferior.[5]

A citação ilustra o principal dispositivo intelectual de Galbraith. Uma observação psicológica, expressa em tom irônico, usada para sustentar uma teoria econômica de consequências inimagináveis e imensas. Se verdadeira, segue-se que a suposição padrão – que as empresas tendem a maximizar o lucro – é falsa e que a reconhecida teoria da economia de mercado é inválida. De acordo com Galbraith, as empresas tendem a maximizar não o lucro, mas o poder. Mais ainda, elas não fazem isso competindo com outras empresas, mas aliando-se a elas, pois o poder não é o da empresa individual, mas da "tecno estrutura", que é comum a todas elas.

É justo dizer que a opinião econômica ainda necessita ser persuadida de que Galbraith está certo.[6] O que é mais significante que a verdade última de suas conclusões, contudo, é a qualidade da evidência aduzida a seu favor: nenhuma estatística, nenhuma análise detalhada das empresas modernas, nenhum exame da estrutura da tomada de decisão, nenhuma comparação real entre as corporações privadas e o monopólio estatal e nenhuma teoria da personalidade legal das corporações em um Estado moderno. O que nos é oferecido nada mais é que psicologia social, expressa no idioma irônico de Veblen e nutrida no desdém acadêmico típico diante da vida vazia dos executivos.

O caráter vanglorioso da prosa de Galbraith – sua constante suposição de um ponto de vista superior – é responsável por outra

---

[5] Ibidem, p. 139.

[6] Ver, por exemplo, Elizabeth Brunner, "Industrial Analysis Revisited". In: Harry Townsend, *Price Theory, Selected Readings*. 2. ed. Penguin, 1980, e referências inclusas. Deve-se dizer que um *corolário* da teoria de Galbraith – que as empresas algumas vezes (e talvez cada vez mais) tendem a buscar *satisfazer* mais que *maximizar* soluções – é amplamente sustentado: ver R. Nelson e S. Winter, *An Evolutionary Theory of Economic Change*. Cambridge, Mass., 1982.

manobra intelectual: o bajulamento de uma "sabedoria convencional" cujos princípios ele ou caricaturiza ou deixa indefinidos. É esta "sabedoria convencional" que Galbraith repreende em seu mais famoso livro – *The Affluent Society* (1958, edição revisada de 1969) – por sua ênfase na livre competição, livres mercados e tais virtudes indiscutivelmente importantes como o "orçamento equilibrado". A "sabedoria convencional" é, aparentemente, o instrumento central do controle social, comparável à ideologia oficial de um Estado comunista:

> Nos países comunistas, a estabilidade de ideias e de propósito social é adquirida pela adesão formal a uma doutrina oficialmente proclamada. O desvio é estigmatizado como "incorreto". Em nossa sociedade, uma estabilidade similar é imposta muito mais informalmente pela sabedoria convencional.[7]

É difícil dizer em que medida Galbraith é sério em tais pronunciamentos. No entanto, uma característica importante poderia ser notada, já que ela anuncia o impulso e a influência central de sua obra tardia: a ideologia comunista, diz ele, estigmatiza o desvio como "incorreto", enquanto nossa "sabedoria convencional" *impõe* a estabilidade. Assim, por uma artimanha, o "sistema capitalista" começa a parecer tão opressivo quanto sua contrapartida comunista. O fato de que milhões pagaram com suas vidas por seu "desvio" e outros seguiram sofrendo aprisionamentos, perseguições e a perda de todo direito social concebível pelo menor "erro" cometido parece esquivar-se completamente à observação de Galbraith. Ao mesmo tempo, sua própria liberdade, não somente para expressar suas visões "não convencionais" (de fato, exatamente o keynesianismo convencional), mas também para ascender às posições mais elevadas da influência intelectual e do poder como resultado delas, é cuidadosamente encoberta pela simples palavra "imposta".

---

[7] *The Affluent Society*. London, 1969, p. 17.

The Affluent Society contém o ataque central de Galbraith ao *ethos* da produção, que, diz ele, "veio a ser um objetivo de importância preeminente em nossas vidas", embora "não um objetivo que buscamos exaustiva ou refletidamente".[8] A busca consciente da produção é responsável pelo caos e miséria das sociedades capitalistas modernas, nas quais os serviços públicos são sacrificados em detrimento de uma superabundância de bens de consumo. Mais importante ainda, esta busca ocasionou a perigosa tentativa de garantir um constante aumento da demanda. A ideia de que a demanda sempre aumentará para se equilibrar com a oferta é um princípio desacreditado da economia clássica, refutada pela teoria da utilidade marginal decrescente. Mas, diante da "ameaça" colocada por esta teoria, a "sabedoria convencional" mostrou-se brilhantemente engenhosa: "a teoria da utilidade marginal decrescente de bens não foi aceita".[9] Ao contrário, a assunção que foi feita é que bens são uma coisa importante e mesmo urgente a se oferecer: em outras palavras, que *devemos* produzi-los, de forma tal que um imperativo moral assume o controle diante do impulso menor de nossos desejos mais básicos. Assim, os desejos satisfeitos pelos bens de consumo são levados a uma categoria mais alta, em que a lei da utilidade marginal descrescente não mais se aplica. Embora um homem possa ter vinho, água ou petróleo suficientes, honra e realizações sempre faltam.

Novamente, uma observação psicológica oferece a base para uma teoria econômica ambiciosa. Galbraith procede à sua celebrada descrição da sociedade de consumo, na qual os desejos humanos não são mais o motivo regulador da produção, mas os principais itens da manufatura. O constante fluxo de bens é sustentado pela criação deliberada de desejos – através da publicidade, da constante diversificação

---

[8] Ibidem, p. 131-32.
[9] Ibidem, p. 141.

de produtos, da vasta máquina de propaganda que leva o homem à desonra se este não tem meios de consumir:

> Quanto mais uma sociedade se torna afluente, cada vez mais desejos são criados pelo processo através do qual eles são satisfeitos [...] Desejos assim tornam-se dependentes da produção. Em termos técnicos, não se pode mais dizer que o bem-estar é maior em um nível mais alto da produção que em um mais baixo. Pode ser o mesmo. O nível mais alto da produção tem, meramente, um nível mais alto de criação de desejo, necessitando de um nível mais alto de satisfação de desejo.[10]

Esta atualização e substituição do ataque de Veblen ao "consumo conspícuo" e da análise reprovadora de Marx do fetichismo da mercadoria partilha com seus predecessores, ao mesmo tempo, seu caráter essencialmente psicológico e seu intrépido exagero. Como as teorias de Veblen e Marx, ela contém um núcleo duro de verdade, mas, como elas, parece fazer tudo soar como nada mais que uma pequena irritação, um novíssimo testemunho da força do pecado original. Não surpreendentemente, a "solução" de Galbraith para o "problema" da afluência mostra uma falta de seriedade fundamental (comparável à falta de seriedade que leva Marx a sua fantasia infantil de "comunismo total"). De modo a combater a miséria social, propõe Galbraith, deveríamos dispender mais nos serviços públicos e na educação, no planejamento centralizado e no bem-estar social. Ademais, deveríamos taxar a produção, combatendo a urgência que reproduz a presente situação e, ao mesmo tempo, financiando os serviços públicos que são propostos como sua cura.[11] Galbraith novamente mostra estar pouco consciente sobre o quanto a miséria pública nas economias socialistas foi aumentada pelos próprios serviços públicos e planejamentos centralizados, e mostra não estar ciente sobre a conexão entre educação e urgência da produção. Acima de tudo, no entanto,

---

[10] Ibidem, p. 152.
[11] Ibidem, p. 278.

ele parece não enxergar precisamente as implicações *econômicas* de sua solução. Um imposto sobre a produção pode financiar serviços públicos somente se a produção for alta. Longe de remover a ênfase na produção, então, Galbraith dá outro motivo para afirmá-la.

Isso é típico da noção arrogante de Galbraith da realidade econômica e social. Muito apaixonado por sua psicologia sardônica para deslocá-la da posição central que ela ocupa em seu pensamento, ele está completamente ciente de que nenhum mero psicólogo conseguiria ganhar a atenção de um político. Somente o economista acadêmico pode ter poder verdadeiro sobre o sistema que provoca, pois somente ele parece ter um conhecimento médico de suas doenças. Assim, Galbraith, como Marx, disfarça sua psicologia em economia e oferece suas recomendações políticas posteriores como se elas tivessem toda a autoridade de um Hayek ou um Keynes.

Deste modo, a despeito de sua atitude desviante em relação ao socialismo, Galbraith é capaz de saltar ao terreno onde o socialismo se criou. Ele começa a ver todo o organismo político da América em termos econômicos, como um "sistema" no qual todo músculo e membro se move em resposta aos imperativos dos negócios. O mito central e capenga do marxismo apodera-se de sua imaginação e torna-se (como é inevitável) o fundamento de um ponto de vista profundamente oposicionista. Direito, política, cultura e instituições dão lugar a um "sistema econômico" cruamente descrito, cujos imperativos impessoais supostamente governam toda vida social. Esta visão ofereceu a base teórica para um dos princípios mais importantes da Nova Esquerda na América: a usual teoria da convergência, segundo a qual os dois "superpoderes" são estruturas sociais iguais mas opostas, impulsionadas, em última análise, por uma necessidade idêntica de expansão e sacrificando todos os valores humanos pelo impessoal e primordial *telos* do poder econômico e social. Assim, para Galbraith, o Estado "capitalista" moderno torna-se o servo das corporações, a completude necessária de um processo planejado que se origina na tecnoestrutura da empresa oligopólica.[12] A tecnoestrutura, por sua vez, identifica-se com o Estado[13] e adquire o mesmo anseio centralizado e impessoal por um planejamento completo e abrangente. Neste sentido, o expansivo oligopólio da produção americana gera (nas famosas palavras do presidente Eisenhower, que foram um presente para a propaganda soviética) um "complexo industrial-militar" e, com ele, uma "cultura armada", que legitima os grandes gastos com defesa. O principal instrumento neste processo de legitimação é o "mito da Guerra Fria", no qual a expansão contínua da economia é justificada em termos de imperativos militares aceitos. Esta "guerra sem batalha torna necessária, de forma ordenada, a ameaça que a batalha vai cessar",[14] e então justifica o constante avanço tecnológico e, com ele, a variedade infinita da produção e a incessante renovação do desejo de consumir.

Uma descrição tal do "sistema" americano abre o caminho para uma insinuação cuidadosamente colocada de que o sistema soviético é similar, e se ameaçador, ameaçador no mesmo sentido:

> A realidade no caso dos EUA e da URSS é a realidade de duas grandes nações industriais [...] Ambas, isso tem sido largamente demonstrado, podem ter sucesso por seus testes econômicos muito similares de sucesso [...] Há uma diferença grande e inquestionável nos dois sistemas quanto ao papel de políticos, escritores, artistas e cientistas. Ninguém pode minimizar a diferença feita pela Primeira Emenda. Mas é menos claro que o contraste nos sistemas de gerenciamento econômico seja tão grande. Ambos os sistemas estão sujeitos a imperativos da industrialização. Isto por ambos significarem o planejamento, e, enquanto cada um usa diferentes técnicas para negociar com o indivíduo com quem contrata este planejamento, planejamento em todos os casos significa por de lado o mecanismo de mercado a favor do controle de

---

[12] J. K. Galbraith, *The New Industrial State*, op. cit., p. 256-57.
[13] Ibidem, p. 311.
[14] Ibidem, p. 332.

preços e do comportamento econômico do indivíduo. Ambos os países, muito claramente, solicitam crença para os objetivos do mecanismo industrial. Ao contrário da tendência central rumo ao implacável conflito, uma tendência econômica mais evidente é convergência.[15]

Em tais passagens, pode-se reconhecer a mesma apologia ardilosa que leva Galbraith a assumir que Kruschev "fechou" os campos de trabalho e que as liberdades civis verdadeiras estão agora emergindo na URSS.[16] A referência à Primeira Emenda e, então, à diferença *política* real entre os dois "sistemas" imediatamente surge em meio à maré das similaridades "profundas". Galbraith é guiado pela assunção marxista de que a natureza de uma sociedade é determinada por sua base econômica, tal que uma "tendência econômica da convergência" leva à convergência de outros tipos e, em particular, ao fim do conflito político. (Precisamente, a mesma assunção marxista pode ser vista na ideia de um "mito da Guerra Fria", considerado como um componente funcional do sistema capitalista – em outras palavras, como "ideologia"). O cidadão soviético, Galbraith sugere, pode "contratar" o "planejamento", assim como sua contrapartida na América, e a diferença em suas histórias subsequentes é simplesmente um problema das "técnicas diferentes" que são usadas para negociar com eles. Assim, somos convocados a acreditar que há uma similaridade "profunda" entre o encarceramento forçado em um hospital psiquiátrico e o estabelecimento de um empreendimento, em condições que são geralmente favoráveis ao negócio e nas quais mesmo as falhas são mais bem sustentadas do que o gerente soviético comum. A resposta correta é evidente: se isto é o que entendemos por "profundidade", então a estrutura profunda de uma sociedade moderna é o fato menos interessante sobre ela. Mas essa não é a resposta que Galbraith tem em mente ou recebe.

---

[15] Ibidem, p. 334.
[16] Ibidem, p. 144.

É claro, há um elemento de audácia na análise de Galbraith – um tipo de zombaria indulgente da "sociedade livre", uma alfinetada em suas bem conhecidas hipocrisias. Mas tente imaginar um Galbraith soviético fazendo o mesmo em suas publicações, e você saberá que há algo mais na escolha do sistema político que ele está insinuando. Na verdade, suas sacadas espirituosas mostram a extensão da dependência parasitária de Galbraith de uma forma particular de política, mesmo que seja uma forma que ele nunca esteja disposto a elogiar em termos mais calorosos que estes:

> Uma das pequenas mas recompensadoras vocações de uma sociedade livre é a provisão de conclusões necessárias, propriamente sustentadas por estatísticas e indignação moral, para aqueles que estão em posição de pagar por elas.[17]

Em sua última obra, e especialmente na popular montagem televisiva da história da economia moderna *The Age of Uncertainty* (1977), a tese da "convergência" deixa de ser uma provocação e torna-se mais firmemente estabelecida como a principal afirmação galbraithiana. É com toda a seriedade que Galbraith recomenda a "experiência cubana" como o modelo de desenvolvimento econômico na América Latina,[18] e argumenta que nenhuma culpa poderia ser designada pelo conflito de superpotências, a menos que fosse por nossa própria disposição a culpá-lo:

> Em poucas questões a disposição de adultos, presumivelmente sãos, para a polêmica do pátio da escola foi mais manifesta que no esforço para justificar esta competição, atribuindo culpa. Os soviéticos são culpados; então, os Estados Unidos devem responder. Os imperialistas são culpados; então, o povo da URSS se defenderá. O debate é precisamente sobre uma paridade entre o esquilo e a roda.[19]

---

[17] Ibidem, p. 263.

[18] J. K. Galbraith, *The Age of Uncertainty*. London, 1977, p. 120-21.

[19] Ibidem, p. 252.

Nenhuma menção do ódio antiamericano irradiado implacavelmente para os povos do império soviético, por um partido dominante que não permite nenhuma voz que não a própria. Isto, afinal, nada mais é que um fato *político*, irrelevante para a profunda similaridade estrutural entre os dois sistemas que impessoal e irrepreensivelmente os ameaçam com extinção. Na verdade, contudo, é precisamente nossa capacidade de *culpar* a URSS que mostra a retenção de nossa humanidade e nossa recusa a renunciar à perspectiva política que é a única via para a mudança.

Em 1961, Galbraith – cujo criticismo do sistema americano lhe rendeu uma segura posição dentro dele – foi nomeado como embaixador na Índia. Constrangido pelas circunstâncias a tomar uma visão realista do mundo, ele foi capaz momentaneamente de perceber a verdade que um século de pensamento marxista insistiu em negar: que não é o sistema econômico de uma nação que determina seu caráter, mas suas instituições políticas. Ele viu também que uma ordem política que confere honras a seus críticos é de um tipo radicalmente diferente daquela que os leva à morte em campos de trabalho. No curso de seu trabalho, Galbraith apresentou várias conferências em universidades indianas sobre o tema do desenvolvimento econômico, apoiando a agora descreditada tese de que a ajuda estrangeira é uma questão preliminar necessária para a arrancada das economias do terceiro mundo. Ao mesmo tempo, ele reconheceu a verdade – graças à obra de escritores como P. T. Bauer e Elie Kedourie[20] – que se tornou logo amplamente reconhecida, a saber, que a ajuda estrangeira é ineficiente sem instituições estrangeiras e, em particular, sem um Estado de direito, segurança contratual e os processos parlamentares trazidos ao terceiro mundo pelos poderes civilizados da Europa e agora em quase todo lugar ameaçados de destruição.[21]

---

[20] P. T. (Lord) Bauer, *Dissent on Development*. London, 1971; Elie Kedourie, *The Crossman Confessions and Other Essays*. London, 1984.

[21] J. K. Galbraith, *Economic Development*. Cambridge Mass., 1964, p. 42.

Durante essas conferências, Galbraith muitas vezes experimentou tais percepções da realidade, despindo o manto fraudulento do economista profissional que vê somente a profundidade das coisas, e adotando em vez disso as vestes do político para quem as leis, as instituições e os costumes são a realidade social primeira. Ele foi capaz de desmentir o mito que floresce em seu discurso "econômico" – o mito da empresa como um monstro sinistro, avassalador e incontrolável cujos propósitos impessoais governam nossas vidas e nossas satisfações. Ele reconhece o ponto verdadeiro da diferença entre a empresa ocidental e o "coletivo" soviético – a saber, que o primeiro é uma pessoa, não somente em sua relação moral, mas também diante da lei.[22] O coletivo soviético não é assim: ele está protegido de todas as consequências reais de suas ações, goza de liberdade inaudita e ampla e não pode ser colocado em xeque por seus inferiores.

Esta diferença – que parece trivial, do ponto de vista do sábio economista – é a maior diferença do mundo, e o índice da conquista verdadeira da civilização europeia (e do Direito Romano, do qual ela advém). Todos os poderes no Estado constitucional ocidental estão identificados, quando possível, a pessoas jurídicas e, assim, subordinados ao Estado de direito. A empresa pessoal pode ser acusada e, portanto, arruinada, por suas próprias ações insolentes, e por esta razão Galbraith corretamente nos urge a protegê-la.[23] Não há personalidade vinculada ao coletivo soviético, nem a qualquer outra instituição soviética maior, e – tampouco, sobretudo, ao Partido Comunista – que, ao definir-se através do "papel de liderança", efetivamente se faça irresponsável diante de tudo, exceto de si mesma. Mais ainda, é a impessoalidade das instituições comunistas que as dota de tal perigosa instabilidade: é isto que garante que nada pode controlá-las ou limitá-las exceto a coerção, e também que a coerção pode ser

---

[22] Ibidem, p. 95.
[23] Ibidem, p. 98.

aplicada não de dentro da sociedade que elas governam, mas de fora. Esta é a real *verdade* da Guerra Fria: que o governo pessoal, diante de um poder amplo, mas totalmente impessoal, não pode mais se proteger pela diplomacia, mas deve recorrer à equivalência de poder militar daquele que o ameaça.

De volta a lugares mais confortáveis, Galbraith abandonou seu flerte com a verdade e retornou a seu papel de parasita irritante. Ele continua a oferecer seus óculos de raio X através dos quais as faces da América moderna e da União Soviética são vistas em termos de esqueletos econômicos sobre os quais elas se sustentam. Alguém que vê somente os "ossos sob a pele" não reconhece a diferença entre a face sorridente do santo e a máscara cruel do tirano. Para tal espectador, a convergência torna-se não uma verdade surpreendente, mas uma irrelevância trivial. Se economistas são culpados pelo atual estado do mundo não é por sua recusa a tomar alguma posição crítica, mas por seu postulado de que a frágil ciência que praticam oferece suficiente autoridade para tomar tal atitude: por seu postulado de que a economia nos diz a verdade sobre os fenômenos humanos – a lei, o governo, a cultura e as instituições – que ela nem mesmo pode perceber. E quando economistas, como Galbraith, ignoram mesmo as genuínas realizações de sua ciência, e baseiam sua iconoclastia em nada mais que meias verdades psicológicas, eles devem, então, ser considerados com a mais profunda suspeita. Ainda que sejam precisamente tais economistas que, falando em tons de cinismo mundano, ocupem as mais confortáveis posições dentro do corpo político liberal. Se Galbraith perguntasse a si mesmo por que isso é assim, ele sem dúvida se referiria à necessidade social para o criticismo "profundo" da classe de negócios. Como ele uma vez colocou: "Aqueles que afligem os confortáveis servem igualmente como aqueles que confortam os afligidos".[24] Mas quem está verdadeiramente confortável na atual

---

[24] J. K. Galbraith, *American Capitalism*, op. cit., p. 52.

situação da América moderna: o homem de negócios ou seu crítico acadêmico, o coração produtivo do sistema ou o parasita que se alimenta de seu trabalho?

É um estranho testemunho da saúde do organismo americano que ele possa tão facilmente tolerar tais parasitas – e acreditar que, ao fazê-lo, ele se aperfeiçoe ainda mais. Se a teoria da convergência fosse verdadeira, então também seria na União Soviética. Aqueles que afligem os confortáveis seriam mais confortáveis que suas vítimas. A ideia de uma "Guerra Fria" seria na realidade um mito. Pois então, no fim, a fonte do conflito entre as superpotências – a implacável inimizade do comunismo soviético em relação a todas as potências que não foram ainda absorvidas por ele – seria removida. E o desaparecimento do conflito ocasionaria, então, o declínio da autoridade de Galbraith. A crítica ácida do "sistema" perderia seu apelo quando não mais se desse conforto para um inimigo.

Capítulo 15 | Jean-Paul Sartre

Nenhum pensador europeu é mais verdadeiramente representativo da *intelligentsia* pós-guerra que Jean-Paul Sartre, e nenhum atesta melhor a consciência coletiva desta *intelligentsia* como uma consciência do Inferno. Ao mesmo tempo, os escritos de Sartre são charmosos, mefistofélicos, seduzindo o leitor com um tipo de graça diabólica em direção ao altar do Nada, onde tudo que é humano é lançado às chamas. Nada vive na prosa de Sartre, exceto a negação, mas esta negação é multiforme, lírica e infinitamente atraente. Ela pode jorrar em lances de surpreendente beleza, ou rosnar ameaçadora; às vezes, é como o clarão de uma bomba atômica sobre toda a humanidade, mas repentinamente se torna obscura, secreta e sem sentido. O espírito literário proteico[1] de Sartre move-se por todas as formas literárias, passando pelo diálogo dramático, pela evocação lírica, pelo argumento metafísico profundo da linguagem de Husserl e pelo sarcasmo político que desafia o sarcasmo de Engels. Não se deve supor que a visão de um tal escritor poderia ser adequadamente resumida ou mesmo julgada em um único capítulo. Ao mesmo tempo, seria impossível concluir esta análise sem prestar contas ao arquidemônio da Nova Esquerda, cujo poder intelectual e cujo dom literário não têm paralelo nos escritos de esquerda, e cujo gênio não é injustamente comparado

---

[1] Proteico, referindo-se ao mito de Proteu: multiforme ou mesmo disforme. (N. T.)

ao de Marx. E ver um talento tão monumental dar expressão a tamanha falsidade é entender o poder da ideologia esquerdista e também a condição perturbadora que a inspira.

O tema maior dos escritos de Sartre é anunciado em sua mais tenra e importante obra – o romance *A Náusea*, publicado em 1938. O herói de Sartre, Roquetin, está tomado de repulsa pelo mundo das coisas. Ele se sente decaído por sua encarnação, que o vincula flagrante e irreversivelmente a um mundo outro que não ele próprio. Esta experiência de náusea ocorre sempre que a existência perde seu "inofensivo ar de uma categoria abstrata" e torna-se, pelo contrário, "um amontoado de coisas". Ele vê, então, que "o que existe deve existir até este ponto: ao ponto do apodrecimento, do arrebatamento, da obscenidade".

Esta repulsa – "*une éspèce d'écoeurement douceâtre*" – contrasta com o sentimento de Roquetin de sua própria liberdade interior. Dentro dele, ele sente, reside a capacidade para repudiar o mundo, para refutar seus terrores. Sua repulsa então adquire um foco mais específico, que são as pessoas – e em particular aqueles que ele considera serem "burgueses", cujas faces lhe fitam com uma correção injustificável. Ele contempla a imersão deles na família e no Estado, sua fácil consolação na religião, nos trâmites e papéis sociais – e sua resposta é uma feroz abnegação. Eles são, para Roquetin, o epítome da má-fé, a prova viva de uma liberdade renunciada, o testemunho da autotraição. Não importa o que aconteça, *ele* não trairá a si mesmo. E a história desta repulsa é a história deste *gran rifiuto*.

Um verdadeiro romancista poderia ver em Roquetin o que ele é: um adolescente moralista que traveste seu vazio em algo sagrado. Um tal romancista teria visto a pequenez humana de Roquetin, e reconheceria nele o pecado capital, e a suprema infelicidade, do orgulho. Mas Sartre partilha do vício de seu herói, e, em vez de se distanciar dele, ele busca, pelo contrário, dignificá-lo com os mais elevados atributos teológicos. Ele deseja trazer para si mesmo a salvação, a partir da substância dura de sua descrença. Esta é a tarefa que Sartre coloca para si mesmo em sua obra principal, O *Ser e o Nada* (1943), e na famosa conferência O *Existencialismo é um Humanismo*, que ele proferiu em 1945. Em uma combinação extraordinária de argumento filosófico, observação psicológica e evocação lírica, Sartre propõe-se descrever a provação e a tarefa da consciência, em um mundo que não tem nenhum sentido senão o sentido que eu, através da minha liberdade, posso imprimir nele.

A premissa que inicia o argumento de Sartre é expressada assim: "a existência precede a essência" – um *slogan* cuja terminologia medieval é, de fato, fundamental para uma obra de teologia cristã invertida. Não há natureza humana, Sartre argumenta, já que não há Deus para haver uma concepção dela. Essências, como construções intelectuais, desaparecem junto da mente que as conceberia. Para nós, então, nossa existência – nossa individualidade impossível de conceptualizar, cuja realidade é a liberdade – é a única premissa de toda investigação, e o único ponto seguro de observação em um mundo cujo significado ainda está para ser dado. Nossa existência não é determinada por nenhuma moralidade universal, e não existe nenhum destino pré-dado que poderia conter uma visão de natureza humana. O homem pode fazer sua própria essência, e mesmo sua existência é, em certo sentido, uma aquisição: ele só existe totalmente quando ele é o que ele se propõe a ser.

Consciência é "intencional": ela situa um objeto no qual ela vê a si mesma como em um espelho. Objeto e sujeito surgem juntos, em fundamental antagonismo – o antagonismo, como Sartre o coloca, do "em-si" e do "para-si" (o *en-soi* e o *pour-soi*). Ao fundar-se em relação com o possivelmente incognoscível e, de toda forma, com o objeto fundamentalmente "outro", o *self*[2] cria uma separação em seu mundo, um

---

[2] Dada a utilização corrente desta palavra no original – *self* – na literatura filosófica, psicanalítica e psicológica, especialmente sobre o autor em questão, mantivemos assim o termo, geralmente traduzido como "eu" (em sentido forte) ou "si-mesmo". (N. T.)

tipo de clivagem, na obscura reclusão onde pululam os pesadelos do existencialista. Esta clivagem é *néant*, ou o Nada, que "habita, cravado no coração do ser, como um verme".

A experiência do Nada, sempre conosco, é elusiva, como o ego é elusivo. Talvez, contudo – em antecipação ou desapontamento –, estejamos cientes de sua soberania e da terrificante dependência mútua entre o Nada e o Ser. Somente uma autoconsciência (um para-si) que poderia trazer este Nada ao mundo. Para o ente meramente senciente a fratura não se abriu entre o sujeito e o objeto. Com a fratura, contudo, vem o desafio existencial. A questão surge: "Como eu poderia preencher este vazio que me separa do mundo?". A angústia que se alastra sobre o *self* na busca desta questão é a prova da liberdade. Não pode haver nada mais certo que minha liberdade, já que nada existe para mim – nada é *outro* – até que esta fratura seja aberta e minha liberdade, exposta.

A angústia apresenta-se no sentido em que os objetos não são propriamente distintos uns dos outros, que eles são inertes, indiferenciados, aguardando pela separação. Esta é a origem da náusea, cujo objeto primário é a dissolução do mundo. O mundo torna-se viscoso – o *fango originale* do Otello de Boïto. Sartre conclui *O Ser e o Nada* com uma descrição extensa do viscoso (*le visqueux*),[3] evocando a rainha dos pesadelos, que parece erigir-se do fosso do Nada e confrontar-nos com uma negação radical. O viscoso é um derretimento de objetos, uma "sucção úmida e feminina", algo que "vive obscuramente sob meus dedos" e que "sinto como uma tontura". A viscosidade

> atrai-me até ela como o fundo de um precipício poderia atrair-me [...] Em um certo sentido, é como uma docilidade suprema do possuído, uma fidelidade canina que *se dá* mesmo quando não se a quer mais; e

---

[3] Usamos aqui a tradução de Paulo Perdigão de "*visqueux*" como "viscoso". (N. T.)

em outro sentido, sob esta docilidade, há uma sub-reptícia apropriação do possuidor pelo possuído.[4]

No viscoso, confrontamos a absorção do "para-si" pelo "em-si": o mundo de objetos funde-se em torno do sujeito e arrasta-o sob si.

O viscoso é, então, uma imagem do "*self* em perigo": de uma liberdade perdida para o "decaído" mundo dos objetos. Em reação a tal perigo, no qual a liberdade em si me seduz, posso esconder-me de mim mesmo, enclausurando-me em algum papel predeterminado, contorcendo-me para ajustar-me a um figurino que já estava feito para mim, atravessando o abismo que me divide dos objetos só para tornar-me eu mesmo um objeto. Isto acontece quando adoto uma moralidade, uma religião, um papel social que foi indicado por outros e que tem significação para mim somente à medida que me objetifico nele. O resultado é a "má-fé" – o crime dos bons cidadãos sobre os quais Roquetin derrama seu veemente desprezo. O viscoso me atrai e repele, precisamente porque ele se me apresenta com a doce viscosa promessa da má-fé.

A falsa simulação do em-si pelo para-si (do objeto pelo sujeito) deve ser contrastada com o gesto individual autêntico: o livre agir no qual o indivíduo cria si mesmo e o seu mundo, lançando um no outro. Não pergunte *como* isto é feito, já que o processo não pode ser descrito. Seu ponto final é o que importa, e isto Sartre descreve como compromisso. Mas compromisso com o quê?

Não há, é claro, nenhuma resposta para esta questão que não contradiga a premissa da autenticidade. Qualquer adoção de um sistema de valores que seja representado de modo tão objetivamente justificado constitui uma tentativa de transferir minha liberdade para o mundo dos objetos, de forma a perdê-la. O desejo por uma ordem

---

[4] J.-P. Sartre, *Being and Nothingness*. Trad. Hazel Barnes. London, 1957, p. 606-11. [Aqui, citado na tradução de Paulo Perdigão: Jean-Paul Sartre, *O Ser e o Nada. Ensaio de Ontologia Fenomenológica*. 15. ed. Petrópolis, Vozes, 2007, p. 743.]

moral objetiva é uma exibição da má-fé e da perda desta liberdade, sem a qual nenhuma ordem moral de qualquer tipo seria concebível. A própria justificação de Sartre de uma moralidade "*self*-made" é então inerentemente contraditória – um fato que de nenhuma maneira o impede de avançar nos termos mais apaixonados:

> Eu emerjo só e com pavor no rosto do único e primeiro projeto que constitui meu ser: todas as barreiras, grades, colapsam, aniquiladas pela consciência de minha liberdade; eu não tenho, nem posso ter, recurso a qualquer valor contra o fato que sou eu que mantenho valores no Ser; nada pode assegurar-me contra mim mesmo; arrancar-me do mundo e da minha essência pelo nada que eu sou, eu tenho de imaginar o sentido do mundo e minha essência: eu decido, sozinho, injustificável, e sem desculpa.[5]

Compromisso político é, então, um estranho resultado do culto da autenticidade. Para entender sua necessidade para Sartre, devemos vê-lo no contexto de sua visão incessantemente invejosa de toda fonte "objetiva" de valor. Sartre tenta mostrar – usando sua própria versão de um argumento que deriva de Hegel – que todo amor, e toda relação humana, reside em última instância numa contradição. Ele introduz a noção de "ser-para-os-outros", para descrever a posição peculiar em que eu, como ser autoconsciente, necessariamente me encontro. Eu sou, de pronto, um sujeito livre diante de meus olhos, e um objeto determinado aos olhos do outro. Quando outro ente autoconsciente olha para mim, eu sei que ele busca em mim não só o objeto, mas também o sujeito. O olhar de uma criatura autoconsciente tem a peculiar capacidade de penetrar, criar uma demanda. Esta é a demanda na qual eu, como uma subjetividade livre, revelo-me no mundo. Ao mesmo tempo, minha existência como objeto corpóreo cria uma opacidade, uma impenetrável barreira entre minha subjetividade livre e o outro que busca unir-se com ela. Esta

---

[5] J.-P. Sartre, *Existentialism and Humanism*. Trad. Philip Mairet. London, 1948.

opacidade do corpo de alguém é a origem da obscenidade, e meu reconhecimento de que meu corpo coloca-se para o outro assim como o seu para mim é a fonte da vergonha.

Se eu desejo outrem, isto não é simplesmente uma questão de prazer em gratificar-me com seu corpo. Se fosse só isto, então qualquer objeto cabível, mesmo um simulacro de um corpo humano, o faria muito bem. Meu desejo, então, me uniria com o mundo dos objetos, como eu estou unido com ele e tragado pela viscosidade. Eu experienciaria a extinção do "para-si" no pesadelo da obscenidade. No verdadeiro desejo, o que eu quero é o *outro, ele mesmo*. Mas o outro só é real em sua liberdade e é assim falsificado por toda tentativa de representá-lo como um objeto. Portanto, o desejo busca a liberdade do outro, de forma a apropriá-lo como seu. O amante, que deseja possuir o corpo do outro, somente se, e na medida em que, o outro o possui em si mesmo, está, então, preso a uma contradição. Seu desejo cumpre-se somente por compelir o outro a identificar-se com seu corpo – a perder seu para-si no em-si da carne. Mas, então, o que é possuído é precisamente não a liberdade do outro, mas só a casca da liberdade – uma liberdade abjurada. Em uma passagem notável, Sartre descreve o sadismo e o masoquismo como "recifes onde o desejo pode afundar".[6] No sadomasoquismo, uma parte tenta forçar a outra a identificar-se com sua carne sofrida, assim como a possuí-la em seu corpo no preciso ato de atormentá-la. Novamente, contudo, o projeto não chega em lugar nenhum: a liberdade que é oferecida é abjurada na própria oferta. O sádico é reduzido por sua própria ação a um espectador distante da tragédia de outro, separado da liberdade com a qual ele busca se unir pela via obscena da carne torturada.

A descrição do desejo sexual não tem comparação na literatura filosófica, e expressa as mais urgentes observações de Sartre. É, ao mesmo tempo, um paradigma de fenomenologia e também uma

---

[6] J.-P. Sartre, *Being and Nothingness*, op. cit., p. 364-406.

sincera expressão de horror existencial. Para Sartre não há salvação no amor ou na amizade: todas as relações com os outros são envenenadas pelo corpo – o em-si – que encarcera nossa liberdade. O compromisso, então, não pode ter outro ser humano como seu objeto, a não ser somente... – somente o quê?

A resposta correta para tal pergunta – a questão não dita que assombra a paisagem devastada da prosa de Sartre – é: pense novamente. Talvez esta autenticidade que você tanto valoriza, como a liberdade que cria a necessidade para ela, seja uma ilusão. Talvez não haja uma coisa tal como a liberdade transcendental. Ou, se houver, talvez poderia ser como Kant a viu: como o fundamento absoluto de uma moralidade objetiva, que nos vincula aos outros em uma relação de respeito universal e que nos curva em submissão diante da lei moral. Para Sartre, o mundo envenena nossos esforços, ao compelir-nos a nos identificar com o que não nos é próprio. Mas não seria igualmente razoável supor que pertencemos ao mundo, e que nada envenena o mundo tão efetivamente quanto a vã oposição ao nosso pertencimento?

Contudo, esta questão leva a outra. O que, pode-se perguntar, é a verdadeira fonte da repulsão de Sartre diante de sua existência encarnada – uma repulsão exibida seja em um sentimento de obscenidade, seja em repugnância ao viscoso e pegajoso, seja mesmo no *post coitum triste* de um desejo que é nauseado por sua própria culminação? O que é este sentimento que se foca tão especificamente e que também irrompe na esnobe dispensa de Roquetin da normalidade humana e em uma náusea metafísica que corrompe toda a criação?

Parece-me que Santo Agostinho apresentou uma resposta melhor para esta questão que a sugerida por Sartre. Para Santo Agostinho, é o sentimento do pecado original que é a causa de nossa repulsa em relação ao mundo. Somos mais e mais envergonhados de nossa encarnação, e sentimos nossa liberdade interior como "contaminada" por seu contato com a carne. Nós nos vemos como exilados no mundo, constantemente sobrepujados pelo mau cheiro da mortalidade. Ademais, Santo Agostinho adicionou, é no ato sexual que o sentimento do pecado original mais completamente nos invade. Pois na excitação sexual estamos cientes de que o corpo é opaco à nossa vontade e à nossa luta contra ela. No sexo o corpo domina e nos controla, esmagando-nos de vergonha da nossa subserviência obscena.[7] É no ato que nos engendra que nossa mortalidade é sentida, e no qual a decomposição, o caráter viscoso da carne, é mais vergonhosamente apresentada à nossa consciência. Se juntarmos as mais poderosas observações de Sartre – exatamente aquelas que cumprem o papel mais importante na fundação de sua metafísica da liberdade – claramente não estaremos distantes do espírito agostiniano: o espírito do eremita cristão que, desafiando os prazeres deste mundo, está ainda incerto se renunciou a eles. E a fria consciência da corrupção que leva o cristão a Deus leva Sartre, que não vê Deus, a seu santuário interno e solitário, onde o *self* é reverenciado em meio a desordenados ícones de seu fútil mundinho de faz-de-conta.

Sartre necessita de seu "compromisso", portanto, para cumprir o que é em essência uma função religiosa. A observação foi muitas vezes feita – não à toa pelo grande amigo de juventude de Sartre, Raymond Aron[8] – de que o marxismo cumpre o espaço deixado vago pela religião. Mas é talvez na obra tardia de Sartre que o sentido desta observação seja mais claramente aparente. De acordo com a metafísica exposta em *O Ser e o Nada*, a resposta correta para a questão "Com o que eu deveria me comprometer?" teria de ser "Qualquer coisa, contanto que você possa fazer dela algo como uma lei para si mesmo". Mas esta não é a resposta dada por Sartre, cujo "compromisso" é com um ideal que entra em conflito com sua própria filosofia

---

[7] *City of God*, Book XIV, capítulos 16-26.

[8] Raymond Aron, *L'Opium des Intellectuels*. Paris, 1955.

– com a "sociedade justa" do ativista revolucionário. Ele é levado nesta direção, não pela rota da afirmação, mas pelo obscuro e infeliz caminho da negação. Ao liberar o gênio da autenticidade, ele pode, então, fazer sua ordem secreta, e sua ordem é destruição. Nada real pode ser "autêntico". O autêntico define-se sempre em *oposição* aos outros – em oposição ao mundo que eles criaram e no qual eles se sentem em casa. Tudo pertencente aos outros é parcial, comprometido e remendado. O autêntico em si busca a solução *total* para o enigma da existência e aquela que é sua própria criação, não reverenciando nenhuma autoridade, nenhuma legitimidade que esteja contaminada pelo inaceitável mundo do "eles".

É exatamente esta postura da negação que conduz o *self* autêntico a identificar-se com a filosofia revolucionária de Marx. Pois mesmo se esta identificação é supremamente injustificada, ela oferece, no entanto, a mais fácil libertação de uma situação de intolerável dor: a situação de um ser completamente sozinho em um universo sem deuses. Há três características do marxismo que agradam a Sartre. Primeiro, é uma filosofia de oposição, mais e mais saturada por um desprezo pelo mundo que nada mais é senão religioso. Segundo, é total em suas soluções e promete uma nova realidade, obediente a uma perfeita concepção de si. Em outras palavras, o marxismo destrói a realidade em favor de uma ideia. E esta ideia é modelada de acordo com a liberdade transcendental do "para-si". A promessa do comunismo total é uma promessa *noumenal*,[9] uma fantasmagórica antecipação do Reino dos Fins. Não sabemos nada deste reino, exceto que todos os seus cidadãos são livres e todas as suas leis são autenticamente escolhidas.

Finalmente – e para Sartre esta é a mais animadora das promessas de Marx –, a comunidade do futuro será precisamente aquilo que o "para-si" demanda. Ela oferecerá aquela relação permitida da qual

---

[9] No original, *noumenal*; que faz referência ao *noumenon* kantiano. (N. T.)

a alma autêntica se afasta por sua autenticidade e, ao mesmo tempo, manterá sua autenticidade intacta. O Reino dos Fins combinará, em um vínculo tão incompreensível quanto necessário, a sólida relação do proletariado e a liberdade transcendental da mente solitária. Esta relação permitida estará a salvo de convenções, papéis, rituais – de qualquer forma de "outridade".[10] E ela será também uma relação com a classe sacralizada pela história, cujo calor humano compensará para todos a repulsa que a cruel tarefa da autenticidade exige.

Não é acidental que a força emocional do marxismo seja tão naturalmente expressada no idioma de Kant. Pois, como vimos ao considerar as teorias de Lukács (ver capítulo 13), a moralidade marxista traduz a segunda versão do imperativo categórico – a versão que nos convida a tratar a humanidade nunca apenas como um meio, mas sempre como um fim – em uma crítica abrangente do capitalismo moderno. De algum modo, Sartre – que começa sua filosofia a partir da premissa kantiana da liberdade transcendental – parece inexoravelmente atraído pela filosofia que promete que os imperativos noumenais um dia governarão o mundo. O "comunismo total" nada mais é que o Reino kantiano dos Fins, e a promessa de Marx é de uma liberdade transcendental tornada empiricamente real. Esta promessa dá fé para o anti-herói existencialista; é a primeira e única resposta para a angústia de Roquetin, para quem, como Iris Murdoch argumenta:

> Todos os valores residem no mundo irrealizável da completude inteligível que ele representa para si mesmo em simples termos intelectuais; ele não está enganado (até o fim) imaginando que *qualquer* forma de esforço humano é adequada para seu anseio de reunir-se à totalidade [...][11]

---

[10] Para marcar que *otherness* aqui é poeticamente satriano, optamos por "outridade" e não por "alteridade", mais comum. (N. T.)

[11] Iris Murdoch, *Sartre, Romantic Rationalist*. London, 1953, p. 22.

O anti-herói existencialista que se entrega, seja lá com que tipo de "compromisso", a um programa político no qual outros também podem juntar-se está à primeira vista na "má-fé". Pois ele peca contra o sagrado dos sagrados, que é o *self*. Mas a expiação deste pecado, nós vimos, é fácil. O anti-herói precisa somente garantir que este "compromisso" se conforme, não à imperfeição fragmentada do real, mas à "totalidade" de uma ideia abstrata. Basta comprometer-se com a "Ideia de Razão" e prontamente sua liberdade se torna real. Ao refutar a qualidade fragmentada do mundo real, o existencialista ganha a única salvação de que ele precisa – aquela do ponto de vista "total" que é obtida em um Reino dos Fins.

A menos que esta autenticidade seja questionada, contudo, o anti-herói deve prestar muita atenção à forma. Ele deve garantir que esta aceitação servil da ideologia do outro tenha a aparência de uma rejeição completa. A submissão de Sartre a Marx – seu *Islã* particular – é apresentada, então, como uma desafiadora crítica da doutrina do profeta. O pretensiosamente intitulado *Crítica da Razão Dialética*, cujo primeiro volume foi publicado pela primeira vez em 1959, e que nunca foi completado, é lido como um exercício de sadismo intelectual, no qual a amada filosofia é excruciantemente torturada, tal que sua subjetividade poderia ser ofertada e abjurada. Marx nos dá a "totalidade", mas em formas que ainda precisam ser apropriadas para o uso autêntico. A ambição de Sartre é possuir essa "totalidade", subjugá-la e controlá-la, e incrustá-la com sua própria autenticidade. Mas essa é uma ambição que não pode parecer muito facilmente adquirida: antes de tudo, "outros" estão olhando, e "outros" *não podem aprovar*. Sartre então se prepara para adorar o altar marxista através de uma inventiva litania de invocações sem sentido, amaldiçoando o tempo todo o Deus que ele conjura, como fazem certas tribos que esperam muitas horas pelas chuvas. O seguinte não é menos típico:

Mas, através da exata reciprocidade de coerções e autonomias, a lei termina por escapar de todos, e nos momentos rotativos de totalização, ela aparece como Razão Dialética, isto é, externa a tudo, porque interna a cada um; e uma totalização desenvolvida, embora sem um totalizador, de todas as totalizações totalizadas e de todas as totalidades destotalizadas.[12]

Uma palavra emerge tão particularmente carregada, nesta afirmação, com um peso de inconfessa emoção – a palavra "totalização", que já encontramos nos escritos de Lukács e que atravessa a *Crítica da Razão Dialética* com uma encantação crucial. Como muitas palavras de significado religioso, ela nunca é definida, somente usada – e usada com tal hipnotizante falta de sentido, de forma a atrair a falange de adoradores preparados a servir ao sacerdócio de tal fé. Novamente, na *New Left Review* dos anos 1960 e 1970, nossa cultura e nossas instituições são criticadas por sua impermeabilidade à visão de mundo "totalizante".[13] E se a palavra, revestida como está pelos sentimentos ardorosos do ideólogo, parece ameaçadora, não devemos nos enganar: ela é. "Totalização" denota o *desafio* oferecido pelo radical insatisfeito, cuja visão, por sua exata completude, justifica todo esforço para impô-la. A oposição, que significa somente a perspectiva "serializada", "parcial", da classe dominante e de seus lacaios é, quando confrontada com a totalização apaixonada do radical, *sem direito*. É um mero poder, desamparado, inimigo e pronto para a guilhotina. Assim é que o irreal Reino dos Fins, dotado com o poder "totalizante" de uma mera ideia, triunfa ao avançar sobre cada realidade.

---

[12] J.-P. Sartre, *Critique of Dialectical Reason: Theory of Practical Ensembles*. Org. Jonathan Rée; trad. Alan Sheridan-Smith. London, 1976, p. 39.

[13] Um exemplo representativo é oferecido pela obra crítica de Terry Eagleton (especialmente *Exiles and Emigrés*. London, 1970): o termo ocorre com um uso similar na polêmica crítica de Perry Anderson.

Martin Jay argumenta, a favor da Nova Esquerda, que a categoria de totalidade é *distintiva* do marxismo.[14] Tomada literalmente, tal afirmação é sem sentido. Poderia, antes, pertencer a Weber, que identifica o significado de "revelação profética" em sua capacidade para representar o mundo como uma totalidade ordenada e inteligível, e que vê a função do sacerdote como um mediador entre esta concepção total e a desordenada fragmentariedade do mundo natural.[15] O marxismo divide a categoria da totalidade não somente com a religião tradicional, mas também com seu arqui-inimigo e irmão de sangue, o fascismo, instância política que foi recomendada por Gentile como uma "concepção total de vida".[16] Em outro sentido, contudo, Martin Jay tocou numa verdade bastante importante. O neomarxismo é distinto não pela categoria de totalidade, mas pelo ritual sem sentido com o qual esta categoria é cercada e pelo qual suas deficiências litúrgicas são veladas. A retórica da totalidade esconde o lugar vazio no coração do sistema, onde Deus deveria estar. Para Sartre, a totalidade não é nem um estado nem um conceito, mas uma *ação*. Não reside na natureza das coisas, mas é trazida a elas pela fúria "totalizante" do intelectual. A totalização é concebida em termos existencialistas, como a ação transcendental do *self*. Mas é também um momento milagroso de unidade, no qual o corte na realidade extingue-se e o mundo é curado. Esta união mística, como a união da lança e do Graal, junta as metades nostálgicas de um mundo clivado. Quando o intelectual chegar a tocar as candentes mãos do proletariado, então a mágica má da ordem "burguesa" será posta de lado e o mundo se completará.

---

[14] Martin Jay, *Marxism and Totality: the Adventures of a Concept from Lukács to Habermas*. Berkeley, 1984.

[15] Max Weber, *Economy and Society*. Org. G. Roth e C. Wittich; trad. Ephraim Fischoff et al. New York, 1968, vol. 2, p. 451.

[16] G. Gentile, *Che cosa è il fascismo? Discorsi e Polemiche*. Firenze, 1925, p. 39.

Sartre finge rejeitar o marxismo por sua visão parcial e mecânica da condição humana. No entanto, ele toma emprestado as principais categorias marxistas para dar substância a seu "compromisso total". Para Sartre, o mundo ainda está dividido entre burgueses e proletários. Ainda depende das "relações de produção"; e isto ainda significa que – sob o capitalismo – a extração da "mais-valia" do proletariado "alienado" efetuada pela exploração da burguesia conduz à cada vez mais intensa "luta" de classes. E estas categorias marxistas são repetida e acriticamente destacadas nas teorias de Marx. A rejeição da "razão dialética" (que, como se pode notar, é discutivelmente *não* uma categoria marxista, mas uma vulgarização de Plekhanov e Engels) é inteiramente desprovida de substância intelectual. Sempre que a prosa de Sartre muda da submissão servil para uma pretensa crítica, ela ao mesmo tempo se torna bizarra e sem sentido. "O totalizador" então aperfeiçoa sua própria "totalização", ao totalizar novamente totalidades destotalizadas, emergindo exatamente onde poderíamos ter sabido que ele emergiria, um advogado impenitente da "práxis totalitária".[17]

Ler a *Crítica da Razão Dialética* é uma experiência cruel. Quase em lugar nenhum a masmorra totalitária é aliviada por uma nesga da luz do sol, e os poucos sopros de ar são aqueles nos quais o espírito de Sartre respira livremente, soando em si mesmo, em exalações líricas, mas insubstanciais. A força do jargão consegue tirar a atenção de tudo que é verdadeiramente questionável na visão marxista e criar um falso conflito em um mundo de sonhos. Em lugar nenhum, as exigências reais do marxismo são confrontadas. Em lugar nenhum, a divisão da sociedade entre "proletários" e "burgueses" é questionada, o mito da "luta de classes", examinado, ou a teoria da "exploração", condenada. Mesmo a linguagem da economia marxista executa seus deveres mistificantes sem os obstáculos de uma

---

[17] J.-P. Sartre, *Critique of Dialectical Reason*, op. cit., p. 817.

observação crítica. Nem esta aceitação velada do dogma marxista é redimida pelo imaginário fenomenológico:

> A fraude da exploração capitalista é baseada no contrato. E embora este contrato necessariamente transforme o trabalho, ou *práxis*, em um mercadoria inerte, ele é, formalmente, uma relação recíproca: é um livre câmbio entre dois homens que *reconhecem um ao outro em sua liberdade*; ocorre somente que um deles finge não notar que o Outro é forçado pelas exigências da necessidade a vender-se como um objeto material.[18]

É claro, é sempre *como* objetos materiais que nos relacionamos uns com os outros, e se O *Ser e o Nada* é um guia para a condição humana, então nenhuma transição para as "relações socialistas de produção" poderia superar esta incapacidade que nossos corpos mesmos impõem. Em todo caso, já não estamos cansados desta condenação tautológica da realidade capitalista, que define o que pode ser comprado como uma *coisa* e então diz que o homem que vende seu trabalho, ao tornar-se uma coisa, deixa de ser uma pessoa? De qualquer maneira, deveríamos reconhecer que, de todas as defesas mentirosas oferecidas para a escravidão, esta é de longe a mais perniciosa. Pois o que é trabalho não comprado, se não o trabalho de um escravo? Deveríamos reconhecer o enorme ônus da prova que recai sobre a pessoa que condena o mercado de trabalho, a favor de alguma alternativa intelectual. Quem controla nesta nova situação, e como? Justo o que obtém o trabalho do homem que de outro modo o negaria, e como ele é reconciliado à ausência de recompensa privada? Tais questões são, é claro, precisamente o que não pode ser respondido pelo ponto de vista do Reino dos Fins. Pois elas vêm poluídas pelas "condições empíricas" da natureza humana, para as quais não há réplica transcendental.

Sartre se preocupa muito pouco em argumentar com Marx. De incontáveis maneiras – através do vocabulário, de exemplos, de

---

[18] Ibidem, p. 110.

estruturas e, acima de tudo, de seu estilo – a *Crítica da Razão Dialética* mostra total rejeição das regras da investigação intelectual – um voo determinado da regra da verdade. Supor que o livro poderia realmente cumprir a promessa oferecida pelo seu título é de fato uma impertinência grosseira. O leitor deve aceitar *sem questionamentos* tudo o que pertence ao compromisso de Sartre: doravante, somente questões *irreais* podem ser perguntadas:

> Como pode a *práxis* em si ser uma experiência de necessidade e de liberdade, já que nenhuma delas, de acordo com a lógica clássica, pode ser alcançada em um processo empírico?
>
> Se a racionalidade dialética realmente é uma lógica de totalização, como pode a História – o enxame de destinos individuais – aparecer como um movimento totalizante, e como pode alguém evitar o paradoxo de que, a fim de totalizar, já deve haver um princípio unificado, isto é, que somente totalidades reais podem se totalizar elas mesmas?[19]

Um escritor que imagina que *aquelas* são as questões desafiadoras que o marxismo tem de responder está claramente tramando alguma. Ele está tentando desviar sua atenção, não somente das críticas teóricas reais do marxismo – que deixou a teoria da história, do valor e da classe social em ruínas –, mas também das terríveis consequências práticas para as quais o marxismo conduz, com suas vãs profecias milenares e sua visão "totalizante" de um homem "pós-político".

O compromisso que Sartre resolve propor é de fato um marxismo totalmente não reconstruído. Vemos emergir de suas páginas as mesmas destrutivas fantasias, as mesmas falsas esperanças, o mesmo ódio patológico do imperfeito e do normal, que caracterizam todos os seguidores de Marx, de Engels a Mao. Mais uma vez, temos de supor que nosso mundo está sob o controle "burguês", unificado

---

[19] Ibidem, p. 79.

em sua oposição à "práxis comum dos trabalhadores",[20] e temos de imaginar que esses trabalhadores ("a classe sem propriedade") buscam "socializar" os meios de produção.[21] As relações de mercado não são a expressão da liberdade econômica, mas a concreta sujeição do homem ao diabólico reino do Outro.[22] A outridade envenena todos os benefícios que o capitalismo nos oferece: nossa democracia não é democracia verdadeira, mas meramente a "democracia burguesa", e quando um homem vota sob nosso sistema de governo ele sempre vota como o Outro, e não como ele mesmo.[23] Contra estas mentiras desgastadas, Sartre tenta novamente induzir nossa cumplicidade à percepção marxista da história moderna.

A erosão da verdade pela propaganda comunista é vista em sua versão mais efetiva não na *Crítica da Razão Dialética*, mas nos ensaios posteriores, coligidos em *Situations VIII* e *IX* e publicados em inglês como *Between Existentialism and Marxism*.[24] Nesta obra surpreendente, Sartre repete a desculpa padrão para as crueldades dos bolcheviques (necessárias devido ao "cerco anticomunista") e atribui a culpa pela persistência da crueldade comunista primeiro a Stálin e, posteriormente, ao de fato que o Partido Comunista se tornou uma *instituição* – em outras palavras, tornou-se um dos pontos centrais da "outridade" (ou "serialidade", como a obra do demônio é agora chamada) que impede a paixão "totalizante" do compromisso radical. Um tal criticismo é extremamente útil em salvar o que se propõe a condenar. O Partido Comunista é mal, mas somente na medida em que os escoteiros, a Sorbonne ou os bombeiros são maus – por exigirem ação coletiva e inautêntica em acordo às nor-

---

[20] Ibidem, p. 213-14.
[21] Ibidem, p. 215-16.
[22] Ibidem, p. 291.
[23] Ibidem, p. 351.
[24] *Between Existentialism and Marxism*. Trad. J. Matthews. London, 1974, reeditado em 1983.

mas institucionais. A real obra do Partido de morte e destruição é desimportante diante desta característica, que ele divide com todo esforço social duradouro.

Assim, não nos surpreenderíamos com o comentário de Sartre sobre a invasão soviética da Tchecoslováquia. A causa originária do "problema tcheco", ele argumenta, não era o socialismo, mas a imposição de um socialismo que não "cresceu em casa". A linguagem é característica: "As razões pelas quais o povo escolhe o socialismo importam comparativamente pouco; o que é essencial é que eles o construam com suas próprias mãos".[25] A falha da União Soviética foi impedir que este processo ocorresse. É inevitável que um jacobino moderno use a palavra "povo" como Sartre usa – para sugerir uma unidade que poderia realmente "escolher o socialismo" e construí-lo com suas próprias mãos coletivas, ou no mínimo, coletivizadas. E é inevitável que este "povo" fosse visto como uma forma de unanimidade. A alternativa – ação coletiva na ausência do acordo total – se parece muito com uma "instituição" para que Sartre chegue a reconhecê-la pelo que ela é, a saber, o melhor que está à disposição dos homens.

No entanto, é um pouco surpreendente, à luz da experiência tcheca, que um intelectual humanista possa ainda fechar sua mente para o fato mais importante: que a maioria de um "povo" pode realmente *rejeitar* o socialismo, tanto por suas promessas quanto por suas realizações. Um "povo" pode repentinamente se dar conta de que ele não quer a "socialização dos meios de produção" ou a "equidade", ou qualquer das crueldades e injustiças que são perpetradas em seu nome. Para Sartre, as crueldades do socialismo revolucionário advêm das "necessidades do tempo" (mas quem criou estas necessidades?). O erro da União Soviética foi simplesmente compelir os tchecos a adotar um sistema que era apropriado somente para os "camponeses

---

[25] Ibidem, p. 86.

russos de 1920", e não para os "operários tchecos de 1950"[26] – uma teoria que mostra mais desprezo pelo campesinato russo que respeito pelos tchecos.

O movimento de reforma tcheca figura de forma interessante na percepção de Sartre. Este movimento conseguiu, ele argumenta, a tão esperada "unidade dos intelectuais e da classe trabalhadora".[27] Seu objetivo místico era a criação de uma "totalização concreta continuamente destotalizada, contraditória e problemática, nunca fechada em si mesma, nunca completa, e, ainda assim, constituindo uma experiência única".[28] Os operários tchecos não estavam "pedindo um retorno ao liberalismo burguês, mas, já que a verdade é revolucionária, estavam clamando o direito revolucionário de contar a verdade".[29] Com tal linguagem, Sartre fortifica sua fé. Toda verdade, ele conclui, é propriedade do campo revolucionário, e nenhum trabalhador, na hora da verdade, pode fazer nada senão reafirmar seu compromisso revolucionário. A possibilidade de ser um "liberal burguês", ou simplesmente um "antissocialista", foi finalmente expropriada dele. O velho lamento leninista é agora invertido: aquele com quem estamos não está contra nós, mesmo quando ele luta até a morte contra o que fazemos.

O operário, supõe-se, ganha na sua relação com o intelectual. Mas, primordialmente, é o intelectual que se beneficia de uma relação na qual apenas ele dita os termos. O zelo apaixonado do intelectual é baseado em uma necessidade emocional tão vasta e tão urgente que não pode ser tirânica. Se os intelectuais se revelam brutais com os trabalhadores que eles conduzem em sua experiência, é parcialmente porque, vendo o mundo da perspectiva "totalizante"

---

[26] Ibidem, p. 100.
[27] Ibidem, p. 111.
[28] Ibidem, p. 109.
[29] Ibidem, p. 111.

de um Reino dos Fins, eles não podem perceber a real, porém empírica, existência de suas vítimas. O operário é reduzido a mero instrumento, não pela labuta do capitalismo, mas pela retórica ardente do intelectual de esquerda. O operário é um meio para a exultação intelectual, e pode ser abolido sem escrúpulo se não cumprir sua tarefa. É esta aniquilação totalmente *intelectual* do trabalhador meramente empírico que tornou possível seu extermínio em massa no mundo meramente empírico.

O que é notável nos últimos escritos de Sartre – no mínimo, naquela parte que é retomada na *jihad* do "compromisso" – é o abundante fluxo do blá-blá-blá "totalizante". Somente um assunto parece mobilizar seriamente suas emoções – de forma séria o suficiente, de qualquer maneira, para levá-lo a escrever como se fosse um valor –, qual seja: sua identidade interna com o proletariado. Essa identidade é o resultado final de uma guerra total contra a burguesia. Em seu comentário satânico sobre Genet, Sartre descreveu o bem como uma "mera ilusão", adicionando que o "mal é um nada (*néant*) que se produz a si mesmo nas ruínas do bem".[30] Este senhor paradoxo, que oferece negações convenientes de todas as nossas impressões vividas, esconde um profundo apego à *morale du Mal*. Pelo dispositivo místico de equivalências, Sartre implica que nada pode ser dito do bem que não poderia também ser dito do mal, e que a escolha "autêntica" entre esses dois deve mantê-los em equilíbrio. Pela lógica inevitável do desafio, deve lançar o seu lote que destrói a realidade burguesa. Sartre segue o caminho de Baudelaire (outro de seus santos, e, na verdade, aquele a quem ele está mais espiritualmente ligado). Seu caminho é aquele de uma alma que anseia pelo bem, mas cujo orgulho (que aceitará como bem somente o que for criação sua) o força sempre a destruir o bem. O bem vem a ele manchado de "outridade", que, desta forma, ameaça a autenticidade de seu *self*. Assim, ele deve usar

---

[30] J.-P. Sartre, *Saint Genet, Comédien et Martyr*. Paris, 1952, p. 690.

o mal para aniquilar o bem. A identidade distante com o proletariado é um tipo de promessa paradisíaca, a visão de uma inocência muito sagrada para ser descrita, para além do bem e do mal, e vislumbrada somente em raros momentos sagrados, como as barricadas de 1968.

Contudo, a almejada identidade não pode ser realmente atingida. Para entrar no Reino dos Fins, o proletariado deve primeiro ser arrancado de suas condições empíricas – que são os aparatos da servidão. Ao fazer isso, todavia, ele deixa de ser um proletário. O encontro do intelectual com seu deus é, então, um episódio puramente interno, uma devoção privada da qual o proletário real, com seu desejo por conforto, propriedade e pelas coisas deste mundo, deve ser permanentemente excluído. É natural, então, que as discussões de Sartre acerca da política moderna possam centrar-se na posição do intelectual e na vergonhosa questão de como ele poderia preparar-se para o rito de passagem ao reino prometido. O intelectual, ele argumenta, deve rejeitar toda "sensibilidade de classe" – e em particular, a sensibilidade de sua própria classe, que é a da *petite bourgeoisie* – em favor de "relações humanas de reciprocidade", nas quais ele e o proletariado se unirão num vínculo sagrado.[31] O inimigo do intelectual não é o proletário empírico e real – que nada tem a dizer sobre a questão –, mas o "falso intelectual", um "tipo criado pela classe dominante para defender sua ideologia particular através de argumentos que se proclamam produtos rigorosos da razão exata".[32] Com estas palavras, Sartre dispensa escritores não nomeados como Raymond Aron, Alain Besançon e Jean-François Revel, que tentaram atacar as ilusões esquerdistas e que sempre encontraram raiva, desprezo ou a explícita desconsideração.

A aventura de Sartre em busca do "compromisso" então completa perfeitamente seu círculo. Ele anseia por uma autenticidade na

---

[31] J-P. Sartre, *Between Existentialism and Marxism*, op. cit., p. 251.
[32] Ibidem, p. 252.

qual o *self* é ao mesmo tempo *causa sui* e *primum mobile*. Mas ele chega a acreditar, por passos persuasivos, em "sistema", no mundo criado de acordo com uma ideia abstrata. Este mundo "totalizado" é o jardim das delícias de seu matrimônio transcendental. Aqui ele finalmente se une com o proletário de seus sonhos. Mas este paraíso é abstrato, insubstancial e repleto de contradições, e o intelectual está preso na luta com a pessoa que lhe diz tal coisa. Buscando o proletariado, então, Sartre encontra no fim somente seu velho rival intelectual, com quem ele se une, como sempre, em um tumulto mortal e, ainda, inconclusivo:

> O verdadeiro intelectual, como *pensador* radical, não é nem um moralista nem um idealista: ele sabe que a única paz que vale ter no Vietnã custará sangue e lágrimas: ele sabe que a paz somente virá [...] *depois* da derrota americana. Em outras palavras, a natureza de sua contradição obriga-o a *comprometer-se* em todos os conflitos de seu tempo, porque todos eles – conflitos de classe, de nações e de raças – são efeitos particulares da opressão sobre os não privilegiados, e porque, em cada um destes conflitos, ele se encontra, como um homem consciente de sua opressão, do lado dos oprimidos.[33]

Revel nota[34] a regularidade com que o intelectual de esquerda se coloca, em sua luta contra a opressão, do lado do tirano: é isto o que Sartre entende por "sua própria opressão"? Está ele confessando, afinal, a tirania da qual ele é cúmplice? Antes de tudo, ao reduzir seu "compromisso" a um problema puramente intelectual, um combate com os falsos profetas que o refutam, ele reduz sua vítima para o status *indefensável* de uma ideia abstrata. O destino de ninguém real jamais poderia ser aperfeiçoado pelos esforços noumenais de Sartre. O caso do Vietnã é somente um exemplo da tendência real de seu "compromisso". Em uma recente antologia, Marc-Antoine Burnier

---

[33] Ibidem, p. 254.

[34] Jean-François Revel, *Comment les Démocraties Finissent*. Paris, 1983, cap. 1.

reuniu as muitas manifestações da loucura revolucionária de Sartre.[35] É com uma sombria incredulidade que alguém lê sobre seu apoio a regimes de extermínio que uniram os intelectuais e os trabalhadores somente em lugares de "reeducação", nos quais eles arquejaram as suas últimas horas miseráveis. "Por meio de documentos irrefutáveis, soubemos da existência de campos de concentração na União Soviética" – assim escreveu Sartre. Vinte anos depois, a verdade era senso comum entre aqueles que se importavam em reconhecê-la. E ele ainda poderia nos encorajar a "julgar o comunismo por suas intenções, e não por suas ações". Em todas as atuais campanhas que a União Soviética empreendeu no Ocidente, seja lá com que custo de vidas humanas e de felicidade, Sartre defendeu o lado soviético, ou mesmo criticou a União Soviética, apenas numa linguagem que reitera exatamente suas mentiras favorecedoras. Depois de participar do Congresso dos Povos pela Paz em Viena, em 1954, ele viajou para Moscou, retornando com a impressão de que "há total liberdade para se criticar a URSS" – comentário que talvez seja mais fácil de entender quando lembramos o significado que Sartre atribuía à palavra "total". Ele estava chocado com a intervenção soviética na Hungria, mas não tão chocado que não pudesse continuar elogiando a obra do comunismo por todos os lados – primeiro em Cuba, e então (quando seus olhos estavam abertos) na China, cuja única virtude distinta era ainda ser desconhecida. Somente no fim de sua vida, quando veio a apoiar os refugiados do Vietnã comunista – e publicamente apertou as mãos de Raymond Aron, após anos de estremecimento –, ele parecia ter desistido de sua luta. Mas sua obra já estava pronta.

A peregrinação de Sartre é um exemplo soberbo da busca revolucionária. Como Marx, ele estava cativado por um ideal de emancipação absoluta – de relações entre pessoas que não obedecem lei alguma exceto àquelas que são livremente escolhidas. E, como Marx,

---

[35] Marc-Antoine Burnier, *Le Testament de Sartre*. Paris, 1984.

ele começou a desafiar a realidade demasiado humana, demasiado empírica e demasiado aprisionante dentro da qual a vida humana e a felicidade são encontradas. Ele comprometeu-se com a destruição e, mais ainda, com a destruição da liberdade limitada e imperfeita que ainda podemos atingir – uma liberdade distante, ainda, da "liberdade total" da qual gozam os sujeitos no império soviético. Desejando somente o que é abstrato e "totalizado", ele condenou o que é real à miséria e à servidão. A totalidade totalizada é, no fim, o que ela parece ser no início: o compromisso total com a "práxis revolucionária".

Capítulo 16 | O Que É Direita?[1]

Escrevendo no *The Communist Journal* de setembro de 1847, Marx dissociava-se "daqueles comunistas que estão prontos para destruir a liberdade e que querem fazer o mundo transformar-se num grande quartel ou num gigantesco asilo". Ele prometeu retornar à questão da liberdade futuramente, mas nunca o fez. Para nós, voltando a atenção para a história da influência de Marx, há uma sombria lição nesta promessa não cumprida. O gigantesco sistema de controle – diga-se, em quartéis e asilos – que agora domina o mundo em nome de Marx ainda precisa ser compreendido por aqueles que defendem seus objetivos e sua ideologia. Nos escritos da esquerda, o conceito de liberdade importa muito: emancipação é, ao mesmo tempo, o propósito individual e a grande causa social. Contudo, a natureza desta liberdade raramente é analisada, e as instituições necessárias para assegurá-la, ainda mais raramente discutidas. "Relações socialistas de produção" são livres por definição. E se um Estado existe e nele a liberdade não é uma realidade, então por definição ele não pode ser – *ainda* – socialista, mesmo quando fundado em teorias, objetivos e métodos que os socialistas defendem.

---

[1] No original, *What is right?* – trocadilho que pode significar "o que é a direita?" ou "o que é certo?".

PODER E DOMINAÇÃO

Esta identificação entre socialismo e liberdade resulta, em parte, de uma obsessão pelo poder, e de uma confusão entre questões de liberdade e questões de poder. Por toda a parte, o radical vê dominação: do homem pelo homem, de um grupo por outro grupo e de uma classe sobre outra classe. Ele tem em vista um futuro sem dominação, no qual não haverá poder para assegurar a obediência dos despossuídos. E ele imagina que esta condição não só é possível, mas também que se trata de um estado de *liberdade* universal. Em outras palavras, ele vê igualdade e liberdade como profundamente compatíveis, e realizáveis por meio da destruição do poder.

Este anseio por um mundo "sem poderes" – que encontra sua expressão mais eloquente nos escritos de Foucault – é incoerente. A condição da sociedade é essencialmente uma condição de dominação, na qual pessoas estão vinculadas umas às outras por emoções e lealdades, e discernidas por poderes e rivalidades. Não há sociedade que abra mão destas realidades humanas, nem deveríamos ansiar por uma, já que é destes componentes que nossas satisfações mundanas são compostas. Mas onde há lealdade há poder; e onde há rivalidade há necessidade de governo. Como Kenneth Minogue colocou:

> [...] o germe da dominação mora no coração do que é humano, e a conclusão que salta à vista é que a tentativa de superar a dominação, tal como esta ideia é metafisicamente entendida na ideologia, é a tentativa de destruir a humanidade.[2]

Nossa preocupação como seres políticos não deveria ser abolir esses poderes que unem a sociedade, mas garantir que eles não serão usados também para dividi-la. Deveríamos visar não a um mundo sem poder, mas a um mundo onde o poder é pacificamente exercido e

---

[2] Kenneth Miongue, *Alien Powers: The Pure Theory of Ideology*. London, 1985, p. 226.

no qual os conflitos são resolvidos de acordo com uma concepção de justiça aceitável àqueles que se engajaram neles.

O radical é impaciente com esta "justiça natural" que habita silente no intercurso social humano. Ou ele a descarta, como o marxista, como uma ficção de "ideologia burguesa", ou ele a desvia de seu curso natural, insistindo que a prioridade deve ser dada para o oprimido, e os frutos da adjudicação, removidos das mãos do "opressor". Esta segunda postura – ilustrada em sua forma mais sutil na obra de Dworkin – é antirrevolucionária em seus métodos, mas revolucionária em seus objetivos. O americano liberal está tão convencido do mal da dominação quanto está o parisiense *gauchiste*. Ele só se distingue por reconhecer que as instituições são, no fim, necessárias para seu propósito, e que a ideologia não é um substituto para o trabalho paciente da lei.

COMUNIDADE E INSTITUIÇÕES

A Nova Esquerda geralmente não partilhou este admirável respeito pelas instituições. Sua fervorosa denúncia do poder, portanto, não foi acompanhada pela descrição das instituições do futuro. O que se almeja é uma sociedade *sem* instituições: uma sociedade na qual as pessoas espontaneamente se reúnam em glóbulos de afirmação da vida, e da qual a carapuça da lei, os costumes procedimentais e estabelecidos tenham caído por terra. Este *groupe en fusion*, como Sartre o chama, é outra versão do *fascio* dos primeiros socialistas italianos: uma entidade coletiva na qual as energias individuais se agrupam em um propósito comum e cujas ações são governadas por uma "vontade geral".[3] Quando outros proclamam este ideal, o esquerdista os denuncia (muito corretamente) como fascistas. Contudo,

---

[3] Ver as críticas da última obra de Sartre em Raymond Aron, *D'Une Sainte Famille à Une Autre*. Paris, 1975.

é precisamente seu próprio ideal que o irrita, quando se coloca diante dele como uma doutrina diferente.

Instituições são uma herança necessária da sociedade civilizada. Mas elas são vulneráveis à "doutrina armada" (como Burke a descreveu) do revolucionário, que busca na sociedade não os naturais e imperfeitos confortos do contato humano, mas uma *salvação* pessoal. Ele busca uma sociedade que será totalmente fraterna, e também totalmente livre. Ele não pode, assim, contentar-se com nenhuma relação meramente negociada com seus semelhantes. Pois as instituições de negociação são também instrumentos de poder.

Na busca por um mundo livre do poder, o esquerdista encontra-se atormentado não só pelas instituições reais, mas também pelos demônios ocultos. O poder está em todo lugar a sua volta, e também dentro dele, implantado pelas ideias estranhas de uma ordem dominante. Como Foucault escreve:

> Um déspota estúpido pode coagir seus escravos com correntes de ferro; mas um político verdadeiro os vincula muito mais fortemente com as correntes de suas próprias ideias [...] o laço é ainda mais forte pelo motivo de não sabermos do que é feito.[4]

Uma tal visão insufla as fantasias paranoides de Laing e Esterson, e também as mais sóbrias e metódicas suspeitas de Sartre e Galbraith. Por todo lado, externa e internamente, estão as marcas do poder, e somente um golpe de fé – um salto à "totalidade" – trará liberdade.

No coração do pensamento da Nova Esquerda reside um paradoxo. O desejo pela comunidade total acompanha um medo dos "outros", que são a verdadeira fonte do poder social. Ao mesmo tempo, nenhuma sociedade pode ter o caráter "despoderado"[5] que a Nova

---

[4] Michel Foucault, *Survellier et Punir*. Paris, 1975.

[5] No original, *powerless*, também traduzível por "impotente"; manteve-se "despoderado", contudo, para abarcar melhor a ideia de algo cujo poder foi retirado, e não cujo poder é ineficaz *a priori*. (N. T.)

Esquerda requer. A tentativa de alcançar uma ordem social sem dominação inevitavelmente leva a um novo tipo de dominação, mais sinistro, de longe, que o deposto. As sementes da nova estrutura de poder estão presentes na organização necessária para a violenta superação da antiga. Um estudo da lógica da "práxis revolucionária" deve, acredito, confirmar a celebrada observação de Roberto Michels, segundo a qual uma "lei de ferro da oligarquia" constrange todos os partidos revolucionários ao oposto de seu ideal emancipatório.[6] Já faz três quartos de século desde que Michels – ele mesmo um radical socialista – expressou estes pensamentos, e nenhum socialista realmente se preocupou em respondê-lo. Ele é somente um entre os muitos escritores chocantes e pertinentes que a esquerda em geral – a Nova Esquerda em particular – decidiu ignorar.

PODER E COERÇÃO

A obsessão com o poder tem uma consequência importante. O radical é incapaz de ver que o "sistema" que ele busca superar é consensual, enquanto aquele que o seu pensamento almeja não é. A liberdade humana verdadeira é limitada pela circunstância humana, e então não pode ser libertada do "verme da dominação". A liberdade consiste não na ausência da dominação, mas na presença da dominação afável daqueles abarcados por ela. Pensadores da Nova Esquerda sempre confundem poder com coerção: o poder é tão inerentemente odioso para eles (e especialmente o poder "secreto" que controla nossos pensamentos internos) que não conseguem entender como os seres humanos realmente o podem aceitar – a menos que ele seja alguma fraude monstruosa, alguma "falsa consciência", perpetrada pelo próprio poder. E eles não estão sozinhos nesta confusão.

---

[6] Roberto Michels, *Political Parties*. Trad. C. e E. Paul. London, 1915.

Na realidade, esse é um dos legados de Marx mais influentes, e uma derivação natural do "método sociológico", que nos leva a enxergar sempre, sob a superfície humana, as "estruturas" das quais ela depende.

Considere-se Max Weber. Não precisamos ir tão longe quanto a *Great Soviet Encyclopedia*, cuja edição de 1951 o descreve como um "sociólogo alemão reacionário [...] e o pior inimigo do marxismo". Mas certamente ficaríamos relutantes em identificar Weber como um "pensador da esquerda", pelo menos porque ele reconheceu que o socialismo requereria mais organização, mais burocracia e mais poder impessoal que o capitalismo que ele propõe suplantar. No entanto, como Marx, Weber desejava olhar sob a superfície da sociedade humana, para suas reais "leis do movimento". E, por uma defeituosa lógica persuasiva, isto o levou a ver "coerção" onde há poder, e poder onde há autoridade.

Assim, para Weber, o Estado é definido como um monopólio da violência ("coerção física"), enquanto "uma norma é uma lei dependente da probabilidade de que o Estado a cumpra agressivamente".[7] Ele conclui, assim, que a lei, bem como o Estado que age através dela, é um sistema de coerção. Mais ainda, ele define a ideia de "observância voluntária" de forma tão ampla, implicando que todas as ordens coercitivas são também voluntariamente aceitas: "dominação implica um mínimo de concordância voluntária, isto é, um *interesse* [...] na obediência".[8] Disso se segue que qualquer ordem, ainda que tirânica, é voluntariamente obedecida. Pois o que o tirano faz com suas ameaças e torturas, exceto forçar seus sujeitados através de um *interesse* de obediência?

O resultado do método weberiano é abolir a distinção entre consentimento e coerção. Muitos de nós *não* são coagidos pela lei, contanto que a lei decrete os procedimentos e princípios da justiça

---

[7] Max Weber, *Economy and Society*. Trad. E. Fischoff et al. New York, 1968, vol. 1, parte II, cap. 1, par. 1.

[8] Ibidem, parte I, cap. 3, par. 1.

natural. Nós não *desejamos* estuprar, roubar, matar ou fraudar, e não somos de modo algum coagidos pelas leis que nos proíbem tais ações. Somente o criminoso é coagido, e para ele a lei serve mais como uma retribuição que como um ato prévio de violência. Mas esta característica inerente da sociedade "capitalista" e do sistema legal é imperceptível para Weber, como o é a distinção real de liberdade humana no capitalismo e no socialismo. Ele escreve:

> Em uma comunidade socialista, os decretos diretos mandatórios e proibitórios de uma autoridade econômica central, de qualquer modo que possa ser concebida, desempenharia um papel maior que tais ordenações desempenham hoje. No caso de desobediência, a observância será produzida pelos meios de alguma espécie de "coerção", mas não através da disputa de mercado. Qual sistema possuiria uma coerção mais verdadeira e qual possuiria liberdade pessoal mais verdadeira não pode ser decidido, contudo, pela mera análise do sistema legal formalmente concebível e realmente existente.[9]

O socialismo democrático, ele chega a dizer, rejeita a coerção, tanto a de tipo pessoal quanto a de tipo "exercido no mercado através da posse da propriedade privada". Assim, o mercado – um paradigma de relações consensuais – é reduzido a um sistema de coerção, que não difere do tipo de controle exercido – através do trabalho forçado, da compra e do racionamento compulsórios – pelo Estado socialista. O argumento dado por Weber para esta conclusão é o argumento dado por Marx, aquele que se provou irresistível para uma centena de pensadores posteriores: o proprietário dos meios de produção coage o homem que nada possui exceto sua força de trabalho.

Há uma diferença evidente entre escravidão, na qual um homem é forçado a trabalhar para outro, e contrato salarial. Suponha que um comerciante viaje até uma cidade, oferecendo bens que farão a vida mais agradável para os habitantes. Ele coage aqueles que compram

---

[9] Ibidem, parte II, cap. 8.

dele, só porque eles têm de obter esses bens através de seus termos? Seria um equívoco grosseiro de linguagem afirmar isso. O que impõe uma diferença decisiva, então, para o socialista, é o elemento de *necessidade*, que supostamente envenena o contrato salarial e remove seu caráter consensual. Mas por que isto muda a situação? Suponha um vendedor que vá a uma cidade onde todos estão morrendo de uma doença que somente o seu tipo de chocolate pode curar. Isto repentinamente o transforma num tirano? E por que deveria o homem que traz trabalho para uma comunidade que está morrendo justamente por falta de trabalho ser tachado como alguém que coage aqueles cujo sofrimento ele alivia? Este homem deveria ir embora, só porque está na posição de lucrar com as necessidades deles?[10]

Perguntar tais coisas não é nem exonerar o capitalismo nem condenar a "alternativa" socialista: é simplesmente definir os termos do debate, ao refutar a descrição socialista equivocada. Sem dúvida, as circunstâncias do contrato salarial são frequentemente cruéis e indignas; e, sem dúvida, o "capitalismo" tradicional ofereceu pouca esperança para aqueles na base da pirâmide. Mas dizer isto não é provar que o capitalismo é uma "escravidão salarial". Nunca deveríamos ignorar a característica moral saliente de nossa ordem política: que suas transações econômicas fundamentais são consensuais. Nem deveríamos ignorar o fato de que, sob o impacto da doutrina socialista, em muitos países esta ordem consensual foi suplantada por um novo tipo de escravidão.

O socialista talvez argumentará que ele culpa não o empregador individual, mas o sistema do qual ele é uma parte e que é a verdadeira fonte de sofrimento humano. Mas o que significa culpar um "sistema"? O sistema pode ser o produto da intenção humana; mas certamente não é a expressão de uma arquitetura humana. Ele surge

---

[10] Sobre este ponto, ver os agora bem conhecidos argumentos de Robert Nozick em *Anarchy, State and Utopia*. New York; Oxford, 1974.

da "mão invisível", de acordo com um processo que não controlamos realmente, mesmo quando acreditamos fazê-lo.

O radical vai ainda mais longe. Para ele, o "sistema" não é o produto senão o produtor do contrato individual cuja "liberdade" ele outorga. A mão invisível é intocada pelo aperto de mão visível. Mas esta inversão da hipótese de Adam Smith não altera o caso. Não importa o ponto de vista que o socialista adote, ele deve reconhecer que para condenar um sistema é necessário sugerir um melhor, e também mostrar como alcançá-lo: e é precisamente isto que ele reluta tanto em fazer. Não é suficiente enfatizar o fato da necessidade humana, que nos estimula a vender mesmo o que nos é mais caro – nosso trabalho – para o precioso benefício da sobrevivência. Sem necessidade não haveria motivo algum para produção, e sem uma desigualdade fundamental entre as partes – cada uma das quais quer o que a outra oferece – nenhum contrato poderia ser livremente acertado. Mas falar de coerção quando há necessidade é considerar a liberdade inatingível. E num sentido que é precisamente a realização do "socialismo real".

CLASSE E AÇÃO

O marxista acredita, porém, que ele pode demonstrar que o contrato salarial é coercivo no sentido mais completo do termo. Ele chega a essa conclusão ao substituir o agente individual humano pela *classe* social da qual ele é membro. A pessoa que oferece emprego para o trabalhador não é, isso é verdade, aquela que primeiro jogou seus ancestrais à miséria. No entanto, quem emprega e quem "originalmente" expropriou são da mesma *classe* social. (Isto é, creio, uma consequência tautológica da teoria marxista clássica.) Considerando uma situação em "termos de classe", somos tentados a concluir que a classe que expropria é também a classe que emprega. No caso, a classe que nada tem senão seu trabalho é *coagida* pela classe que possui os meios de produção.

Roubar de um homem o que ele necessita e depois oferecer isso a ele sob determinados termos é, certamente, coagi-lo. Mas suponha que aceitemos a esquemática e, de fato, mitopoética teoria da original "separação dos produtores dos meios de produção".[11] Certamente, não resulta daí que o capitalismo é um sistema de coerção. Pois normalmente, o indivíduo que oferece sustento não é aquele que primeiro o eliminou. Nenhum *indivíduo* exerce coerção desta forma, que procede em cada ponto através de contratos que são livremente acertados por aqueles que estão vinculados por eles mesmos. Tais contratos podem realmente ser *injustos*: mas isto não é dizer que eles possam ser descritos como tendo sido forçados.

É neste ponto que surgem os mais importantes e persistentes ofuscamentos teóricos que discuti nos capítulos precedentes: o engano em relação à ação. A despeito dos alertas de Marx quanto ao contrário, o radical é tentado a identificar classes como agentes, para os quais as ações e responsabilidades podem ser atribuídas, e recompensa e punição alocadas. Se as classes são agentes, então é possível dizer que a burguesia enquanto classe coage o proletariado: em outras palavras, a falta de poder do proletariado é também uma falta de liberdade. Mais ainda, agora é possível culpar a burguesia como uma classe, e cada membro dela individualmente, pelos sofrimentos dos despossuídos. Atos de retribuição, expropriação e violência, cometidos pela causa da revolução, tornam-se não somente expedientes, mas também merecidos. A atuação coletiva da classe superior é também uma responsabilidade coletiva, e se este ou aquele burguês é destituído de seus direitos em nome da nova sociedade, isto nada mais é que uma resposta aos sofrimentos que sua classe gerou.

---

[11] Ver a devastadora crítica de Jean Baechler com relação à teoria da "acumulação primitiva", em suas versões do *Grundrisse* e do *Capital*, em *The Origins of Capitalism*. Trad. Barry Cooper. Oxford, 1975.

Este padrão de pensamento conduz tão logicamente para o Gulag como a ideologia da raça conduziu a Auschwitz. E, como a ideologia nazista, ele está repleto de confusão intelectual e exorbitância moral. Toda sociedade avançada contém pontos de controle – lugares nas atividades de produção, no mercado e no governo que dão àqueles que os ocupam o controle efetivo sobre decisões. Não está em discussão se concordamos ou não com Marx que o fator crucial é o controle sobre os meios de produção. O que importa é que, para o marxista, a classe dominante é *definida* como a classe daqueles que ocupam os pontos centrais de controle. Se tais "pontos de controle" não podem ser eliminados, então, logicamente, a classe dominante sempre dominará; pois enquanto este ou aquele homem puder ser deslocado de sua posição de domínio, ele sofre somente como indivíduo. Em sua derrota, ele deixa de ser membro da classe que domina, assim como aquele que se coloca em seu lugar perde seu *status* de servo. Isto – que poderia ser chamado de a "lei de ferro da dominação" – nada mais é que uma consequência tautológica de duas premissas indisputáveis: que sociedade requer organização, e que organização implica controle. É claro, sociedades variam enormemente no que diz respeito às "oportunidades" oferecidas aos indivíduos. Mas a Nova Esquerda não busca cada vez mais mobilidade, mas uma sociedade da qual o "verme da dominação" foi finalmente removido. Mesmo a completa "liquidação" da classe dominante vigente não promoverá esse resultado, já que seu domínio é o resultado não de uma atuação coletiva, mas de algo mais. A classe dominante não pode fazer nada, seja para sustentar, seja para abrir mão do poder, o qual é tão inseparável desta classe quanto a própria vida.

COERÇÃO E CONSENTIMENTO

A lei de ferro da dominação implica que nada pode disseminar o poder tão efetivamente quanto a mobilidade social: o dom que o capitalismo oferece em abundância. A esquerda despeja desprezo sobre a mobilidade social, em termos antecipados por Marx: "[...] quanto mais a classe dominante é capaz de assimilar as principais mentes da classe dominada, mais estável e perigoso se torna seu domínio".[12] Mas a menos que consideremos "perigoso" e "estável" como sinônimos (e nisto Marx está grosseiramente longe da verdade), a acusação é inteiramente fraudulenta. Mobilidade social não é uma conspiração da elite, pela qual ela perpetua seu poder, mas uma fraqueza estrutural da elite, por meio da qual ela está sempre mudando. E haveria modo melhor de aliviar a concentração de poder do que garantir que este poder seja oferecido àqueles que – através da lealdade e das experiências pessoais – mantêm sua simpatia por aqueles que não o possuem? Observe os mundos do "capitalismo real" e do "socialismo real" e pergunte-se qual responde mais às necessidades e aspirações dos despossuídos. Você verá, então, que uma monstruosa fraude foi perpetrada sobre os trabalhadores pela teoria marxista de classe. Não somente o partido de vanguarda, em seu vigilante esforço de excluir todos, exceto os fiéis e os covardes, de suas fileiras, fechou as vias da melhoria social: os despossuídos tornaram-se cada vez mais desamparados, distantes de qualquer recompensa, salvo aquela que é oferecida aos de cima. Em tal situação, os despossuídos realmente são as vítimas da coerção, e a dominação é efetivamente uma ameaça.

Ao afirmar que a ordem pela qual estamos rodeados é consensual, não quero dizer que ela é consentida; pois se uma coisa é clara nos textos que examinei é isto: a magnitude e veemência da oposição à sociedade ocidental. Quero dizer, na verdade, que esta sociedade, ainda que não seja *objeto* de consentimento, é, no entanto, *produto* de consentimento, alcançado por mão invisível a partir de incontáveis negociações, acordos, votos e compromissos que compõem o corpo

---

[12] Marx, *Capital*. Standard Edition, vol. III. Moscow, 1971, p. 601.

político. Filósofos do "contrato social" tentam traduzir esta ordem consensual em uma ordem consentida: tornar o resultado de nossos contratos o primeiro objeto deles. Nesta tentativa, contudo, reside um erro profundo e duradouro: o erro de supor que poderíamos entender o resultado da interação social antes de havermos nos engajado nela, e que poderíamos concordar *agora* sobre a ordem social que advém de escolhas que não podemos *agora* vislumbrar.

Da mesma forma, ao dizer que a sociedade do "socialismo real" é coerciva, não quero dizer que ela é imposta. O partido dominante não imagina o resultado e depois busca por todos os meios o estabelecer. Pelo contrário, o resultado é tão desanimador que o partido proíbe seus sujeitos de descrevê-lo, ou mesmo de pensar sobre ele, exceto por meio de eufemismos cuidadosamente medidos, que parodiam as vozes ancestrais da igreja marxista. O partido não escolhe a ordem coercitiva mais do que o cidadão escolhe a ordem consensual. Também advém da "mão invisível", de transações que não são, em si mesmas, devotadas a tal fim. Se a ordem é coercitiva, é porque essas transações são coercitivas.

SOCIEDADE CIVIL E ESTADO

Subjacentes à visão de sociedade da Nova Esquerda, portanto, surgem duas formulações muito profundas e contestáveis: primeiro, que se há poder, há coerção; segundo, que classes não são o produto de interação social, mas os agentes que a controlam. Essas duas formulações advêm de um tipo de impaciência moral, de uma necessidade, diante do oceano da miséria humana, para descobrir o culpado que abriu a torneira primeiro. Da mesma impaciência advém a ciência política da Nova Esquerda, que dispensa ou ignora os conceitos necessários para a defesa da sociedade "capitalista" e que, ao objetivar sempre a explicação "profunda", esquece a superfície (e a verdade) da ação social.

Considere a distinção entre sociedade civil e Estado. Foi Hegel quem primeiro tornou esta distinção corrente, e foi o ataque de Marx contra Hegel que primeiro ameaçou superá-la. Na teoria da hegemonia de Gramsci (e na ideia derivada de Althusser do "aparato estatal ideológico"), a empresa marxista obtém expressão canônica. Todos os poderes dentro da sociedade – mesmo que exercidos pela livre associação, por instituições autônomas e por corporações limitadas por lei – são atribuídos ao Estado (e à "classe dominante", que o controla). Para o seguidor de Gramsci, eles são parte do Estado, tanto quanto o exército, o judiciário, a polícia e o parlamento.

Alguém que aceita esta teoria não pode mais perceber a destruição de instituições autônomas pelo Estado como algo radical e inovador. Para a Nova Esquerda, não há diferença significativa entre o controle exercido por um triunfante partido comunista e aquele exercido através da "hegemonia" de uma "classe dominante". Mais uma vez, então, uma verdadeira realização da política "capitalista" – a efetiva separação da sociedade e do Estado – é imperceptível, ao passo que a realidade da ditadura totalitária é obnubilada por eufemismo e apologia. Para alguém educado pela teoria gramsciana, o esforço do Solidariedade polonês – descrito por seus principais protagonistas precisamente como o esforço para estabelecer a sociedade (*spofeczenstwo*) fora do controle do Estado (wtada) – é ou a restauração da velha luta "comunista" ou mais um autoengano grosseiro. Em outras palavras, aqueles que mais ferozmente se opõem ao comunismo e estão preparados a pagar o preço supremo por sua destruição são vistos como os que lutam para instalá-lo, de uma forma "verdadeira" e "realizada".

Isto não quer dizer que a distinção entre Estado e sociedade seja fácil de caracterizar ou de defender. Na realidade, um dos problemas mais duradouros da filosofia política é estabelecer a melhor maneira de relacionar os dois. Deveríamos entender sua relação ideal nos termos de uma analogia humana. A pessoa humana não é nem idêntica a seu corpo, nem distinta dele, mas unida a ele em um nó metafísico que os filósofos trabalham infrutiferamente para desatar. Quando tratamos alguém como uma pessoa, dirigimo-nos à sua parte racional e decisória: quando a tratamos como um corpo (quando ela está doente ou incapacitada), estudamos as funções anatômicas alheias à sua vontade. A sociedade civil é como o corpo humano: é a substância que compõe o Estado, mas cujos movimento e funções advêm de uma "mão invisível". E o Estado é como a pessoa humana: é o supremo fórum do processo decisório, no qual a razão e a responsabilidade são os únicos guias com autoridade. Estado e sociedade são inseparáveis, mas, no entanto, distintos, e a tentativa de absorver um no outro é o caminho certo para um corpo político atrofiado, aleijado e dolorido.

É improvável que seja uma falha distintiva da Nova Esquerda que ela tenha confiado tão fortemente em sua falível retórica para discutir este problema. O mesmo se aplica àqueles pensadores que são somente pura persuasão, e que não oferecem nenhuma teoria – da análise "dialética" de Hegel à concepção de "ordem espontânea" de Hayek – que faça justiça à extrema complexidade das realidades políticas. No entanto, é característico da Nova Esquerda estar facilmente satisfeita com teorias que insuflam seu sentimento de raiva. Quando tanto está em jogo, esta "suspensão da crença" está longe de ser inocente.

É difícil avaliar as consequências práticas de teorias políticas. No entanto, não é irracional sugerir que a Nova Esquerda, ao atribuir atuação para aqueles que não a possuem (a classe e a sociedade), tenha sido conivente com a remoção da responsabilidade daqueles que efetivamente a têm – o Estado e o partido. O mundo do comunismo é um mundo de domínio impessoal, onde todo poder reside num partido que nunca pode responder por suas ações. Este estado de coisas não é um correlato acidental de uma filosofia dominante que encoraja o mito da atuação de classe, e que vê toda instituição moderada, incluindo a própria lei, como um crime elaborado. É precisamente ao situar a ação em entidades que não respondem por nada, que o comunismo criou uma tal ação, e colocou-a na cúpula do poder. Ao identificar-se com uma "classe", o partido apropria-se ao mesmo tempo da ação que sua teoria erroneamente atribui ao proletariado e da irresponsabilidade que verdadeiramente caracteriza toda classe social. Isso, acredito, é a fonte de seu crime. Por sua própria natureza autoconfessa, o Partido Comunista é um agente – mesmo, uma vasta conspiração – cujas decisões coletivas não estão sujeitas à lei, nem respondem a nenhum propósito humano que não o seu próprio.

ESQUERDA E DIREITA

Se chegássemos a definir a direita como a força que se inclina da esquerda em direção oposta, então teríamos sucumbido à mais perigosa característica da retórica de esquerda. Poderíamos também estar vendo a política como uma "luta" entre forças opostas ("ou/ou"), equilibrada entre dois objetivos igualmente absolutos e finais. No entanto, os rótulos "esquerda" e "direita" são inevitavelmente forçados, e devemos arriscar uma descrição – ainda que parcial e breve – da atitude da "ala direita", agora mais prontamente disponível. É em referência ao comunismo, creio, que esta perspectiva é mais bem definida. A Nova Direita (se eu puder apropriar-me do rótulo) acredita mais em governo responsável do que em governo impessoal; na autonomia e personalidade das instituições, e no Estado de direito. Ela reconhece uma distinção entre Estado e sociedade civil, e acredita que o segundo deve advir, em geral, da interação livre de indivíduos contratantes, mediados pelos costumes, a tradição e o respeito por autoridade e pela lei. Poder, para a Nova Direita, é um mal somente quando abusado. Pois o poder surge naturalmente na interação humana, e é meramente a consequência irrepreensível de um acordo cujas virtudes estão por toda parte.

PERSONALIDADE CORPORATIVA

Talvez o modo mais simples de indicar a base teórica e o efeito prático desta política da "ala direita" seja através de uma ideia que von Gierke e Maitland disseram ser essencial para o entendimento da política europeia: a ideia de personalidade corporativa.[13]

O Direito Romano, o *Genossensrecht* da Alemanha medieval, o Direito Inglês de empresas e corporações – todos estes sistemas legais reconhecem que as características dos seres humanos individuais, pelas quais somos levados a louvá-los ou culpá-los, a atribuir-lhes direitos e responsabilidades, a nos opôr a eles e a nos aliar a eles, podem ser apresentadas por entidades coletivas. Tais sistemas também reconhecem que a atuação coletiva é um perigo, até que seja posta diante da lei como uma pessoa composta, igual ao indivíduo que ela ameaça oprimir. Uma universidade, uma companhia de comércio, um clube, uma instituição, mesmo o Estado: tudo pode ser dotado de "personalidade legal" e assim tornado responsável diante da lei. (Por isso, a existência de "associações sem personalidade júridica" é considerada um *problema* legal.) Uma empresa comercial pode realizar ações que não são creditáveis a quaisquer indivíduos. Ela tem razões para o que faz. Ela pode comportar-se racionalmente e irracionalmente em busca de seus objetivos. Ela tem direitos na lei: direitos de propriedade, comércio e ação; direitos de passagem, luz e ar; direitos de usufruto e lucro. Ela também tem deveres e responsabilidades: deveres de acordo com a lei do contrato, delito e crime. A fábrica que polui um rio pode, então, ser compelida a indenizar aqueles que sofreram. Ela pode ser acusada por um crime e multada ao ponto de falir. (Não deveríamos nos surpreender, portanto, que problemas de poluição ambiental sejam muito piores no mundo pouco produtivo dos governos comunistas do que no mundo superprodutivo da empresa privada.)

---

[13] F. W. Maitland, *Trust and Corporation*. Cambridge, 1904. Otto von Gierke, *Das Deutsche Genosseschaftsrecht*, 4 vols. Berlin, 1868.

Por este dispositivo de responsabilidade corporativa, o mundo "capitalista" assegurou que, onde houver atuação, haverá também responsabilidade. Uma tal máxima não se sustenta no mundo do comunismo. O Partido Comunista é o agente supremo. Mas ele não pode ser responsável por seus crimes, por sua espoliação ou por seus massivos abusos dos direitos e dos privilégios de todos que estão sob seu jugo. Como argumentei, esta diferença entre governo comunista e "capitalista" é ignorada por teóricos da convergência: Wallerstein e Galbraith, e, igualmente, Thompson, Foucault e Habermas. E, no entanto, ela é muito mais importante que qualquer similaridade. Na verdade, ela oferece uma das maiores justificativas para a sociedade "capitalista" que os marxistas condenam tão fortemente.

O ESTADO DE DIREITO

A abolição da verdadeira responsabilidade corporativa significa a abolição da lei efetiva. Embora haja leis do mesmo tipo em países comunistas, e embora nominalmente se apliquem às instituições "coletivas" e oficiais, elas não podem ser aplicadas ao Partido Comunista. Contudo, o Partido Comunista é a maior fonte de ação coletiva, e age *através* de todas as instituições subordinadas sem participar de suas responsabilidades. Esta circunstância é um resultado direto da ideologia "classista" do comunismo, uma ideologia que é partilhada pela esquerda como um todo. Convencido do absoluto mal da dominação, o esquerdista vê como sua tarefa a abolição do poder. Ele é assim impaciente com aquelas instituições que têm a *limitação*, mais que a abolição, do poder como seu objeto primário. Porque estas instituições estão no caminho do poder, e porque a violenta derrubada da velha ordem requer um poder maior que aquele sobre o qual ela se assenta, o esquerdista inevitavelmente sanciona a destruição de instituições limitantes. E uma vez destruídas, elas nunca ressurgem, exceto como instrumento de opressão. Elas nunca se voltam contra o poder que o esquerdista instalou, mas somente contra o poder de seu inimigo ancestral, o "burguês", que por alguma razão continua sobrevivendo nas fendas escondidas da nova ordem social.

O caso de Foucault mostra claramente como a hostilidade do radical ao poder leva à hostilidade à lei e, assim, a uma percepção completamente equivocada das instituições judiciais. Esta hostilidade é também alimentada pela teoria marxista da história, com sua distinção entre superestrutura política e base econômica. A distinção é insustentável, mas de imensa importância teológica: eis o interesse da Nova Esquerda em Gramsci e Althusser, os quais oferecem a linguagem pela qual a refutação da teoria de Marx pode ser apresentada, embora sejam, na realidade, uma prova dela. A teoria conduz a uma desvalorização da política e da lei, a uma recusa a julgá-las por seu próprios critérios cuidadosamente elaborados, e a uma espúria invocação da "luta de classes" como o maior fato político. A independência judicial não é mais vista pelo que ela é –, um meio de distanciar-se do conflito humano e esforçar-se em tomar um ponto de vista imparcial –,- mas como outro instrumento de dominação, outro dispositivo funcional, no qual o poder da velha classe dominante é embelezado com licenças e meticulosamente preservado.

O resultado das duas ideias – a ideia de "ação de classe" e a (estritamente incompatível) ideia de uma distinção entre superestrutura política e base econômica – é uma fundamental ignorância política. -O governo comunista – no qual o judiciário realmente age como parte do poder dominante, e no qual o poder dominante realmente é um agente – não é mais visto como a perversão da política, mas como a política de um tipo novo e promissor. Nossos sistemas europeus de direito, pacientemente construídos sobre os resultados do Direito Romano, do Direito Canônico e das *common laws* das nações europeias incorporam séculos de reflexão atenta sobre as realidades do conflito humano. Tais sistemas legais tentaram definir e limitar as atividades de todo poder social importante, e instalar no coração da ordem "capitalista" um princípio de responsabilidade do qual nenhum agente pode escapar. O Estado de direito não é uma realização simples, para ser pesada contra os benefícios de algum esquema social rival e renunciado em seu favor. Pelo contrário, ele define nossa condição social e representa o ponto alto da realização política europeia. Há um Estado de direito, contudo, somente onde todo poder, ainda que amplo, esteja sujeito à lei e limitado por ela. É precisamente esta limitação de si mesmo pela lei que o Partido Comunista não pode tolerar. Ao apoiar a ideologia na qual a lei pode ser desprezada e posta de lado, a Nova Esquerda deixa de ser um observador inocente dos crimes cometidos em nome dessa mesma ideologia.

IDEOLOGIA E OPOSIÇÃO

Tampouco poderíamos dissociar a Nova Esquerda da atitude que o comunismo toma diante de seus oponentes. Os escritos de Bahro, Gramsci, Lukács e Althusser mostram abundantemente que o pensamento totalitário está implícito nas categorias da análise social que eles empregam. Para tais pensadores, o oponente nunca é algo mais que um oportunista. O que ele fala não é racional, mas pura "ideologia" (no sentido peculiar marxista do termo). Seu clamor pela verdade é automaticamente tomado pelo interesse de classe que se expressa através dele. E porque ele é oposto às ideias "socialistas" do "proletariado" – como representado em sua vanguarda intelectual – ele fala somente pela "burguesia". A ideia de Gramsci da "hegemonia de classe" novamente prova sua utilidade, ao explicar como as vozes da reação podem circular por toda sociedade, impedindo o movimento do progresso histórico e colocando no coração do proletariado o cancro da "falsa consciência". Sempre que se encontra oposição, encontra-se o inimigo de classe, mesmo que ele esteja vestindo algum disfarce astuto.

Não se deve argumentar com este inimigo, pois ele não pode alcançar a verdade; ainda menos deve ser ele o objeto de algum compromisso. Somente depois de sua eliminação definitiva da ordem social a verdade será percebida por todos.

É precisamente esta filosofia, que oferece o poder para os intelectuais, aquela que constitui a maior ameaça à liberdade intelectual. Uma vez no poder, o intelectual "expropria os meios de comunicação" (até então nas mãos da "burguesia"), e dissolve a instituição da democracia "burguesa" em nome da causa proletária. O resultado universal é a eliminação da oposição efetiva.

Esta falta de oposição é a característica decisiva do governo comunista. É claro, há pessoas que discordam da linha do partido, e pessoas que se opõem a ela. Mas o processo político em um Estado comunista não dá espaço para elas. E, a fim de apagar a permanente voz da oposição, o partido dominante recorre à ideologia – conjunto de doutrinas, na maioria das vezes de uma estupidez atroz, feito para fechar as vias da investigação intelectual. O propósito desta ideologia não é que as pessoas deveriam acreditar nela. Pelo contrário, o propósito é tornar a crença irrelevante, livrar o mundo da discussão racional em todas as áreas em que o partido postula o que pensa. A ideia de uma "ditadura do proletariado" não é para descrever uma realidade: é para levar as investigações ao fim, de forma que a realidade não possa mais ser percebida. Esta característica da ideologia é muito clara, e a obra de Kolakowski, Aron e Besançon não nos deixaram em dúvida sobre o ancestral intelectual destas estranhas encantações, que fala, às vezes, das vitrines das lojas vazias da Europa Oriental, outras vezes, dos textos sagrados da sociologia ocidental.[14] A ideologia do marxismo moderno não é simplesmente um instrumento de controle social: é um componente-chave do pensamento de

---

[14] Leszek Kolakowski, *Main Currents of Marxism*. Oxford, 1978; Raymond Aron, *L'Opium des Intellectuels*. Paris, 1955; Alain Besançon, *The Intellectual Origins of Leninism*. Trad. Sarah Matthews. Oxford, 1981.

esquerda. A mesma "expropriação da verdade" que pode ser testemunhada na terrível linguagem do Partido Comunista pode ser vista também nos escritos de Sartre, Lukács e Althusser e, numa extensão menor, nos de Anderson, Wallerstein e Williams.

Esta ideologia tampouco é uma excentricidade inofensiva – um conveniente substituto para a religião em mentes tão orgulhosas para reconhecer a virtude da expiação. É uma arma perigosa, que ameaça exatamente a estrutura do pensamento e da ação racional. O primeiro efeito da ideologia no poder é marcar áreas onde a discussão está cerrada e onde existe uma brecha para o homem comum se aventurar. Porque estas são as áreas nas quais a oposição poderia se enraizar – as áreas da escolha política fundamental –; a ideologia é um instrumento importante na guerra contra a oposição. Ela elimina o elemento da escolha racional das decisões políticas, pois remove a linguagem na qual os princípios poderiam se assentar. Fundamentos não podem mais ser questionados, não porque foram aceitos, mas porque são tabus.

A incapacidade de discutir com oponentes, de abrir a mente para a dúvida e para a hesitação é uma característica enraizada na Nova Esquerda. Todas as discussões são travadas com aqueles que partilham as mesmas ilusões fundamentais, e – por mais acalorados que possam ser os "argumentos dentro do marxismo", tais como os de Anderson, Thompson e Williams – elas permanecem como argumentos dentro do marxismo, nunca fora dele. Exatamente a mesma incapacidade é demonstrada pelo governo comunista, que faz escolhas fundamentais sem o benefício da dúvida e sem medidas corretivas. Um tal governo não pode estar comprometido por obrigações, já que não pode ouvir a voz que se esforça para torná-lo responsável por algo diferente de si mesmo. Por isso, ele busca constantemente incrementar seu poder, para que a oposição nunca cresça tanto a ponto de acusá-lo. Ele se posiciona acima de qualquer lei e considera todas as pessoas apenas como um meio para o supremo objetivo revolucionário da "justiça social". Seus líderes (a menos que tenham sido canonizados como Heróis Revolucionários) são esquecidos assim que deixam o cargo, e não existe procedimento nem para elegê-los nem para removê-los. O poder é a única mercadoria, e é um poder que está além de toda avaliação racional. O avanço impessoal do poder não é de responsabilidade de ninguém, já que nenhum indivíduo pode criticar os feitos do poder ou sentir-se pessoalmente responsável por eles, quando serve como o canal através do qual eles escoam.

Não deveríamos tampouco ignorar as consequências para *nós*, que até agora escapamos do jugo do comunismo, deste poder que a Nova Esquerda nos encoraja a ver como o mal somente no sentido de que todo poder é mal, sendo o nosso próprio poder o maior de todos. O efeito da ideologia marxista é precisamente colocar o Estado comunista no caminho da dominação. Ninguém acredita que ele *deveria* dominar, muito menos aqueles que se desculpam por seus "erros" e "desvios". Nem qualquer cidadão de um Estado comunista deseja aumentar seu poder de forma tão alarmante. Mas ninguém sabe como pará-lo, já que nenhuma razão para pará-lo pode ser proferida sem penalidade instantânea. (Considere o destino dos movimentos "pacíficos" embrionários no Leste, e compare com o de seus equivalentes ocidentais.) A ideologia do comunismo sustenta que a obra do comunismo será finalizada quando o comunismo tiver triunfado em todos os lugares. Embora não se possa crer nisso, é o que acontece na prática: o propósito da ideologia é precisamente fazer a crença irrelevante para a ação, cerrar os lugares nos quais a discussão racionalizada poderia entrar, e alçar toda ação para um objetivo único. A máquina de Estado do comunismo não está somente fora de controle e acima de toda reprovação: está também atada a um objetivo impessoal de proporções monumentais, do qual ela pode ser demovida somente pela força. A força necessária para opor-se é sempre maior, e a vontade para tentar é sempre menor.

As pessoas, assim, estão tentadas a ver os Estados comunistas como eles veem os nossos. Como Thompson e Galbraith, elas buscam por desculpas que nos farão parecer igualmente culpáveis pelas tensões presentes, sem perceber que a nossa exata capacidade de aceitar e responder à culpa é o que oferece nossa exoneração.

POLÍTICA DA DIREITA

A estrutura totalitária do governo comunista não é uma consequência *inevitável* das concepções marxistas. No entanto, sob sua justificada vigilância, o compromisso, a Constituição e as instituições da sociedade civil foram firmemente degenerados ou abolidos. A forma resultante de governo, à qual faltam os dispositivos corretivos de liberdade de expressão, independência judicial e oposição parlamentar, está cerrada em um curso que, ainda que irracional, não pode ser pacificamente alterado. É contra a realidade do governo comunista, creio, que nossas próprias leis e instituições possam ser julgadas, e o ponto de vista (correto) da "direita", defendido. O problema poderia ser colocado simplesmente assim: nossas formas herdadas de governo, fundadas na representação, na lei e nas instituições autônomas que medeiam o indivíduo e o Estado, são também formas de governo *pessoal*. O Estado como nós o conhecemos não é uma coisa, mas uma pessoa. Isto é verdadeiro não somente no sentido legal, mas em um sentido mais profundo, uma vez capturado na instituição da monarquia, mas apresentado mais amplamente e mais discretamente através do Estado de direito. Como toda pessoa, o Estado é responsável perante outras pessoas: o sujeito individual, as corporações e outros Estados. É também responsável perante a lei. Tem direitos contra o indivíduo e deveres em relação a ele; é tutor e companheiro da sociedade, o alvo de nossas piadas e o recipiente de nossa raiva. Ele estabelece conosco uma relação humana, e esta relação está sustentada e justificada pela lei, diante da qual ele se porta como uma pessoa como as outras, em pé de igualdade com seus sujeitos.

Um tal Estado pode comprometer-se e barganhar. Está disposto a reconhecer que ele deve respeitar as pessoas, não apenas como meios, mas também como fins em si mesmas. Ele não tenta liquidar a oposição, mas acomodá-la. O socialista também pode tentar influenciar este Estado, e desde que ele reconheça que nenhuma mudança, nem mesmo a seu favor, é ou pode ser "irreversível", ele não apresenta ameaça para sua durabilidade. A imensa realização humana representada por um tal Estado não é nem respeitada nem percebida pelo radical da Nova Esquerda. Curvado sobre o trabalho da destruição, ele vê por trás da máscara de toda instituição a hedionda maquinaria do poder. Para ele não há, no fim, diferença real entre o poder impessoal e abstrato do comunismo e o poder pessoal, mediado e concreto, das "democracias burguesas". Ao rebaixar a lei e a política a epifenômenos, e ao ver todos os Estados como "sistemas" baseados em estruturas de organização e controle econômicos, o radical da Nova Esquerda efetivamente remove de sua percepção todas as distinções reais entre o mundo do governo representativo e o mundo do comunismo, e, ao fazer isso, torna-se conivente com a destruição comunista da lei e do compromisso. Ele vê, não a face pessoal do governo ocidental, mas o esqueleto sob a pele. Ele compara as sociedades como um anatomista compara corpos: reconhecendo similaridades em funções e estruturas, e deixando de ver as pessoas, cujos direitos, deveres, razões e motivos são os verdadeiros objetos de nossa preocupação. O corpo do Estado comunista pode ser como o corpo da democracia ocidental: antes de tudo, em cada caso, o ingrediente central – o povo – é o mesmo. Mas um corpo é animado por uma pessoa, enquanto o outro não é mais que um cadáver, cujos membros sem vida são movidos pelo mestre de fantoches assustador, o Partido Comunista.

CONCLUSÃO

A política desumana do comunismo é a realização objetiva da visão marxista da sociedade, que vê a verdadeira política como nada mais que uma cobertura mentirosa posta sobre as realidades do poder. Para uma tal visão, os sistemas políticos não podem mais ser julgados como pessoas – por suas virtudes e vícios e pelo movimento de sua vida intrínseca –, mas somente por seus objetivos. As desculpas dadas à União Soviética originaram-se não de um amor pela tirania, mas da incapacidade de *perceber* a tirania quando seu objetivo é o mesmo de alguém. Não importam os "erros" cometidos em nome do comunismo, supõe-se que eles foram obras de indivíduos, tais como Stálin, que desviaram o sistema de seu propósito verdadeiro e humano. (É um fato importante sobre religião – ilustrado pela história de Boccaccio sobre Giannotto e Abraão[15] – que, para o crente, ela não é refutada, mas, antes, confirmada pelas ações dos seus maus praticantes).

A despeito de tal devoção por objetivos – uma devoção que está em si mesma em desacordo com o espírito do direito e do governo europeu –, o radical é extremamente relutante em contar-nos o que ele almeja. Assim que a questão da "Nova Sociedade" surge, ele desvia nossa atenção de volta ao mundo real, de forma a renovar a energia do ódio. Em um momento de dúvida sobre o registro socialista, E. J. Hobsbawm escreve:

> Se a esquerda tiver de pensar mais seriamente sobre a nova sociedade, isto não a faz nem um pouco menos desejável ou necessária, ou o caso contra o atual menos urgente.[16]

Eis, em poucas palavras, o resumo do compromisso da Nova Esquerda. Não sabemos nada do futuro socialista, salvo que ele é

---

[15] *Decamerão*, dia 1, segunda história.
[16] E. J. Hobsbawm, "Should Poor People Organise?". In: *Worlds of Labour*. London, 1984.

necessário e desejável. Nossa preocupação é com o caso "urgente" contra o presente, que nos leva a destruir o que não sabemos como substituir. Uma fé cega arrasta o radical de "luta" em "luta", confirmando-lhe que tudo feito em nome da "justiça social" é bem feito e que toda destruição do poder existente o levará na direção de seu objetivo. Ele deseja distanciar-se do mundo contaminado que o circunda em busca do puro, mas incognoscível, reino da emancipação humana. Este salto para o Reino dos Fins é um salto do pensamento, que nunca pode ser espelhado na realidade. A "práxis revolucionária" confina-se, então, à obra da destruição, não tendo nem o poder nem o desejo de perceber, em termos concretos, o fim em busca do qual ela trabalha. Por uma inevitável transição, então, a "doutrina armada" do revolucionário, lançada em busca da liberdade ideal, produz um mundo de real escravidão, cujos acordos brutais são incongruentemente descritos na linguagem da emancipação: "libertação", "democracia", "igualdade", "progresso" e "paz" – palavras que nenhum prisioneiro do "socialismo real" agora pode ouvir proferidas sem um sorriso triste e sarcástico.

Muito disso é óbvio para aqueles que não sucumbiram à tentação ideológica da esquerda. Mas as consequências não são sempre aceitas. A "direita" (que neste contexto significa aqueles que defendem governo pessoal, instituições autônomas e o Estado de direito) não carrega, antes de tudo, o ônus da justificação. Não nos cabe defender uma realidade que, apesar de todas as suas falhas, tem o inegável mérito da existência. Nem nos cabe mostrar que a política consensual do governo ocidental está de algum modo mais próxima da natureza humana e contribui mais com a realização do homem do que o mundo ideal da emancipação socialista. No entanto, nada é mais impressionante para um leitor da Nova Esquerda do que o constante pressuposto de que é a "direita" carrega o fardo e que é suficiente adotar os *objetivos* do socialismo para ter virtude ao lado de alguém.

Este pressuposto de uma correção *a priori*, somada a uma prosa túrgida e à completa incompetência intelectual de muitos escritos da

Nova Esquerda, apresenta um formidável desafio para a paciência do leitor. Sem dúvida, frequentemente fui levado, em minha exasperação, a me equivocar em tais padrões da polidez literária. Mas e daí? Polidez é nada mais que uma virtude "burguesa", um pálido reflexo do "Estado de direito" que é a garantia da dominação burguesa. Ao engajar-se com a esquerda, alguém se engaja não com um oponente mas com um inimigo autodeclarado. Ninguém percebeu mais claramente quanto o totalitário reformado Platão que o argumento muda seu caráter quando o ônus é transferido do homem que transformaria as coisas para o homem que deveria assegurá-las:

> Como alguém discute em nome da existência de deuses sem paixão alguma? Pois necessariamente devemos ser virulentos e revoltosos com os homens que foram, e seguem sendo, responsáveis por deitar sobre nós o fardo da discussão.[17]

Tal como o sábio ateniense Platão, tentei devolver o fardo àqueles que o criaram.

---

[17] *As Leis*, X, 887.

Dados Biográficos e Bibliográficos[1]

Thompson, Edward Palmer. Nascido em 3 de fevereiro de 1924 em Oxford, estudou no Corpus Christi College, em Cambridge. Ingressou no Partido Comunista depois da guerra, tornando-se um líder de sua "oposição democrática"; deixou-o, então, em 1956, após a invasão soviética da Hungria. Entre 1957 e 1959, Thompson foi editor da *New Reasoner* e, em 1960, participou da fundação da *New Left Review*. Sua reputação se fez nos anos 1960, com a publicação de *A Formação da Classe Operária Inglesa* – uma das obras mais influentes da história acadêmica escrita por um socialista contemporâneo. Por certo tempo, deu aula na Workers' Educational Association e também na University of Warwick, onde fundou o Centre for the Study of Social History: um centro de pesquisa influente, de inspiração socialista, preocupado com a análise da história da sociedade britânica.

Thompson não está mais ligado a nenhuma universidade, e nos últimos anos dedica seu tempo, e muito de sua considerável riqueza, para a Campanha do Desarmamento Nuclear, em cujos palanques ele aparece regularmente, exibindo suas madeixas brancas esvoaçantes ao vento, de forma romântica, sobre seus traços leoninos.

---

[1] Uma vez que o livro foi publicado originalmente em 1985, alguns destes dados podem estar desatualizados. (N. E.)

Principais obras: *William Morris, Romantic to Revolutionary* (London, 1955; ed. rev. London, 1977); *The Making of the English Working Class* (London, 1963) [*A Formação da Classe Operária Inglesa*]; *Whigs and Hunters: the Origins of the Black Act* (London, 1975); *The Poverty of Theory and Other Essays* (London, 1978); *Protest and Survive* (org. com Dan Smith) (London, 1980); *Writing by Candleligh* (London, 1980); *Zero Option* (London, 1982); *The Heavy Dancers* (London, 1984); *Double Exposure* (London, 1985).

Dworkin, Ronald Myles. Nascido em 11 de dezembro de 1931 em Worcester, Massachusetts, estudou em Harvard e Oxford. Entre 1957 e 1958, Dworkin foi assistente do Juiz Learned Hand, e entre 1958 e 1962, sócio do escritório de advocacia Sullivan e Cromwell, tendo ingressado na Ordem dos Advogados em 1959. Em 1962, iniciou sua carreira acadêmica em Yale, tornando-se Hohfeld Professor de Jurisprudência em 1968. Desde 1969 é professor de Jurisprudência em Oxford, e desde 1976 combina esse posto com o professorado de Direito na University of New York. É *fellow* da British Academy e da American Academy of Arts and Sciences, e obteve um doutorado honorário no Williams College, Massachusetts.

Dworkin é um publicista eficaz, faz muitas palestras, publica resenhas em diversos jornais liberais americanos e frequentemente aparece no rádio e na televisão. Seus escritos não são sistemáticos, e consistem inteiramente de artigos – alguns extremamente acadêmicos e sérios, outros não tanto. Sua disposição a defender sua posição em alto nível filosófico rendeu-lhe a reputação de principal porta-voz do *establishment* americano liberal.

Principais obras: *Taking Rights Seriously* (London, 1977) [*Levando os Direitos a Sério*]; *The Philosophy Law* (org.) (Oxford, 1977); "Liberalism", in: Stuart Hampshire (org.), *Public and Private Morality* (Cambridge, 1978); *A Matter of Principle* (Cambridge, Mass. & London, 1985).

Um estudo crítico de grande utilidade foi publicado: Marshall Cohen (ed.), *Ronald Dworkin and Contemporary Jurisprudence* (Totowa, 1983).

Foucault, Michel. Nascido em 15 de novembro de 1926 em Poitiers, France, morreu em junho de 1984 em Paris. Estudou filosofia com Louis Althusser na École Normale Supérieure e, mais tarde, na Sorbonne. Depois de graduar-se, estudou psicopatologia e, a partir de 1960, passou a ensinar filosofia e literatura francesa nas universidades de Lille, Upsala, Varsóvia, Hamburgo, São Paulo e Túnis. Em 1964, tornou-se professor de Filosofia na Universidade de Clermont-Ferrand e, em 1968, assumiu um posto equivalente na Universidade de Paris, em Vincennes – um novo *establishment* designado a pôr em prática (ou melhor, em práxis) as ideias educacionais dos eventos do Maio de 1968. Em 1970, ele deixou Vincennes para tornar-se professor de História dos Sistemas de Pensamento (disciplina em grande medida inventada por ele mesmo) no Collège de France. Em 1973, foi nomeado diretor da revista mensal *Zone des Tempêtes*. Recebeu a medalha do Centre de la Récherche Scientifique em 1961.

O livro de Foucault *As Palavras e as Coisas* (1966) foi uma das bíblias dos revolucionários de 1968, e sua reputação subsequente é parcialmente baseada na atmosfera engendrada por seus alunos seguidores. O fato de ter exposto sua homossexualidade e assumido uma atitude desdenhosa com relação ao *status quo* que o alentou serviu para ampliar seu *succès de scandale*. Através da associação com os maiores movimentos literários dos anos 1960 e dos 1970, e em particular com a *Nouvelle Critique* de seu amigo Roland Barthes, Foucault adquiriu uma posição tão prestigiosa, que até mesmo Sartre foi temporariamente eclipsado por ele.

Principais publicações: *Histoire de la Folie à L'Âge Classique* (Paris, 1961) [*História da Loucura*]; *Naissance de la Clinique: Une Archéologie du Regard Médical* (Paris, 1963) [*O Nascimento* da *Clínica*]; *Les Mots et les Choses* (Paris, 1966) [*As Palavras e as Coisas*]; *L'Archéologie du Savoir* (Paris, 1969); *Language, Counter--Memory, Practice: Selected Essays and Interviews* (D. F. Bouchard (org.), Oxford, 1977). Foucault planejou escrever seis volumes sobre a história da sexualidade e sua descoberta pela psiquiatria, dos quais somente três foram publicados, dois postumamente: *Histoire de la séxualité*, vol. 1: *La volonté de savoir* (Paris, 1976); vol. 2: *L'Usage des Plaisirs* (Paris, 1984); vol. 3: *Le Souci de Soi* (Paris, 1984) [*História da Sexualidade*].

Laing, Ronald David. Nascido em 7 de novembro de 1927 em Glasgow, em cuja universidade estudou Medicina, graduou-se em 1951 como especialista em psiquiatria. Trabalhou como assistente de neurocirurgião e como psiquiatra durante o Serviço Nacional no exército. Entre 1953 e 1956, Laing ensinou no Departament of Psychological Medicine na University of Glasgow, e durante 1955 ele também trabalhou no Glasgow Royal Mental Hospital. Em 1956, mudou-se para a clínica freudiana Tavistock, em Londres. Vinculou-se ao Tavistock Institute of Human Relations em 1960, tornando-se o principal pesquisador do Schizophrenia and Family Research Unity. Entre 1962 e 1965, dirigiu a Langham Clinic – centro de psicoterapia junguiana em Londres.

Em 1964, ele e seus amigos fundaram a Philadelphia Association (da qual é o presidente), instituição beneficente voltada ao desenvolvimento de uma "antipsiquiatria", nos moldes defendidos por ele em seus escritos téoricos. A realização mais conhecida da Associação foi o estabelecimento de uma "comunidade terapêutica" em Kingsley Hall, Londres, onde pacientes e médicos viviam juntos sem quaisquer distinções hierárquicas senão aquelas implicadas pela carismática presença (ocasional) de seu líder. A experiência durou cinco anos. Laing passou quase todo o ano de 1971 e o começo de 1972 no Sri Lanka, na Índia e no Japão, meditando sob a orientação de mestres budistas e hinduístas. Atualmente, atende pacientes particulares em seu consultório de psicanálise.

Principais publicações: *The Divided Self: a Study of Sanity and Madness* (London, 1960); *The Self and Others: Further Studies in Sanity and Madness* (London, 1961); *Reason and Violence: A Decade of Sartre's Philosophy* (com David G. Cooper) (London, 1964); *Sanity, Madness and the Family* (com A. Esterson) (London, 1964); *The Politics of Experience*, e *The Bird of Paradise* (London, 1967); *Knots* (London, 1970) [*Laços*]; *The Politics of the Family* (London, 1971); *The Facts of Life* (London, 1976); *Do You Love Me?* (New York, 1976); *Conversations with Adam and Natasha* (New York, 1978); *The Voice of Experience* (New York, 1982). Laing também fez filmes para a televisão e dirigiu para o palco várias apresentações indescritíveis acerca de suas opiniões e pontos de vista. Há numerosos estudos críticos sobre Laing; talvez o mais útil seja o de R. J. Evans, *R. D. Laing: The Man and His Ideas*. (New York, 1976).

Williams, Raymond Henry. Nascido em 31 de agosto de 1921, em Pandy, Gwent (País de Gales), estudou na Abergavenny Grammar School e no Trinity College, em Cambridge. Durante a guerra, serviu como capitão antitanque na divisão dos guardas armados; retornou a Cambridge em 1945. Em 1946, assumiu um posto "extramuros" de tutor de Literatura na University of Oxford, retornando a Cambridge como *fellow* do Jesus College em 1961. Desde 1964, é professor de Teatro em Cambridge. Entre 1962 e 1970, foi editor geral da *New Thinkers Library*, e é membro da Welsh Academy. Doutorou-se na Open University e na University of Wales.

Williams estabeleceu um vínculo duradouro com a política de esquerda e com a Workers' Educational Association. Em parte, seu sucesso se deve à habilidade com que soube aproveitar o considerável interesse pela crítica literária na Inglaterra dos anos 1950, tendo-lhe dado um direcionamento socialista. Ele adquiriu, então, um séquito considerável de jovens acadêmicos, e, em certa medida, manteve sua posição como um dignitário do "movimento operário".

Principais publicações: *Culture and Society, 1780-1950* (London, 1958); *The Long Revolution* (London, 1961); *Communications* (London, 1962); *The Country and the City* (London, 1973) [*O Campo e a Cidade*]; *Marxism and Literature* (London, 1977); *Politics and Letters: Interviews with New Left Review* (London, 1979) [*A Política e as Letras*]; *Problems in Materialism and Culture: Selected Essays* (London, 1980); *Culture* (London, 1981); *Keywords* (London, 1976) [*Palavras-chave*].

Williams também escreveu dois romances e muitas peças para a televisão, junto com as seguintes obras críticas: *Drama from Ibsen to Eliot* (London, 1952; revisada em 1968); *The English Novel from Dickens to Lawrence* (Londres, 1970); e *Orwell* (London, 1971). Há vários estudos críticos, dos quais o mais interessante ideologicamente é o de Terry Eagleton, *Criticism and Ideology* (London, 1976).

Bahro, Rudolf. Nascido em 1935, ascendeu nas hierarquias da *nomenklatura* da Alemanha Oriental, tornando-se um executivo de uma fábrica de borracha em Berlim Oriental, posto que manteve até 1977. Em setembro de 1977, após a publicação de *Die Alternative*, ele concordou em ser entrevistado por um canal de televisão de Berlim Ocidental, que contava com uma audiência de praticamente um milhão de berlinenses orientais. No dia seguinte à entrevista, ele foi preso pelo Serviço de Segurança do Estado da Alemanha Oriental, sob acusação de alta traição, por permitir a publicação de seu livro no lado ocidental. Entre o público da Alemanha Oriental estava um burocrata de alto escalão que se movimentou para compor um artigo laudatório para a revista semanal da Alemanha Ocidental *Der Spiegel*. O escritor anônimo declarou que a coragem de Bahro lhe rendeu um "lugar honorável na história do movimento operário alemão". Bahro foi sentenciado a oito anos de prisão em 1978, mas graças à pressão de socialistas ocidentais, foi solto por uma anistia em outubro de 1979, quando então emigrou para a Alemanha Ocidental. Subsequentemente, foi privado da cidadania da Alemanha Oriental.

Em uma entrevista publicada ao mesmo tempo em *Der Spiegel*, Bahro definiu-se como marxista, afirmando que havia uma forte tendência no Leste – mesmo entre os oficiais mais altos do partido – em direção à proposta política advogada em *Die Alternative*. Bahro atuou nos movimentos de esquerda na Alemanha Ocidental e foi uma liderança no Partido Verde – posição que acabou perdendo depois de defender um tipo de "aliança estratégica" com os social-democratas, que os comunistas frequentemente propuseram.

Publicações: *Die Alternative* (Frankfurt, 1977); *Elemente Einer Neuen Politik* (Frankfurt, 1982); *From Red to Green* (London, 1983).

Existe um estudo crítico de autoria de Ulf Wolter (org.), *Rudolf Bahro: Critical Responses* (London e White Plains, NY, 1980). Trata-se de uma coleção de artigos escritos para uma conferência e para vários periódicos.

Gramsci, Antonio. Nascido em 22 de janeiro de 1891, em Ales, Sardenha; morto em 27 de abril de 1937, em Roma. Gramsci ganhou uma bolsa de estudo na Universidade de Turim, onde estudou filosofia e foi influenciado pela obra de Benedetto Croce. Aliou-se ao Partido Socialista Italiano em 1913 e começou a contribuir com dois jornais socialistas: *Il Grido dello Popolo* e *Avanti*. Foi cofundador e colaborador regular da publicação socialista semanal de Turim *L'Ordine Nuovo*, que divulgava as opiniões do movimento do Conselho de Fábrica. Depois de atuar em apoio a greves e ocupações pelo movimento dos Conselhos de Fábricas de Turim, Gramsci ajudou a fundar o Partido Comunista Italiano em 1921 e, de 1922 a 1924, trabalhou no Secretariado do Comintern em Moscou, e também em Viena. Foi eleito para o Parlamento Italiano em 1924 e tornou-se líder do partido.

Gramsci foi preso em 1926 e enviado pelo governo fascista para o campo de prisioneiros políticos em Ustica. Em 1927, foi condenado a vinte anos de prisão, e em 1928, enviado para um estabelecimento penal em Bari. Durante esse tempo, escreveu extensamente sobre temas políticos e filosóficos, preenchendo 32 cadernos (três mil páginas). A partir de 1931, sua saúde, que nunca fora boa, começou a se deteriorar; em 1933, foi transferido para uma clínica privada em Formia e, de lá, para a Clínica Quisiana, em Roma, onde veio a morrer em 1937, em decorrência de uma hemorragia cerebral.

Principais publicações: *Opere di Antonio Gramsci* (Torino, 1947-1972); *Lettere del Carcere* (Torino, 1947) [*Cadernos do Cárcere*]; *Selections from the Prison Notebooks of Antonio Gramsci* (Hoare e Smith (orgs.), New York, 1971); *The Modern Prince and Other Writings* (trad. L. Marks, New York, 1959); *Selections from Political Writings* (Hoare e Matthews (orgs.), 2 vols., London, 1971).

Os cadernos da prisão também foram publicados em edição crítica: *Quaderno del Carcere*, editado pelo Istituto Gramsci, sob a direção de Valentino Gerratana (4 vols., Torino, 1975). Fragmentos de outras obras foram traduzidos em diferentes edições, algumas das quais são referidas nas notas do capítulo 6. Um estudo crítico representativo é o de W. L. Adamston, *Hegemony and Revolution: Antonio Gramsci's Political and Cultural Theory* (Berkeley, 1980).

Althusser, Louis. Nascido em 16 de outubro de 1918 em Birmandrëis, Argélia, e educado em Argel, Marselha, Lion e na École Normal Supérieure em Paris, onde estudou Filosofia. Entre 1939 e 1940, Althusser serviu no exército francês, mas foi capturado em 1940 e passou os cinco anos seguintes em campos de prisioneiros na Alemanha. Em 1948, aliou-se ao Partido Comunista e no mesmo ano foi nomeado como professor assistente agregado e secretário na École Normal Supérieure, posto que manteve até 1981, quando, depois de estrangular a esposa e ser acusado por homicídio, foi internado num hospital psiquiátrico. Em 1965, Althusser foi nomeado como diretor da coleção *Théorie*, das Editions Maspero, em Paris.

Os primeiros grandes escritos de Althusser foram publicados no início dos anos 1960 em *La Pensée* e *La Nouvelle Critique*, e subsequentemente coligidos em *Pour Marx*, livro que lhe rendeu sua reputação.

Principais publicações: *Montesquieu: La politique et L'Histoire* (Paris, 1959); *Pour Marx* (Paris, 1965); *Lire le Capitale* (com E. Balibar et al., 2 vols., Paris, 1965); *Lénine et la Philosophie* (Paris, 1968); *Eléments d'Autocritique* (Paris, 1974); *Philosophie et Philosophie Spontanée des Savants* (Paris, 1974).

Estudos críticos representativos são os de A. Callinicos, *Althusser's Marxism* (London, 1976), e E. P. Thompson, *The Poverty of Theory* (London, 1978).

Wallerstein, S. Immanuel. Nascido em 28 de setembro de 1930 em Nova Iorque, e educado em Columbia e Oxford (por um breve período). Serviu no exército americano de 1951 a 1953 e começou sua carreira professoral em Columbia em 1958, tornando-se professor associado de Sociologia em 1963, posto que manteve até 1971. De 1971 a 1976, foi professor de Sociologia na McGill University, em Montreal, e, de 1973 a 1974, foi presidente da comissão de pesquisa do Centre Québecois Internationale. Em 1976, mudou-se para a State University of Binghamton, em Nova Iorque, tornando-se simultaneamente *Distinguished Professor* de Sociologia e diretor do recém-formado Fernand Braudel Centre for the Study of Economics, Historical Systems and Civilization. Ao longo de sua carreira, Wallerstein manteve contatos próximos com a África e suas universidades, e seu principal campo de pesquisa, antes de se tornar um ideólogo do terceiro-mundismo, foi a estrutura política e social da África moderna. Em 1968, contudo, passou a se entusiasmar com os motins estudantis em Colúmbia, apoiando os radicais universitários e posteriormente publicando um livro sobre "a universidade em ebulição"; também associou-se abertamente com a política e a ideologia do estudante esquerdista.

Principais publicações: *Africa: the Politics of Independence* (New York, 1961); *The Road to Independence: Ghana and the Ivory Coast* (New York, 1964); *Africa: the Politics of Unity* (New York, 1967); *University in Turmoil: the Politics of Change*, (New York, 1969); *The University Crisis: A Reader* (2 vols., org. com P. Starr, New York, 1970); *The Modern World System* (vol. 1, New York, 1974; vol. 2, New York, 1980); *World Inequality* (Black Rose Books, 1975); *The Capitalist World Economy* (Cambridge, 1979); *World-Systems Analysis: Theory and Methodology* (org. com T. K. Hopkins et al., Sage Publications, London e New York, 1982); *The African Liberation Reader* (3 vols., org. com A. de Bragance, Zed Press, 1982); *Historical Capitalism* (London, 1983) [*Capitalismo Histórico e Civilização Capitalista*].

Habermas, Jürgen. Nascido em 1929, em Dusseldorf, na Alemanha, estudou nas universidades de Göttingen e Bonn, onde obteve seu PhD em 1954. Em 1961, estudou na Universidade de Marburg, depois de um período como assistente de Theodor Adorno no Instituto de Pesquisa Social de Frankfurt. De 1962 a 1964, lecionou Filosofia em Heidelberg; de 1964 a 1971, foi professor de Filosofia em Frankfurt, e depois foi nomeado Diretor do Instituto Max Planck em Starnberg, voltando a lecionar em Frankfurt em 1983.

Habermas nasceu em uma família ligada ao nacional-socialismo e foi educado de acordo com seus princípios, que mais tarde ele repudiou, parcialmente sob a influência de Adorno, que também lhe mostrou a importância de Marx e Freud para a compreensão da sociedade moderna. Foi enfeitiçado pela Escola de Frankfurt, e tentou incorporar a visão moral e política de seu humanismo marxista na "teoria crítica" que seria receptiva aos métodos e resultados da filosofia e da sociologia modernas. Habermas recebeu o Prêmio Hegel e o Prêmio Sigmund Freud em 1976.

Principais publicações: *Strukturwandel der Offentlichkeit* (Berlin, 1962); *Theorie und praxis* (Berlin, 1963; ed. rev. Frankfurt, 1971) [*Teoria e Práxis*]; *Zur Logik der Socialwissenschaften* (Frankfurt, 1970); *Erkenntis und Interesse* (Frankfurt, 1968) [*Conhecimento e Interesse*]; *Technik und Wissenschaft als "Ideologie"* (Frankfurt, 1968) [*Tecnologia e Ciência como Ideologia*]; *Legitimationsproblem im Spätkapitalismus* (Frankfurt, 1973) [*A Crise de Legitimação do Capitalismo Tardio*]; *Zur Rekonstruktion des Historischen Materialismus* (Frankfurt, 1976); *Sprachpragmatik und Philosophie* (Frankfurt, 1976); *Theorie des Kommunikatives Handelns* (2 vols., Frankfurt, 1982).

Um estudo crítico abrangente é o de Thomas McCarthy, *The Critical Theory of Jürgen Habermas* (London, 1978).

Anderson, Perry. Nascido em 1940, estudou em Eton e depois em Oxford, que ele abandonou sem obter sua graduação. Pouco se sabe sobre Anderson pois sempre evitou publicidade. Com ascendência protestante irlandesa e dotado de renda privada, ele não achou necessário comprometer-se com as instituições da Inglaterra capitalista. Conta-se que, em 1969, ele estava escrevendo uma tese sobre a política brasileira, na University of Reading.

Em 1960, ajudou a fundar a *New Left Review*; tornou-se seu editor em 1962 e permanece no conselho editorial, exercendo forte influência sobre a linha editorial e as publicações associadas da casa. É casado com uma escritora marxista feminista, Juliet Mitchell. Suas controvérsias, em particular aquelas que vão de encontro a Thompson, marcaram um dos pontos de mais interesse nas páginas normalmente maçantes da *New Left Review*.

Principais publicações: *Towards Socialism* (org. com Robin Blackburn, London, 1965); *Lineages of the Absolutist State* (London,

1974) [*Linhagens do Estado Absolutista*]; *Passages from Antiquity to Feudalism* (London, 1974) [*Passagens da Antiguidade ao Feudalismo*]; *Considerations of Western Marxism* (London, 1976) [*Considerações sobre o Marxismo no Ocidente*]; *Arguments within English Marxism: A Study of the Writings of E. P. Thompson* (London, 1980); *In the Tracks of Historical Materialism* (London, 1983).

Para um estudo correto sobre Anderson, deve-se ler seus artigos da *New Left Review,* particularmente "Componentes of the National Culture" (n. 50), "The Antinomies of Antonio Gramsci" (n. 100), "Trotsky's Interpretation of Stalinism" (n. 113) e "Modernity and Revolution" (n. 144).

Lukács, György (Georg) (Von). Nascido em 13 de abril de 1885, em Budapeste, morreu em 4 de junho de 1971, na mesma cidade. Lukács foi educado na Universidade de Budapeste e, depois de graduar-se em 1906, estudou nas universidades de Heidelberg e Berlim. Como estudante, fundou o grupo Thalia de teatro, tentativa de estabelecer um teatro experimental na Hungria; mais tarde, colaborou regularmente com as revistas *Nyugat* [O Ocidente] e *XX Század* [Século Vinte]. Em 1910, passou a maior parte de seu tempo na Itália e na Alemanha; mudou-se para Heidelberg em 1912, onde cultivou uma forte amizade com Max Weber. Em 1918, filiou-se ao Partido Comunista húngaro, e tornou-se Comissário do Povo para a Educação, e Comissário Político da Quinta Divisão Vermelha, durante o regime comunista de Béla Kun em 1919. Depois da queda do regime, emigrou para Viena, e em 1930, para Moscou. Voltou para a Alemanha em 1931, e então foi novamente para Moscou, depois da ascensão de Hitler ao poder. Durante todo esse tempo, ele atuou ativamente junto aos comunistas, e foi recompensado com um discreto posto no Instituto Filosófico da Academia de Ciências em Moscou, que ele manteve de 1934 a 1945, quando retornou a Budapeste como deputado do Parlamento húngaro. De 1945 a 1956, foi professor de Estética na

Universidade de Budapeste, mas seus esforços para assegurar uma dose de livre debate das ideias marxistas chegou ao fim com a chegada do stalinista László Rudas, em 1949. Em 1956, foi nomeado como ministro da Cultura no gabinete de Imre Nagy; sob a invasão soviética, Lukács foi mandado para a Romênia, enquanto outros membros do governo de Nagy foram mortos.

Lukács retornou da Romênia em 1957 e logo depois foi aposentado de sua cátedra na universidade. Recebeu o Prêmio Goethe em 1970, por obras que teriam feito Goethe revirar no túmulo, não somente por seus terríveis preconceitos, mas também por sua total falta de graça, charme, ironia ou percepção.

Principais publicações: *Die Seele und die Formen* (Berlin, 1911); *Die Theorie des Romans* (Berlin, 1920) [*A Teoria do Romance*]; *Geschichte und Klassenbewusstsein: Studien über Marxistische Dialektik* (Malik Verlag, 1923) [*História e Consciência de Classe*]; *Der Historische Roman* (Aufbau Verlag, 1955); *Die Gegenwartsbedeutung des Kritischen Realismus* (Claasen, 1958); *Thomas Mann* (Aufbau Verlag, 1949); *Göethe und Seine Zeit* (A. Francke, 1947); *Solschenizyn* (Berlin, 1970); *Lenin: Studie über den Zusammenhang seiner Gedanken* (Berlim, 1967).

Há muitos estudos críticos, entre os quais o de G. Lichtheim, intitulado simplesmente *Lukács* (Londres, 1970), o qual é útil de várias maneiras.

Galbraith, John Kenneth. Nascido em 15 de outubro de 1908 em Iona Station, Ontário, Canadá, estudou no Ontario Agricultural College. Mudou-se, então, para Berkeley, Califórnia, para realizar uma pesquisa sobre economia. De 1934 a 1939, ensinou em Harvard (com exceção do ano que passou em Cambridge, Inglaterra, nesse período), e de 1939 a 1942, foi professor assistente em Princeton, enquanto atuava como conselheiro do National Defence Advisory Committee. Depois, tornou-se vice *administrator* no Office of Price

Administration, posto ao qual ele foi obrigado a renunciar quando tentou estabelecer o controle de preços. Ele continuou a aceitar nomeações governamentais pelos cinco anos seguintes, durante os quais também foi membro do conselho editorial da revista *Fortune*. Em 1949, retornou a Harvard como professor de Economia, posição que manteve até então.

Galbraith foi uma figura-chave nas campanhas presidenciais de Adlai Stevenson entre 1952 e 1956 e tornou-se embaixador na Índia em 1961, permanecendo neste cargo por dois anos. Ele também serviu como conselheiro econômico para o governo da Índia, Paquistão e Sri Lanka, e manteve uma variedade de cargos distintos em profissões acadêmicas e administrativas. Colecionou 25 doutorados honorários e é *fellow* da American Academy of Sciences. Deu conferências na BBC em 1966, e poderia certamente ser descrito como o mais estabelecido crítico do *establishment*, o que mais gozou de aclamação e proteção.

Principais publicações: *American Capitalism: the Concept of Countervailing Power* (London, 1952, revisado em 1956) [*Capitalismo Americano. O Conceito do Poder Compensatório*]; *The Great Crash: 1929* (London, 1955); *The Affluent Society* (London, 1958); *Journey to Poland and Yugoslavia* (Cambridge, 1958); *Economic Development* (Boston, 1964), *The New Industrial State* (London, 1967) [*O Novo Estado Industrial*]; *The Triumph* (romance sobre a diplomacia moderna; London, 1968); *Ambassador's Journal: a Personal Account of the Kennedy Years* (London, 1969); *Economics and the Public Purpose* (London, 1974); *The Age of Uncertainty* (London, 1977); *A Life in our Times* (autobiografia; Boston, 1981).

Estudos críticos incluem o de Milton Friedman, *From Galbraith to Economic Freedom* (London, IEA, 1978) e o de David Reisman, *State and Welfare: Tawney, Galbraith and Adam Smith* (London, 1982).

Sartre, Jean-Paul. Nascido em 21 de junho de 1905 em Paris, morreu na mesma cidade em 15 de abril de 1980. Sartre estudou filosofia na École Normale Supérieure em Paris, graduando-se em 1929, ano em que começou sua longa relação com a escritora Simone de Beauvoir. A infância de Sartre está brilhantemente evocada no ensaio autobiográfico *As Palavras*, e mais desordenadamente nos três volumes de estudos sobre Flaubert. Sartre passou um ano na Alemanha, estudando com Husserl, enquanto preparava uma tese sobre a imaginação. Ele lecionou em escolas por boa parte dos anos 1930, lutou no exército francês, foi capturado e Padoux em 1940, escapou e voltou a lecionar em Paris, no Liceu Condorcet, em 1941. Durante a guerra, atuou (embora não de forma perigosa) na Resistência, experiência que deixou uma duradoura impressão da urgência moral das escolhas fundamentais. Em 1944, foi cofundador da revista mensal *Les Temps Modernes*, da qual foi também editor. Durante os anos 1950 e 1960, viajou e palestrou extensamente, tendo adquirido no fim da guerra grande reputação literária, como romancista, teatrólogo e filósofo. Tendo recusado a Legião da Honra em 1945, não pôde recusar o Nobel de Literatura em 1964 (as regras não permitiam isso); mas não compareceu à cerimônia em Estocolmo e doou o prêmio para causas socialistas.

Durante toda a vida, Sartre identificou-se com a política de esquerda, mas nunca foi membro do Partido Comunista; não acreditava em partidos nem em qualquer outra associação institucional. Suas próprias denúncias políticas (tipificadas por aquela dirigida contra seu antigo amigo e coeditor Albert Camus em *Temps Modernes*) foram brutalmente stalinistas, assim como sua visão do mundo moderno era utópica e míope: fatos que o aproximavam muito do Partido Comunista Francês e que faziam de sua distância autoproclamada pouco mais que um gesto.

Principais publicações: *Esquisse d'une Théorie des Émotions* (Paris, 1939); *L'Être el le Néant* (Paris, 1943) [*O Ser e o Nada*]; *L'Existentialisme est un Humanisme* (Paris, 1946) [*O Existencialismo é um Humanismo*]; *Critique de la Raison Dialectique vol.*

1, *Théorie des Ensembles Pratiques* (Paris, 1960) [*Crítica da Razão Dialética*]; *L'Idiot de la Famille: Gustave Flaubert 1821-1857* (3 vols., Paris 1971-1972). Sartre publicou uma autobiografia, *Les Mots* (Paris, 1963) [*As Palavras*]; estudos sobre Baudelaire e Genet; peças, contos, ensaios e romances: *La Nausée* (Paris, 1938) [*A Náusea*] e *Les Chemins de la Liberté* (3 vols., Paris, 1945 e 1949) [*Os Caminhos da Liberdade*].

Uma bibliografia recentemente publicada dos escritos de Sartre estende-se por mais de trezentas páginas, e os títulos que acabo de enumerar são somente um fragmento deste que é talvez o maior, e certamente o mais variado, corpo literário produzido em nosso século.

Índice Onomástico

A

Adorno, Theodor, 179, 324
Althusser, Louis, 135-36, 147, 149, 151-53, 317
Anderson, Perry, 17, 26, 136, 193, 196-212, 273, 308, 325-26
Aristóteles, 75
Arnold, Mathew, 89, 90, 178
Aron, Raymond, 19, 21, 269, 282, 284, 289, 307
Artaud, Antoine, 62
Austen, Jane, 98
Austin, J. L., 199
Austin, John, 43

B

Bachelard, Gaston, 142
Baechler, Jean, 296
Bahro, Rudolf, 14, 105, 108-18, 306, 320-21
Balzac, Honoré de, 236
Baran, P. A., 40
Barthes, Roland, 82, 317
Baudelaire, Charles, 281, 330
Beauvoir, Simone de, 329
Benn, Tony (Anthony Wedgwood Benn), 193
Bentham, Jeremy, 43, 68
Berger, Peter L., 231
Berlin, Sir Isaiah, 19, 199-200, 303, 325, 327

Besançon, Alain, 21, 222, 282, 307
Blake, William, 26
Bloch, Ernst, 174
Bobbio, N., 119
Boccaccio, 312
Borkenau, Franz, 218
Bosch, Hieronymus, 118
Brandt, Willy, 158, 168, 175
Braudel, Fernand, 159-60, 323
Brecht, Berthold, 90, 92, 199
Brewster, Ben, 139, 141, 146, 231
Brunner, Elizabeth, 249
Brus, W., 136
Bukharin, N. I., 125, 235
Bunyan, John, 29
Burke, Edmund, 86, 89, 188, 200, 290
Burnier, Marc-Antoine, 283-84

C

Camus, Albert, 329
Carlyle, Thomas, 89, 237
Castro, Fidel, 198
Caute, David, 18
Céline, Louis-Ferdinand, 233
Chateaubriand, François René, Vicomte de, 55
Chomsky, Noam, 18, 24
Cockburn, Alexander, 198
Cohen, G. A., 146, 317
Cohn, Norman, 21

Cole, G. D. H., 26
Coleridge, Samuel Taylor, 89, 200
Coletivo Terapêutico Radical, 78-79
Conrad, Joseph, 233
Cooper, David, 78-79, 296, 319
Crabbe, George, 97
Crossman, R. H. S., 18, 257

D

Debray, Régis, 197-98
Della Volpe, Galvano, 139
Descartes, René, 152
Deutscher, Isaac, 109, 198
Devlin, Patrick (Lord Devlin), 53
Didion, Joan, 42
Dilthey, Wilhelm, 181
Disraeli, Benjamin, 169
Duck, Stephen, 97
Duhem, Pierre, 223
Dworkin, Ronald, 14, 39, 43-53, 289, 316-17

E

Eagleton, Terry, 198, 273, 320
Eisenhower, Dwight D., President, 254
Eliot, T. S., 90, 200, 237, 320
Engels, Friedrich, 64, 87, 119-20, 144, 153, 222, 233-34, 261, 275, 277
Esterson, Aaron, 78-79, 81, 83-84, 290, 319
Eysenck, H. J., 199

F

Famia, Joseph V., 127
Fassbinder, Werner, 198
Feuerbach, Ludwig, 228-30, 233
Fichte, J. G., 181, 219, 227, 233
Fidelius, Petr (pseud.), 14, 124, 151
Fine, Ben, 138
Flaubert, Gustave, 57, 222, 329-30
Foot, Michael, 198
Foucault, Michel, 14, 55, 59-74, 77, 80-81, 88, 212, 218, 288, 290, 304-05, 317-18
Freud, Sigmund, 85, 144, 181, 324-25
Friedman, Milton, 186, 328
Fromm, Erich, 16, 232

G

Galbraith, J. K., 14, 39-40, 218, 241, 243-60, 290, 304, 310, 327-28
Gehlen, Arnold, 189
Genet, Jean, 56-57, 82, 281, 330
Gentile, Giovanni, 274
Gierke, Otto von, 303
Glucksmann, André, 212
Goldmann, Lucien, 136
Gombrich, Sir Ernest, 199-200
Gorz, André, 135
Goya, Francisco, 62
Gramsci, Antonio, 14, 119-22, 124-32, 136, 145, 148, 159, 174, 300, 305-06, 321-22, 326
Guevara, 'Ché', 121

H

Habermas, Jürgen, 14, 17, 22, 173-74, 178-91, 210, 274, 304, 324-25
Hall, Stuart, 196, 318
Hart, H. L. A., 43
Hayek, F. A. von, 19-20, 215, 253, 301
Hazlitt, William, 200
Heffer, Eric, 198
Hegel, G. W. F., 60, 76, 137, 143, 152, 178-79, 181, 188, 190, 219, 227-28, 230, 233, 239, 266, 300-01, 325
Heidegger, Martin, 178
Heller, Agnes, 108
Herman, E. S., 18
Hill, Christopher, 14, 27, 88, 194, 197-98, 203
Hitler, Adolf, 84, 132, 156, 173, 218, 326
Hobsbawm, Eric, 119, 194, 198, 312
Hobson, J. A., 155
Ho Chi Minh, 121
Hofmannsthal, Hugo von, 215
Hoggart, Richard, 88, 198
Horkheimer, Max, 136, 174, 176-79, 199
Husserl, Edmund, 152, 261, 329

J

Jaurès, Jean, 124
Jay, Martin, 274

Johnson, Samuel, 48, 102
Joll, James, 132

K
Kafka, Franz, 215
Kant, Immanuel, 76, 102, 152, 177, 181, 219, 227, 229, 231, 268, 271
Kaplan, Bernard, 80
Kedourie, Elie, 257
Kelsen, Hans, 43
Keynes, John Maynard (Lord Keynes), 253
Klein, Melanie, 199-200
Koestler, Arthur, 18
Kolakowski, Leszek, 22, 33-35, 212, 235, 237, 307

L
Lacan, Jacques, 197
La Fontaine, Jean de, 64
Laing, R. D., 75-81, 290, 318-19
Laplace, Pierre Simon, Marquês de, 146
Lawrence, D. H., 90, 233, 320
Leavis, F. R., 89, 102, 178, 200, 237
Lenin, V. I., 146, 153, 327
Levy, David J., 11, 24
Liebknecht, Karl, 16
Loos, Adolf, 215
Lukács, Gyòrgy, (Georg von), 108, 195, 199, 215-19, 222-27, 230-39, 271, 273-74, 306, 308, 326-27

M
MacIntyre, Alasdair, 24
Maistre, Joseph, Comte de, 55
Maitland, F. W., 19, 204, 303
Mallock, W. H., 19, 20
Malthus, Thomas Robert, 237
Mandel, Ernest, 197
Mandeville, Bernard de, 243
Manners, Lord John (Duke of Rutland), 169
Marcuse, Herbert, 16, 24, 175, 178, 199
Markus, Gyòrgy, 108
Marshall, Alfred, 245, 317

Martin, Jacques, 46, 142, 274
Marx, Karl, 17, 19-20, 26-27, 29, 31-32, 41, 56-57, 61, 77, 87, 89, 93, 105, 111-12, 119, 125-26, 128, 130, 137-44, 146-47, 149-50, 153, 161, 163, 175-78, 181, 202-03, 206-07, 219-21, 224-27, 229-30, 232-34, 237, 245-46, 252-53, 262, 270-72, 275-77, 284-85, 287, 292-93, 296-98, 300, 305, 323-24
Maurras, Charles, 55
Medvedev, Roy, 197
Michels, Roberto, 28, 291
Minogue, Kenneth, 288
Mises, Ludwig von, 19-20, 138
Mitchell, Juliet, 198, 325
Molière, Jean-Baptiste, 56
Morishima, Michio, 138
Morris, Stephen, 18, 26, 89-91, 316
Murdoch, Iris, 271
Musil, Robert, 215
Mussolini, Benito, 125, 131, 133

N
Nagy, Imre, 236, 327
Nairn, Tom, 198
Namier, Sir Lewis, 199-200
Nelson, R., 249
Nerval, Gérard de, 62
Nietzsche, Friedrich Wilhelm, 62
Nozick, Robert, 294

O
Oakeshott, Michael, 21, 188
O'Brien, Conor Cruise, 198
O'Brien, Patrick, 168

P
Pascal, Blaise, 148-49
Peirce, C. S., 181
Pinter, Harold, 233
Platão, 314
Plekhanov, G. V., 275
Plessner, Helmuth, 232
Pol Pot, 18, 164

Popper, Sir Karl Raimund, 19-20, 199-200
P. T. Bauer (Lord Bauer), 257
Pullberg, Stanley, 231

Q
Quine, Willard Van Orman, 223

R
Racine, Jean, 64
Rawls, John, 186
Reagan, Ronald, Presidente, 42
Revel, Jean-François, 282-83
Ricardo, David, 219
Robespierre, Maximilien de, 16
Rousseau, Jean-Jacques, 242
Russell, Bertrand (Earl Russell), 199-220

S
Sade, Marquês de, 62, 238
Samuelson, Paul, 245
Santo Agostinho, 268-69
Sartre, Jean-Paul, 56-57, 76, 78, 261-84, 289-90, 308, 317, 319, 328-30
Schapiro, Leonard, 123
Schatzman, Morton, 80
Schiller, Frieedrich, 219
Scott, Sir Walter, 236
Shaftesbury, seventh Earl of, 169
Shakespeare, William, 27
Shaw, G. B., 89
Simecka, Milan, 108
Simmel, Georg, 177
Simple, Peter (pseud, of Michael Wharton), 238
Skilling, H. Goordon, 160
Sombart, Werner, 19-20, 41
Sorel, Georges, 133, 217
Spengler, Oswald, 202
Stansgate, Visconde. *Ver* Benn, Tony
Steedman, Ian
Stolypin, Count, 110
Strauss, Richard, 215
Sweezy, P. M., 40
Szasz, Thomas, 79-81

T
Tawney. R. H., 26, 88, 199, 328
Thomas, Hugh (Lord Thomas of Swinnerton), 27, 79-81, 184, 186, 189, 237, 325, 327
Thompson, E. P., 25-37, 43, 88, 96, 105, 137, 208-12, 218, 304, 308, 310, 315, 323, 325-26
Tigrid, Pavel, 107
Tocqueville, Alexis, 55, 96-97
Trotsky, Leon (pseud, of Leon Bronstein), 120, 122, 144, 211, 326

U
Ulc. Otto, 73

V
Van Gogh, Vincent, 62
Veblen, Thorstein, 39, 243-44, 249, 252
Vivas, Eliseo, 24
Voegelin, Eric, 21, 121
Volgin, Ivan (pseud.), 150

W
Wallerstein, Immanuel, 155, 159-61, 164-69, 208, 304, 308, 323
Webb, Beatrice, 18, 193
Webb, Sidney, (Lord Passfield), 18
Weber, Max, 19-20, 248, 274, 292-93, 326
Winter, S., 249
Wittfogel, Karl A., 205
Wittgenstein, Ludwig, 137, 148, 199-200, 215
Wolfe, Tom, 42
Wordsworth, William, 89

Z
Zinoviev, G. Y., 235

Do mesmo autor, leia também:

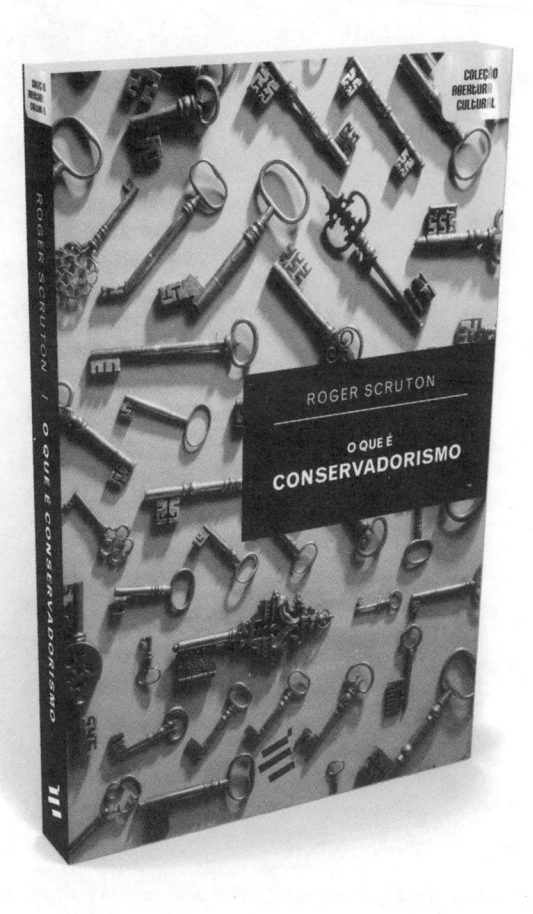

Este livro apresenta as ideias de base do conservadorismo: lealdade, obediência, comunidade e tradição. A visão conservadora da sociedade é aquela segundo a qual devem predominar as instituições autônomas e as iniciativas privadas, e em que a lei protege os valores compartilhados que mantêm a comunidade coesa, em vez do direito daqueles que a dissolveriam. A obra, que desafia tanto os que se consideram conservadores quanto seus oponentes, é reconhecida como a mais vigorosa e provocativa afirmação moderna da posição conservadora tradicional.

Scruton demonstra que as tragédias e os desastres da história europeia foram consequência do falso otimismo e dos raciocínios enganosos que daí derivam. Enquanto rejeita tais raciocínios, constrói uma forte defesa tanto da sociedade civil como da liberdade, mostrando que o verdadeiro legado civilizacional não é o falso idealismo que, junto com o fascismo, o nazismo e o comunismo, quase nos destruiu. Deve-se, isso sim, proteger a cultura do perdão e da ironia.

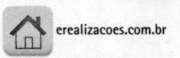

facebook.com/erealizacoeseditora
twitter.com/erealizacoes
instagram.com/erealizacoes
youtube.com/editorae
issuu.com/editora_e
erealizacoes.com.br
atendimento@erealizacoes.com.br